KB188232

다크넷,

디지털 지하세계의 기능 방식

DARKNET: WAFFEN, DROGEN, WHISTLEBLOWER
Wie die digitale Unterwelt funktioniert

다크넷,

디지털 지하세계의 기능 방식

—— 무기, 마약, 내부고발 ——

슈테판 마이 지음 ㅣ 유봉근 옮김

차례

1

서론
다크넷으로의 여행

다크넷에는 이런 약속이 있다. 여기는 자유롭고, 어떤 규칙도 적용되지 않는 야생의 장소이며, 통제가 닿지 않는 지하세계다. 국가의 수사 당국 그리고 비밀경찰의 접속은 봉쇄되어 있고, 대형 네트워크 회사의 영향력이 미치지 못한다.

'다크넷(Darknet)'은 언제나 미디어를 통해 유령처럼 다시 나타나 우리를 공포에 떨게 함과 동시에 우리를 매혹시킨다. 다크넷은 자유, 모험, 무정부 상태를 약속한다. 악몽처럼 보이기도 하지만, 인간 영혼의 가장 어두운 측면을 위해 예비된 장소로 보이기도 한다.

디지털 지하세계는 미디어의 공포물 스토리 형식으로 많은 사람들과 만나게 된다. 다크넷에서는 무기와 위험한 마약물이 마치 책이나 시디(CD)처럼 거래된다는 기사를 읽는다. 사이버 범죄자와 테러 단체들은 디지털 방식이나 현실 세계에서의 공격을 준비할 것이다. 다크넷에 대한 연구보고서들에서 때때로 약간의 희망적인 것들이 어른거린다. 대개 한두 문장으로 서술되는 바에 의하면, 다크넷의 익명성이 음험한 목적으로 이용될 뿐만 아니라, 용감한 반대파와 고충에 대한 비밀문서를 공개하려는 내부고발자에게 도움을 주기도 한다는 것이다.

이 평행세계는 어떤 모습일까? 다크넷은 선한가, 악한가, 또는 그 중간쯤에 존재하는가? 누가, 왜 디지털 익명성을 보호하려 하는가? 디지털 지하세계를 방문하여 둘러볼 가치가 있을까? 이 책과 함께 우리는 디지털 암흑가로 여행을 떠나, 실제가 아닌 신화로 알려진 다크넷에 대해 많은 것을 배우게 될 것이다. 우리는 온갖 모순과 매혹적인 동기와 잠재력을 지닌 다크넷을 탐색하려는 것이다. 위대한 발견의 시대는 지나갔다. 세상의 어딘가에 실존하는 장소가 아니어서 묘사하거나 측량할 수 없는 다크넷은 미지의 지대(Terra Incognita)지만, 잘 알려지지 않은 디지털 영토인 것만은 사실이다.

여행의 시작

책을 시작하면서 먼저 '다크넷', '딥웹(Deep Web)', '클리어넷(Clearnet)'과 같은 용어의 다양한 개념들을 살펴본다. 이들 개념들을 설명한 후에 여행을 시작해 보자. 이런 용어들은 분명한 출발점을 갖고 있다. 토르프로젝트 사이트(www.torproject.org)에서 디지털 지하세계의 출입문을 열어주는 프로그램을 내려받는다. 비공식적인 다크넷 확장자 주소인 닷어니언(.onion) 안의 콘텐츠는 토르(Tor)라는 익명화 소프트웨어에 기반하고 있다.

누군가 크롬(Chrome), 인터넷 익스플로러(Internet Explorer) 또는 파이어폭스(Firefox)와 같은 브라우저로 다크넷에 들어가고자 시도한다면, "서버를 찾을 수 없습니다"와 같은 오류 메시지를 읽게 될 것이다. 다크넷은 토르 브라우저로만 입장할 수 있다. 다크넷의 정체성은 일종의 보이지 않는 디지털 외투로 위장되어 있는 것이다.

여행의 초기 단계에서 우리는 다크넷과 인터넷이 한 가지 공통점이 있다는 것을 알게 된다. 바로 상거래를 추동하는 같은 종류의 동력이, 상업적 이데올로기로 투쟁하여 쟁취한 디지털 지하세계에서, 무엇보다도 모든 종류의 마약을 거래할 수 있는 거대한 쇼핑몰을 만들었다는 사실이다. 마약 중독자는 여기에서 그들의 위험천만한 '물질'을 구입할 수 있다. 한가한 마약 상습 복용자들은 주말에 도취의 세계를 향유하기 위해 그라스(Gras: 미국식 품안전청이 안전하다고 인정한 식품 첨가물) 또는 파티 약품을 구한다. 처방전이 있어야 구입할 수 있는 의약품들, 몇몇 무기들, 해킹한 신용카드 정보들, 그리고 위조화폐까지 몇 번의 클릭만으로 주문할 수 있다. 하루 거래액이 어마어마하며, 이용 조건 그리고 추천 프로그램과 함께 고도로 조직화되고 불법적인 상거래가 이루어지는 지대가 탄생한 것이다.

다음 단계에서는 진지하거나 음란한 잡지의 표지에서 간간히 마주치는 '나쁜' 다크넷을 살펴본다. 디지털 지하세계는 인간이 행할 수 있는 모든 사악한 것들의 피난처다. 우리는 아동포르노 교환에 익명화 기술이 어떻게 남용되는지, 그리고 실제로 어떻게 국제적인 테러 집단에게 무기가 제공되는지 알게 될 것이다. 부정적 이야기의 반대편에는 방어 공간으로서의 다크넷 이야기가 있다. 즉 반대자, 배반자 그리고 네트워크 안에서 더 이상 자신을 투명하게 드러내고 싶지 않은 사람을 위한 다크넷이 있다. 디지털 지하세계의 불법적 측면은 적어도 조금은 조명되고 있지만, 다크넷에 어떤 '긍정적인' 측면이 있는지에 대해서는 잘 알려져 있지 않다. 다크넷의 절반은 불법 콘텐츠로 구성되어 있지만 나머지 절반은 그렇지 않은 것으로 알려져 있다. 우리는 모순으로 가득한 이 장소가 일부 사람들에게는 왜 여전히 희망을 주는지 알게 될 것이다.

그런 다음에 다크넷과 긴밀하게 관련되는 익명성이 어떻게 작동하는지 자세히 살펴본다. 독특한 트릭처럼 거의 완전하게 감시할 수 있는 인터넷에서 어떻게 익명성이 생성되는지 알아본다. 전 세계의 절반을 뒤덮고 있으며 구조적으로 검열이 불가능해진 다크넷에 대해 우리는 놀라지 않을 수 없다.

이 기적과 같은 작품의 기술적 토대는 미국 군사 연구자들에 의해 고안되었고 오늘날 여러 국가들이 골치 아파하고 있다는 사실을 알게 될 것이다. 우리는 오늘날 디지털 지하세계의 익명화 소프트웨어 배후에, 다크넷만큼이나 스스로 모순되는 조직의 존재를 알게 될 것이다.

마지막으로 우리는 각자의 업무와 관련하여 다크넷을 배우려는 수사관들(전문가와 독자들을 모두 포함한다)을 어깨 너머로 관찰한다. 우리는 결코 끝나지 않는 고양이와 쥐 사이의 게임에서 차단된 탐구 대상에 어떻게 접근하고 그들 작업의 기술적 경계와 법적 경계를 어떻게 넘어서는가를 탐색한다.

모든 장대한 여정이 그러하듯이, 우리 여행은 장차 다가올 미래를 일별하는 것으로 마무리한다. 또한 다크넷이 어떻게 진화할 수 있는가에 대해 성찰한다. 무엇보다도 걱정거리가 되어가는 오늘날의 일반적인 인터넷의 상황에 대해 대답을 할 수 있을 것이다. 네트워크상에서 모든 커뮤니케이션과 삶에 대한 최소한의 모든 진술이 감시될 수 있으며, 이것은 대규모 네트워크 회사의 서버에서 이루어진다. 네트워크 회사들은 이를 통해 이익을 취하고 비밀 기관의 요구에 정보를 넘겨줄 준비가 되어 있다. 감시와 통제에 대한 정부의 능력은 조지 오웰(George Owell)이 쓴 고전 과학소설인 『1984』에서의 디스토피아를 생각나게 하는 수준에 이르렀다.

우리는 향후 발전하게 될 시나리오를 설계해 보며, 마지막에는 대담한 질문을 던져볼 것이다. 지금의 디지털 지하세계는 언젠가 더 자유롭고 더 나은 인터넷 버전으로 발전할 수 있지 않을지, 그리고 한 걸음 더 나아가 다크넷의 구체적인 유토피아가 어떤 모습이 될 수 있을지 전망할 수 있을 것이다. 이어서 이 책의 부록에 짧은 인터뷰 4회분, 다크넷 기술의 대안, 토르의 보안에 관한 토론, 다크넷과 관련하여 자주 사용되는 용어들에 대한 간략한 색인을 덧붙인다.

다크넷이란 무엇인가

개념에 대한 설명

먼저 우리는 다크넷이 무엇인지 분명하게 해야 한다. 많은 사람들은 대부분 다크넷에서 이루어지는 불법 무기 거래나 마약 판매상의 일망타진과 관련하여 미디어가 정기적으로 내보내는 톱기사 제목들에서 이 강렬한 단어를 접하고 있다.

개념에 대한 다툼

〈다크넷〉에 대해 여러 가지 또는 어렴풋한 개념 정의들이 있다. 한 진지한 정의에 따르면, 다크넷이란 디지털 기술에 의해 만들어지는 장소이며, 기술적 수단들로 둘러싸여 있기에 사용자가 드러나지 않아 익명성이 보장된다. 컴퓨터의 연결 데이터와 위치는 공개되지 않으며, 통신 내용은 암호화된다. 특히 대기업 집단과 비밀 정보기관들의 시선으로부터 차단되어 있다고 한다. 다크넷은 기존의 인터넷 브라우저에서 접근할 수 없지만 특별한 소프트웨어만 있으면 입장할 수 있으며, 기타의 검색엔진으로는 내용의 목록을 만들 수 없다. 이렇게 기술적으로 차단 가능한 네트워크를 만드는 여러 방식이 가능하다. 특별한 익명화 브라우저를 사용하는 토르 소프트웨어 기반의 다크넷이 일반적으로 알려져 있다. 이것은 보통의 월드와이드웹(World Wide Web)과 매우 유사하므로 자주 '다크웹(Dark Web)'이라고 부르기도 한다.

이와 반대되는 개념으로 개방된 네트워크가 있는데, 그것은 '클리어넷(Clearnet)' 또는 '서피스웹(Surface Web 피상적 웹)'이라 불린다. 그것의 콘텐츠는 일반적인 브라우저를 사용하여 통제되며, 구글(Google), 얀덱스(Yandex) 또는 빙(Bing)과 같은 보통의 검색엔진으로 검색된다. 그것은 온라인 백과사전인 위키피디아(Wikipedia)의 텍스트일 수 있으며, 뉴스 사이트와 블로그의 기사, 토론 포럼들 또는 웹 상점의 상품들일 수 있다.

'딥웹(Deep Web)'이라는 것이 더 있는데, 다크넷과 마찬가지로 그것을 둘러싼 많은 신화들이 있다. 이 '깊은 네트워크'의 특징은 이론적으로는 모든 브라우저로 방문할 수 있지만, 그럼에도 그 콘텐츠는 검색엔진에 의해 파악되지 않으며, 그리하여 유저들에게 좀처럼 발견될 수 없다는 것이다. 여기에는 여러 가지 이유가 있을 수 있다. 어떤 웹사이트들은 그들을 찾아낼 수 있는 검색엔진을 금지하고, 대부분의 웹사이트들이 그렇게 하고 있다. 구글의 출입을 허용하지 않는 웹사이트들은 비밀번호를 입력하면 그들의 콘텐츠를 공개한다. 특정 그룹의 사람들만 입장을 허용하려는 잡지, 포럼, 블로그 들에서 소셜 네트워크의 콘텐츠 또는 저널리즘 콘텐츠에 접근할 경우 입장료를 지불하도록 지불 장벽을 세워놓았다. 또한 기업, 당국 또는 기관에서 내부적으로 사용하는 인트라넷은 '외부에서' 접근할 수 없다.

이들 개념은 대략의 길을 안내하지만, 기술적으로 그리 명확하지는 않다. 고전적인 웹사이트 외에도 크고 넓은 인터넷의 바다에는 접근이 통제되거나, 고유한 프로그램을 통해 실행되기 때문에 일반 브라우저로 접근할 수 없는 다양한 콘텐츠가 있다. 예컨대 텍스트와 영상 채팅을 위한 특수 소프트웨어가 있으며, 합법적이거나 불법적인 음악 스트리밍 소프트웨어도 있다. 복잡한 게임 세계를 가진 많은 게임들도 크롬, 파이어폭스, 인터넷 익스플로러로는 입장할 수 없다. 모바일 스마트폰으로 접근 가능한 게임이 있는데, 브라우저를 통해서는 콘텐츠에 액세스할 수 없지만, 해당 업체가 제공하는 모바일 프로그램 앱을 설치하면 가능해진다.

빙산의 유혹

'다크넷'과 '딥웹'이라는 용어가 때로는 서로 맞물린다는 사실에서 혼란은 가중된다. 다크넷에 관한 연구보고서들은 종종 빙산의 이미지로 다크넷의 진면목을 보여준다. 정보로 가득 찬 디지털 바다에서 월드와이드웹은 빙산의 튀어나온 꼭대기에 불과하다. 바다 위로 보이는 빙산 꼭대기가 바다 밑에 있는 빙산보다 훨씬 작은 것과 같이, 우리가 알고 있는 네트워크는 딥웹(다크넷은 그 일부분에 불과하다)에 비해 아주 작다. 독일 연방범죄수사청(Bundeskriminalamt: BKA)의 한 표현은 "인터넷의 깊이"를 보여준다. 이 딥웹은 정확하지는 않지만 "표면으로 드러난 웹보다 10배 또는 100배나 더 큰" 것으로 알려져 있다. 다른 미디어가 전하는 바에 의하면 숨겨진 딥웹은 드러난 웹보다 적어도 400배는 더 크다고 한다. 이런 상상은 진입한 사람이 거의 없는 디지털 우주의 정보와 콘텐츠가 존재하고 있음을 암시한다.

이것은 흥미진진하게 들리지만 다크넷의 범위에 접근하는 신화 중 하나에 불과하다. 빙산의 은유는 이의 없이 자주 사용된다. 이런 은유가 깨우침을 주는 것처럼 들리는 이유는 아마도 다크넷에 관한 확실한 지식인 것처럼 보이기 때문일 것이다. 또는 디지털 현상은 상상하기가 어려우며, 그리하여 그 이면에 대한 통찰이 얼마나 유효한지 질문하기 어렵기 때문일 것이다.

이것은 신화가 아니다. 딥웹이 우리에게 잘 알려진 웹보다 훨씬 크다는 주장은 대학 연구 결과가 아니라, 브라이트플래닛(BrightPlanet)이라는 회사의 백서에서 나왔다. 이 회사는 고객을 위해 콘텐츠와 인터넷의 성과를 모니터링하는 일을 전문적으로 하고, 저작권 침해와 같은 경우를 추적한다. 이 백서는 2000년에 출판되었다. 브라이트플래닛의 한 연구자는 딥웹이 우리가 사용하는 보통의 월드와이드웹보다 대략 400배 또는 550배나 더 크다는 결론에 이르렀다.

그 당시 검색엔진은 확실하게 정의된 콘텐츠를 보유한 확실한 웹사이트만을 읽을 수 있었다. 하지만 정부의 지리 데이터뱅크 또는 특허 데이터뱅크처럼, 또는 웹 상점이나 소규모 광고 포털(Kleinanzeigeportale)처럼 하나의 검색어를 입력해야 내용을 보여주는 문제가 있었다. 반면 오늘날의 검색엔진, 무엇보다도 구글의 엔진은 생각할 수 있는 모든 콘텐츠를 검색하고 자동화된 검색어로 열어 볼 수 있는 능력이 매우 탁월하다. 그럼에도 여전히 접근할 수 없는 디지털 영역이 있다. 로그인 창을 통한 입력이나 입장료 지불 후에 접근을 허용하는 콘텐츠, 기업과 조직의 인트라넷 그리고 입력 양식이 아주 복잡한 데이터베이스 등이다. 그러나 이러한 개방형 네트워크에는 더욱 거대한 콘텐츠의 저장소가 있다. 텍스트로 된 설명이 붙어 있고 따라서 검색엔진이 이해할 수 있는 수백만 또는 수십억 개의 유튜브(YouTube) 비디오들, 블로그 게시물과 뉴스 기사들, 소셜미디어 포털의 사진들이다. 2000년 이래로 많은 변화가 있었지만, 인터넷 개발 시부터 전해지는 딥웹이라는 명칭에서 빙산의 매혹적 이미지는 여전히 사용된다.

다크넷으로

딥웹의 일부인 다크넷도 거대한 것은 아니다. 그럼에도 다크넷이 여전히 흥미로운 것은, 통제할 수 없음, 익명성과 검열 불가능성 때문에 기존 네트워크의 유용한 규칙을 전복시키고 사회 전체의 권력관계에 의문을 제기할 가능성이 충분하기 때문이다.

차폐된 평행 네트워크를 구축할 수 있는 많은 기술적 가능성이 있다는 것을 상기하면서, 이 책에서는 비공식적인 확장자명인 .onion 아래의 토르 다크넷(Tor-Darknet)을 집중적으로 다룬다. 토르 다크넷은 현재까지 언급할 가치가 있는 역동성을 발전시켰으며, 테크놀로지 업계를 넘어 널리 알려져 있는 유일한 사이트다.

3

다크넷 쇼핑몰
광활한 불법 장터

판매자는 5그램의 코카인을 400유로에 판매한다고 제안하고 '최상품'으로 납품할 것을 약속한다. 또 다른 판매자는 위조된 50유로 위폐 10장을 100유로에 넘기겠다고 제안한다. 환영을 받으며 다크넷의 상거래 세계에 입장하고, 몇 번의 클릭으로 모든 것을 주문할 수 있을 것처럼 보인다. 금지된 제품을 손에 넣기 위해 더 이상 한밤에 공원에 나갈 필요가 없다. 다양한 '상품들'이 있는 불법 다크넷 시장에서 거의 모든 것을 집안에서 편리하게 주문할 수 있다.

의심쩍은 상거래의 공공연한 처리에 대한 초기의 충격이 극복되면, 다크넷에 있는 이 불법 세계를 신뢰하게 되는 이상한 느낌에 친숙해진다. 그것은 아마존(Amazon)이나 잘란도(Zalando)에서 이루어지는 것과 같은 고전적인 온라인 거래를 상기시킨다. "어둠의 상거래(Dark Commerce)"는 전자 상거래(E-Commerce)의 비밀이 많은 동생이다. 그는 형으로부터 많은 것을 배웠다.

고차원의 불법 거래

자체 보고서에 따르면 현재 다크넷 시장의 선두 주자인 드림마켓(Dream Market)에 약 10만 개에 가까운 거래품목이 나와 있다. 드림마켓은 점점 더 성장하는 시장 중 하나에 불과하다. 그 가운데 약 10여 개의 거래품목이 딥닷웹닷컴(Deepdotweb.com) 리스트에 올라와 있는데, 이는 일종의 업계 블로그로서 그 분야를 안내해 준다. 그 시장들은 "발할라(Valhalla)", "장엄한 정원(The Majestic Garden)" 또는 "사자들의 집(House of Lions)"이라는 이름으로 불린다. 요컨대 "다크넷 히어로즈 리그(Darknet Heroes League)"의 약어로 디에이치엘(DHL)이라 불리는 한 시장은 독일 체신부 자회사의 로고와 약어를 차용했다. 토르 소프트웨어를 개발하는 사람들이 원하는 것은, 무엇인가를 고발하고 싶어 하는 자와 누군가에 적대적인 자가 스스로 다크넷을 찾아내는 것이다. 다크넷은 오늘날 대부분 전문적으로 마약류를 사고팔려는 목적으로 사용된다. 상거래를 추동하는 힘은 디지털 지하세계를 거대한 불법 쇼핑몰로 변화시켰다.

구조와 기능 방식에서 디지털 지하세계의 시장은 고전적인 인터넷의 합법적 쇼핑몰과 유사하다. 아마존 또는 잘란도와 마찬가지로, 참여하는 세 그룹이 삼각관계를 이룬다. 한 그룹은 구매하고 다양한 제품을 선택한다. 그들은 내부 검색엔진을 이용하여 개별 제품을 선택할 수 있다. 정확하게 어떤 마약인지, 누가 독일로 발송하는지, 원하는 가격대까지 제시할 수 있다. 다른 그룹은 여러 종류의 상거래 플랫폼에서 종종 동일한 이름으로 '상품'을 제공한다. 그들은 제품을 발송하고 그 대가로 디지털 통화인 비트코인(Bitcoin)을 받는다. 이런 판매 시장 배후의 사람들은 이용할 수 있는 기술 인프라를 제공하고 기술적으로 계속 업데이트하면서 판매가 성사될 때마다 수수료를 받는다.

2013년에서 2015년까지 실시된 장기 설문 조사에서 미국 카네기멜런 대학교의 두 연구자는 어두운 상거래의 세계를 관찰했다. 대형 암시장의 매출은 하루 30만~60만 달러 규모에 이르며, 소규모 포털의 매출은 매일 수천 달러에 이르는 것으로 추정한다. 그들이 관찰한 모든 플랫폼에서 총 9000명의 개인 거래자들을 확인했다. 그들은 일반적으로 3개의 다른 시장에서 제품들을 취급할 수 있을 만큼 전문성이 있었고, 일부는 특정 마약군만을 제공하고, 다른 일부는 광범위한 환각제와 의약품을 제공한다. 또 다른 그룹의 사람들은 위조화폐, 무기 또는 해킹된 데이터를 전문적으로 다루었다.

좀 더 최근에 빈 사회보장연구센터의 중독자 연구원 메로피 차네타키스(Meropi Tzanetakis)는 IT 전문가인 탄야 부카치(Tanja Bukač)와 협력하여 당시 다크넷 시장을 선도하던 알파베이(Alphabay 경찰에 의해 2017년 여름에 폐쇄)를 집중적으로 조사했다. 2015년 9월부터 2016년 8월까지 관찰한 결과를 보면 총 매출은 9400만 달러로 월별 판매고는 기복이 매우 심했다. 여름에는 매출액이 최대 1600만 달러까지 올라갔다. 일반 중독물 연구에서 특히 많은 마약품이 이 시기에 구입되는 것으로 알려져 있는데, 사용자들이 아마도 음악 축제를 방문하기 위해 구입하기 때문일 것이다.

차네타키스는 또한 어디에서 발송되는지를 눈여겨보았다. 여기서 인터넷을 태동시킨 나라가 자주 눈에 띄는 것은 놀라운 일이 아니다. 거래자의 25%는 미국에 거주했으며, 이어서 어느 정도의 격차를 보이며 영국(9%)과 호주(9%)가 뒤를 이었다. 4위는 네덜란드로 8%, 이어서 독일연방공화국이 7%에 달했다. 판매자들의 매출액은 매우 불균등하게 나타났다. 모든 매출은 주로 여가시간에 일하며 돈을 버는 부업 소득 수준인 것처럼 보였다. 일년의 관찰 기간 동안 판매자의 56%는 1만 달러 미만으로 거래했다. 판매자의 5%가 20만 달러 이상의 매출을 기록한 것으로 보면, 매우 적은 소수만이 전문적이며 직업적으로 거래하는 것으로 보인다.

주도 통화는 비트코인

불법 시장에서 상품의 가격은 시장에 따라 미국 달러 또는 유로화로 표기되지만, 실제로는 비트코인으로 거래된다. 2008년 말 탄생한 이 새로운 화폐는 언론의 관심이 높았음에도 불구하고 고전적인 의미의 시장경제에서 틈새시장의 역할만을 수행했다. 반면, 다크넷 경제에서 비트코인은 주요 통화가 되어, 그것 없이는 어떤 일도 이루어질 수 없게 되었다. 비트코인은 다크넷에서 유일한 지불 수단이 되었으며, 디지털 대체 통화가 가끔씩 받아들여질 뿐이다. 해커들이 사용하는 통화의 가치는 상당히 유동적이지만, 1비트코인은 2017년 현재 약 2000유로(2022년 현재 원화로 약 3000만 원) 상당의 가치가 있다. 1비트코인은 '사토시(satoshi)'라는 구별 가능한 개별 단위로 1억 분의 1까지 나눌 수 있으며, 이를 이용해 모든 최소 금액을 표기할 수 있다.

비트코인은 화폐 단위의 익명 이동, 더 정확하게 말하자면 가명을 허용한다. 비트코인 소프트웨어를 다운로드하면 임의의 번호가 매겨진 계정인 주소가 할당된다. 번호가 매겨진 이러한 계정 간에 직접 이체 처리가 이루어진다.

여기서 특별한 것은 이체를 기록하고 받을 돈을 관리하는 금융 부문이나 은행 또는 온라인 결제방식에서 반드시 요구되는 중앙 통제소가 없다는 것이다. 고전적인 돈 거래와 달리 자금을 동결하거나 계정을 차단하는 것은 불가능하다. 중앙 통제 기능은 비트코인 발명의 진정한 걸작으로 간주되는, 정교하고 분권화된 부기 시스템, 각각의 코인과 코인의 각 부분이 누구에게 속하는가를 기록하는 대용량 데이터베이스가 담당한다. 이 현금출납부는 금융 서비스 제공업체의 서버에서 영업 비밀이 아니며, 인터넷을 통해 분산되어 기록된다. 비트코인 소프트웨어를 다운로드하면 데이터베이스 복사본 하나가 자동적으로 컴퓨터에 따라온다. 그것은 정기적으로 업데이트되며,

아무에게도 속하지 않는, 그리하여 누구에게나 속하는 것이다.

금융 인센티브의 이런 특별한 모델은 사기와 변조 가능성을 사실상 배제한다. 특히 비트코인 이전의 모든 분산된 디지털 통화는 한 가지 문제 때문에 신뢰할 수 없었다. 사기성 '이중 지출'의 문제 때문이었다. 하나의 화폐가 두 번 지불되는 것을 어떻게 막을 수 있을까? 한번 지불이 이루어지면, 전 세계적으로 분산된 컴퓨터들로 구성된 비트코인 '집단'의 일부가 모든 것이 정상적인가를 확인한다. 예를 들어 뮬러 부인이 비트코인을 그녀가 신용하는 다크넷 거래자에게 전달하려는 경우, 데이터베이스는 비트코인이 해당 시점에서 실제로 그녀에게 속하는지, 그리고 이전에 이미 사용한 적이 있는지를 확인한다. 모든 사항이 정상이면, 예정된 이체는 다른 모든 거래와 함께 많은 개별 정보로 구성된 디지털 블록으로 병합된다. 그것은 이전 금융 거래 블록의 긴 체인, 소위 블록체인(blockchain)에 따라 달라진다. 전체적으로 이 금융거래 블록체인이 비트코인의 출납 장부가 된다.

이체의 확인과 검증에 관여하는 컴퓨터는 보상으로 일종의 복권에 참여하고 수학 퍼즐을 해결한다. 비트코인 시스템의 소프트웨어에서는 10분마다 새로운 비트코인의 특정한 숫자가 생성되도록 규정하고 있으며, 2017년 현재는 12.5비트코인(2022년 기준 원화로 약 1억 2000만 원)이다. 누가 이 퍼즐을 풀 수 있다면, 이 작은 잭팟을 차지하게 될 것이다. 거래를 확인하는 데 많은 전력이 소비되는데, 이는 통계적으로 확인하는 집단에 속한 모든 컴퓨터가 어느 시점에서 사례금을 징수하게 되면서 상쇄된다.

신뢰할 수 있고 분산된 데이터베이스의 이 모델은 많은 돈이 국가와 기존의 기관을 우회하는 이동을 가능하게 한다. 그러나 그것 또한 문제의 핵심이다. 블록체인은 각각의 비트코인이 어떤 주소를 언제 받아서, 어떤 주소에 보내주었는지를 기록한다. 어떤 정체성이 비트코인 계정 배후에 숨겨져 있는지 원칙적으로 알 수는 없다. 그러나 의도치 않게 자신의 정체를 드러내는 일이 쉽게 발생할 수 있다. 대부분의 비트코인은 독일 플랫폼 비트코인닷디이(Bitcoin.de)와 같은 대형 증권시장에서 구매된다. 이를 위해서는 먼저 보통 은행 계좌에서 증권거래소로 돈을 이체해야 한다. 따라서 어느 비트코인 주소가 어떤 실제 고객 계정과 연결되어 있는지에 관한 정보가 데이터베이스에서 잠자고 있을 수 있다. 그리고 적어도 수사 당국이 이 정보를 입수할 가능성이 있다.

그럼에도 불구하고 비트코인을 익명으로 사용하기 위한 다양한 방법이 있다. 열정적인 '컴퓨터 괴짜(Nerds)'들은 다크넷 포럼에서 오프라인 교환을 약속한다. 야구 모자를 아래로 눌러쓰고, 그들은 어두운 장소에서 만난다. 지폐가 건네지고 현장에서 원하는 금액은 스마트폰을 통해 무기명 예금계좌(Nummernkonto)에서 다른 무기명 예금계좌로 이체된다. 그러나 기술적인 해결책도 있다. 비트코인 믹스(Bitcoin Mix) 서비스는 적은 비용으로 비트코인 소스를 위장하는 데 전문적이다. 사람들이 코인을 지불하면, 서비스 제공업체의 시스템 내에서 그 금액은 계정에서 다른 계정으로 이송된다. 마지막에는 비트코인이 리턴되며, 약속된 대로 그동안의 이동 경로는 더 이상 재구성될 수 없게 된다.

최고의 판매자: 지하경제의 자기 규제

다크넷 시장에서 협업의 효과는 수직으로 상승한다. 비즈니스를 수행하려면 관련 당사자 간에 기본적인 신뢰가 있어야 한다. 그러나 다크넷 상거래에서는 게임 규칙의 준수에 대한 고전적인 법집행이 없다. 불법 사업에 속았다는 느낌을 가진 사람이 경찰의 도움을 요청할 수는 없다. 익명의 세계에서 경찰의 도움을 받는 일은 거의 있을 수 없다.

이를 보완하기 위해 정교한 자체 규칙이 개발되었다. 고전적인 온라인 거래에서와 마찬가지로 구매 후 평가를 작성해 달라는 요청을 받는다. 대부분의 거래시장에서 1~5개의 별점으로 평가할 수 있으며, 자유롭게 텍스트를 쓸 수 있는 공간에서는 제품의 품질 또는 배달 속도를 평가할 수 있다. 이런 가능성은 적극적으로 이용된다. 코카인 2.5그램을 구입한 후에 "최고의 판매자에게 감사하며 다시 오겠습니다"라고 인사한다. 진통제 틸리딘(Tilidin)을 구입한 사람이 남긴 칭찬은 다음과 같다. "문자 그대로 아마존보다 빠르다. 어제 주문했는데, 오늘 저녁에 도착했다. 가격은 공정하고, 안전 조치는 적절하다." 그러나 다른 경우에는 경고가 주어지기도 한다. "사기꾼이다! 이런 유형의 알약들을 구입하지 말자. 이 인간은 정품 복제약(Generika: 특허 기간이 만료된 이후 같은 성분으로 제조하여 판매하는 약품)이라고 판매하지만 100% 가짜 복제약이다."

이런 의견은 제품을 구매한 후에 제출할 수 있으며, 일부 시장에서는 의무적으로 적용되므로 '바깥에서' 매출을 예측할 수 있다. 연구자들은 구매 날짜, 각 제품과 가격을 읽을 수 있는 해당 관찰 기간 동안 추가된 의견을 파악한다. 이에 따라 전체 시장, 개별 제품 그룹 또는 판매자의 매출을 계산할 수 있다. 이것은 다크넷 판매에 대한 신뢰할 수 있는 통계가 없기 때문에 존재하는 유일한 방법이며 시장 자체에는 정보가 극히 적다.

물론 순진한 다크넷 초보자를 상대로 속여 이득을 취하려는 시도가 있다. 다크넷의 많은 제안은 순전히 가짜다. 다크넷의 익명성은 법을 무시하도록 유도할 뿐만 아니라 불법적인 환경 속에서 스스로 속아 넘어가게 한다. 하지만 이것은 단기 전략으로만 작용한다. 규칙에 따르도록 하는 효과를 발휘하는 가치 평가들은 각 제품의 페이지와 프로필에 공개되어 있어 확인할 수 있다. 아마존과 이베이(Ebay)에서와 같이 종종 긍정적인 리뷰와 부정적인 리뷰의 비율이 표시된다. 품질이 좋지 않거나, 잘못된 제품을 보내거나, 상품을 전혀 보내지 않는 사람은 처벌된다.

그리고 장기간 사업하려는 사람은 그런 짓을 할 수 없다. 그래서 주로 대규모로 거래하는 사람들 가운데 95% 이상이 긍정적인 평가를 받게 된다. 전설적인 다크넷 거래자인 '샤이니 플레이크스(Shiny Flakes)'는 라이프치히 출신의 19세 청년으로, 부모님의 집에서 1톤가량의 마약을 발송한 후 체포되었다. 그는 자신의 시제품을 네덜란드에 있는 익명의 실험실로 정기적으로 보냈다고 자백했다. 그는 의사소통 과정에서 오만하고 불손했지만, 사업의 성공이나 실패는 제품의 품질이 결정한다는 사실을 알고 있었다.

그러나 속임수는 시장을 운영하는 사람들에게도 위협적이다. 과거에는 이런 일이 하룻밤 사이에 반복적으로 나타났으며, 플랫폼에 단기간 계류 중인 돈을 남몰래 손에 넣을 수 있었다. 2015년 봄, 시장을 주도하던 '에볼루션(Evolution)' 마켓의 관리자들은 수백만 유로 가치의 비트코인을 챙겨 자취를 감췄다. 그 극도의 대담함 때문에 현장은 마비되었다. 현장 용어로 '이탈 사기(Exit Scams: 사이트를 폐쇄하고 사라지는 사기의 일종. 일명 '먹튀')'라고 불리는 이런 사건들은 수사 당국에 의한 위협적인 법적 조치들보다 다크넷 경제에 대한 신용을 더 떨어뜨린다. 그러므로 많은 시장에서는 이제 '다중 서명' 거래라고 불리는 또 다른 자체 규제 조치로 사기 시나리오 방지 모델을 제공한다. 비트코인 금액이 신탁 계좌에 예치된 경우, 언제나 세 당사자 중 두 사람의 동의가 있어야 계좌 이체가 가능해진다. 시장 운영자들은 더 이상 돈에 독자적으로 접근할 수 없다.

디지털 지하세계의 진열대

디지털 암흑가의 시장에서는 무엇이 판매되는가? 드림마켓 앤드 컴퍼니(Dream Market & Co.)는 모든 종류의 불법 제품을 판매한다. 디지털 진열대에는 마약, 대마초, 코카인, 엑스터시 등의 '일반적으로 의심스러운' 약물들이 있다. 그리고 처방전이 필수적이지만 아무도 처방전을 보고 싶어 하지 않는 의약품들이 있다. 가짜 여권, 위조지폐뿐만 아니라 롤렉스(Rolex) 시계와 같은 비교적 무해한 제품의 다양한 짝퉁 상품들도 제공된다. 모든 장터에서 그런 것은 아니지만, 일부 장터에는 무기도 있다. 발할라에서는 버터

플라이 나이프, 공격용 너클과 총기류를 판매한다. 예를 들면 오스트리아의 무기 제조업체 글록(Glock: 주로 소형 권총을 생산한다)에서 생산되는 총기는 1290유로에 구입할 수 있다.

그들 세계에서 다크넷 포털로 지칭되는 암호화 시장(Kryptomärkte)은 사이버 범죄자들을 교육하는 시민 대학이다. 50센트짜리 사용 지침 매뉴얼은 도용당한 페이팔(Paypal) 계정에서 안전하게 돈을 인출하기 위한 조언을 약속한다. 상세한 해킹 상담을 받으려면 5.50달러를 내야 한다. 이론 외에도 실행을 위한 구체적인 도우미가 있다. 온라인 공격을 위한 소프트웨어를 다운로드할 수 있고, 도난당한 신용카드의 데이터가 제공될 수 있는데, 이러한 데이터는 피해자의 우편번호 또는 금융기관에 따라 상세하게 선별될 수 있다.

다크넷 시장에는 다양한 제품이 있지만 가장 중요한 제품 그룹은 마약이다. 카네기멜런 대학교의 연구자들은 마약류가 전체 판매량의 약 4분의 3을 차지한다는 결론을 내렸다. 2015년 3월 실시된 연구에 따르면, 대마초 함유 물질이 매출액의 36%를 차지했으며, 엑스터시 자극제와 같은 MDMA 제품이 21%, 코카인과 같은 각성제가 8%의 매출을 올렸다. LSD나 헤로인과 같은 다른 약물 판매도 12%에 근접했다. 중요한 것은 의약품 범주에 속하는 것이 19%였다는 것이다. '그 외의' 다른 물품들은 어림잡아 5%도 되지 않았다. 여기에는 더 이상 그룹으로 나눌 수 없는 마약 소비를 위한 도구, 가전제품, 담배 그리고 심지어는 무기 사용을 위한 장비들이 포함되어 있다.

흥미로운 문제는 사람들이 스스로 소비하기 위해 구매하느냐, 아니면 다크넷이 '도매'를 위해 비축하는 저장소로 기능하느냐 하는 것이다. 판매자들은 시장에서 재료들을 공급하며, 온라인을 이용하거나 고전적인 방식으로 거리에서 또는 지인들끼리 재판매한다. 그리고 실제로 그런 징후가 있다.

빈 사회보장연구센터의 과학자 메로피 차네타키스가 최근에 수행한 연구는 대마초 또는 코카인을 대량으로 구매하는 경우와 같은 1000달러를 초과하는 주문을 특별히 조사했다. 연구 결과는 이러한 '대형 패키지'가 판매량의 약 30%를 차지한다는 것이다. 이것은 그러한 배달이 항상 상업적으로 재판매된다는 것을 의미할 수 있지만 반드시 그런 것은 아니라고 차네타키스는 지적한다. 또한 마약 연구에서 '사회적 공급'으로 알려진 현상은, 사람들이 구입한 마약은 지인과 나눠지거나 '구매 가격'으로 제3자에게 제공된다는 것이다.

마약: 길거리보다 더 안전하고 더 청결한가?

신용카드 데이터 또는 해킹 안내서를 판매하는 것과는 달리, 마약의 경우에는 실제 제품이 배송되고 있으며 이는 불법적인 판매의 잠재적인 취약점이다. 그럼에도 불구하고 각각의 제품에 대한 의견에서 볼 수 있듯이 대량 발송물은 거의 방해를 받지 않고 송달되는 것처럼 보인다. 대형 봉투로 발송되는 마약은 냄새가 나지 않도록 몇 겹으로 잘 포장하여 경찰견이 의심하지 않도록 한다. 불법 제품임을 숨기기 위해 편지 봉투의 레이아웃은 종종 실제 무역회사 또는 보험회사를 모델로 한다.

불법적인 시장에서는 다크넷의 정교한 자율 규제가 마약 구입을 더욱 안전하고 청결하게 한다고 당당하게 주장한다. 그들의 논리에 따르면, 가끔씩 약물을 찾는 사람이라면 더 이상 공원에 나가 체포될 수도 있는 위험을 무릅쓰지 않아도 되며, 질이 나쁘거나 오염된 위험한 물품을 구매하는 모험을 하지 않아도 된다. 불법적인 상황과 맞닥뜨리는 것은 디지털 기술로 해결 가능하며, 구입 후기와 같은 평가를 통해 상품에 대한 위험을 미리 예측할 수 있게 한다. 아마존과 이베이에서와 마찬가지로 구입 후기와 같은 코멘트들이 위조되는 것을 막을 수는 없다. 그럼에도 불구하고 솔직한 후기와 부정적인 평가들이 함께 소개된다. 또한 시장의 배후에 있는 사람들은 자신의 이해관계에 따라, 그들의 불법적인 우주에서 속이는 일은 거의 없다고 보증

한다.

다크넷 산업 자체를 찬양하는 것은 어설픈 자기 마케팅으로 추락할 수 있다. 그러나 진지한 학술적 연구에서는 이 분야의 긍정적인 효과에 대한 토론이 이루어지고 있다. 글로벌 세계에서 온라인으로 실시된, 약물 사용자에 대한 대규모 설문조사를 보면 다크넷에서 약물을 쉽게 이용할 수 있다는 점은 혹독한 비판을 받았다. 그러나 연구원들은 또한 다음과 같이 인정했다. "폭력에 덜 노출되고, 오염된 약물이 적고, 제품 품질에 대한 신뢰가 높고, 길거리 거래를 탈피한다는 등의 분명한 장점이 있다."

메로피 차네타키스도 일종의 분화된 인상을 받은 것으로 설명한다(부록의 인터뷰를 보라). 그녀는 시장 매출을 조사하는 일 외에도 때로는 얼굴을 마주하고, 때로는 익명의 온라인 인터뷰를 통해 마약 판매자와 대화를 나누었다. 그녀는 다크넷을 통해 거래가 이루어지는 이유로서 세 가지 중요한 동기를 지적한다. 가장 중요한 이유는 마약의 품질이 좋다는 것이다. 사용자는 다른 사람들의 상품 피드백을 통해 마약의 품질이 얼마나 좋은지 추정할 수 있다. 또 다른 이유는 단순히 편의성이었다. 다크넷에서 마약을 거래하는 사람은 더 이상 거주지를 떠날 필요가 없다. 세 번째는 거래의 위험성이 줄어들었다는 것이다. "소량 주문되는 패키지가 마약류 공급으로 드러날 가능성은 비교적 낮다."

흥미롭게도 다크넷에서의 거래 가격이 때때로 거리에서의 거래보다 비싸다는 것이 밝혀졌다. 그러나 이는 고객들에게 부차적인 문제일 뿐이다. 다른 연구에서도 알 수 있듯이, 다크넷 거래는 20대 중후반의 남성이 약 80%를 차지하며, 그들은 잘 교육받고 사회경제적으로 좋은 지위를 차지하고 있다는 사실이 분명하게 드러났다. 따라서 결정적인 기준은 가격이 아니라 물품의 품질이라는 것이다. 또한 이들은 마약 중독자 또는 다른 위험이 크지 않은 부류의 주로 기분 전환을 위해 이따금씩 복용하거나, 파티 또는 휴가 기간 중에 사용하는 사람들로 알려져 있다.

차네타키스는 전반적으로 사회과학자의 관점에서 다크넷에서의 마약 밀매는 긍정적인 면과 부정적인 면이 모두 있다고 믿는다. 소비의 측면에서 확실한 장점은 소비자들이 약물의 품질을 평가할 수 있다는 점이다. 무엇보다도 마약제는 때때로 건강을 크게 해치는 물질과 혼합되는 불순물들과 관련된다.

　걱정스러운 것은 구매에 시간, 장소 또는 사회적 제한이 없다는 것이다. 이것은 특히 취약한 집단, 그중에서도 부모 몰래 마약물을 주문할 수 있는 노하우를 가진 청소년들에게 영향을 준다. 두 번째로 취약한 그룹은 약물 경험이 없는 사람들이다. 그 효과를 평가할 수 없는 물질을 호기심에서 주문하고 혼자서 소비하는 것은 매우 위험하다.

　그러나 다크넷 의약품 거래에서 종종 제기되는, 다양한 물질에 대한 순수한 이용 가능성으로 인해 사용자가 점점 더 위험한 약물을 사용하게 된다는 주장을 연구자는 반증할 수 있다. 학술 자료들은 대마초는 관문 역할 약물(중독성이 강한 다른 마약 복용으로 이어질 가능성이 있는 약한 약물)의 기능을 갖고 있지 않음을 분명하게 보여준다.

의약품: 다크넷 약국의 윤리

　드림마켓의 '약품' 카테고리에는 의약품들 또한 분류되어 있다. '처방전'의 하위 그룹에는 시알리스(Cialis)와 인도의 비아그라(Viagra) 복제약인 카마그라(Kamagra)와 같은 발기약, 항불안제와 신경강화제, 정신적 능력 향상제로 논란이 되는 뇌 도핑제를 포함한 2100개의 제품들이 포함되어 있다. 약 2300개의 리스트를 가진 별도의 하위 그룹은 벤조스(Benzos: 향정신성 의약품의 일종)를 위해 존재한다. 벤조디아제핀(Benzodiazepine)은 넓은 의미에서 통증완화제군에 속하며, 복용하면 중독될 수 있다.

　프로필에서 암시하듯이 일부 판매자들은 분명히 독일어를 사용하는 고객을 대상으로 한다. 그들 가운데 일부는 디지털 지하세계의 약국처럼 약품을 전문적으로 다루며, 다른 일부는 포트폴리오에서 약품이 대부분을 차지하고 있다.

2015년 말 독일 의약품 공보지에서 전문 의약품 취급자와의 암호화된 문자 메시지를 통해 진행된 두 인터뷰는 이 '산업' 고유의 논리와 자기 이미지에 대한 통찰력을 제공한다. 우리는 그들을 판매자 A와 판매자 B라고 부른다. 그들은 다크넷에서 제공되는 제품들을 오리지널 독일 제약사의 정품 또는 인도에서 가져온 라이선스 복제품이라고 설명한다. 둘 다 상품의 품질과 신뢰성을 강조하고 가짜 또는 하등품을 판매하지 않는다고 강조한다. 그중 한 사람은 다크넷 약품의 품질이 독일 약국에서 판매되는 의약품 수준에 이른다고 주장한다.

긴장을 완화하고 불안을 없애주는 약품, 강력한 진통제, 신경강화제와 기능성 알약이 가장 잘 나간다. 사례의 약 절반은 구매가 약물 남용에 해당하는 것, 즉 의학적 지시 이외의 사용에 관한 것이지만 나머지 절반은 자가 처방과 복용에 해당한다고 한다.

자가 처방이란 무엇인가? 판매자 A는 일부 사람들이 부정적인 경험이나 두려움으로 인해 자력으로 스스로를 돌볼 것으로 추측한다. 그들은 개인적인 문제에 대해 낯선 사람들과 이야기하는 것을 부끄러워하거나, 일반적으로 의사에 대한 신뢰가 없다. 다른 부류의 사람들은 의사의 약처방 조치에 불만을 갖는다. 그래서 그들은 약 복용을 중단하거나, 의사가 원하는 복용량 조절 지침을 따르지 않는다.

양쪽 모두 도덕적 책임에 대해 질문을 받으면 각자의 행위를 정당화하며, 마약 거래에서 널리 행해지는 일반적인 논쟁으로 돌아간다. 그들은 자유로운 사람들의 개인적인 책임을 지적한다. 자율적 인간은 약물 사용 여부와 기간을 스스로 결정할 수 있는 기회를 가진다는 것이다. 의사들의 처방에 의존하는 사람의 경우에는 이런 선택의 자유가 주어지지는 않는다고 판매자 A는 덧붙인다.

판매자 B도 비슷하게 주장하지만 그의 상행위에 윤리적으로 문제가 있음을 인정한다. 그러나 그렇지 않았다면 소비자들이 다른 곳에서 다른 방식으로 약물을 확보했을 것이라고 믿는다. 길거리에서 가짜 약이나 희석된 약을 취득할 경우 위험성은 더 크다. 그는 상거래를 할 때 피해를 최소화하기 위해 스스로 제한을 가한다. 평소 한 번의 처방으로 15~20일분을 초과해서 팔지 않는 것이 그가 정해놓은 기본적인 규칙이다. 그리고 그는 성인에게만 판매하고자 한다. 성인인지 아닌지 의심되면, 새로 온 사람들이 제공한 ID 번호를 가지고 그들의 나이를 확인한다. 또한 그는 사람들에게 입원 치료를 받으라고 이야기해 왔다. 그리고 그는 모든 것을 판매하지는 않는다. 예컨대 마취제 프로포폴과 같은 집중치료 의약품과 일반적으로 또 정기적으로 제조되지 않는 제품 등을 취급하지 않는다. 그는 식품 색소를 입히거나 두드러진 맛을 가미한 벤조디아제핀을 제공하여, 그것들이 다른 사람의 정신을 잃게 하는 약물로 오용될 수 없게 했다.

판매자들은 정중하고 친절하게 대답했다. 그들은 자극적인 보도 이면의 있는 불법 활동에 대한 관심에 대해 기뻐하는 것 같았다. 그들이 묘사한 내용은 제한적으로만 확인할 수 있다. 전통적인 약물들의 경우와는 다르게 학술적 연구에서는 다크넷을 통한 약물 거래에 관심을 두지 않았다. 그리하여 정확한 판단은 어렵고 단지 유추만 할 수 있을 뿐이다. 대부분 긍정적인 경험들이다. 시장의 댓글 공간을 보면 적어도 긍정적인 경험이 우세하다는 것을 알 수 있다. "신뢰할 수 있고 빠른 믿을 수 있는 판매자", 이것은 진통제 옥시코돈(Oxycodon)을 구매한 후에 쓰인 댓글이다.

독일약사협회(ABDA)의 입장은 당연히 매우 비판적이다. ABDA 대변인 라이너 케른(Reiner Kern) 박사는 구매후기 시스템이 보장하는 제품의 품질이 좋다는 주장을 대수롭지 않게 여긴다. 활성화 성분이 없는 정력제의 경우 별다른 효과가 입증되지 않아도 등록할 수 있다. 하지만 위조된 의약품을 과다 복용하거나 독성 물질로 오염된 경우 상황은 완전히 다르다. 따라서 '아마추어 품질 평가'는 의약품에서 매우 제한적인 역할을 수행한다. 또한 치료는 항상 '위험 부담이 높은 과정'을 동반하며, 부작용과 상호작용에 주의를 기울여야 한다. 합법적으로 처방하고 공급하는 방식에서 벗어나면 모든 것이 불가능해진다. 따라서 약사협회는 이것에 대해 분명하게 경고한다. 불법적인 다크넷 거래시장이 약국의 판매 독점과의 비공식 경쟁자로 어느 정도까지 인정되는가에 대한 질문에 케른 박사는 다음과 같이 답변한다. "그 작용 범위와 의의를 추정하기 어렵다. 불법적인 다크넷 거래는 약국을 통한 의약품의 법적 공급과 아무런 관련이 없기 때문에 약국의 경영에서 경제적인 의미는 없다." 그렇지 않다면 다크넷에서 불법 배송 경로를 추적하는 것이 수사 당국의 과제가 될 것이다.

그러나 당국은 이런 특별 상품군에 대해 거의 언급이 없으며, 연방범죄수사청에도 정확한 수치가 없다. 2016년 이후 경찰 범죄 통계를 대략 살펴본다면, 당국은 적어도 아직 많은 사례를 공개하지 않고 있다는 것을 알 수 있다. '의약품법 위반 범행' 그룹에는 '불법적인 유통망 내부의 의약품'의 정황이 있는 636건의 사건들이 기록되어 있다. 그중 약 30건의 사례는 '범죄 수단으로 인터넷'을 이용했으며, 인터넷에서 다양한 디지털 경로들은 구별되지 않았다(연방범죄수사청의 통계에 의하면 약 30만 건의 '환각제 범죄' 가운데 약 2000건이 인터넷을 통한 범죄로 분류된다).

연방범죄수사청 대변인에 의하면, 약물의 불법 거래는 유효한 경찰력이 담당하는 세계를 넘어서며, 특히 다크넷의 상거래 장소에서 이루어진다고 한다. 대변인은 판매자들이 들은 것과 대략적으로 일치하는 불법 거래 의약품에 대한 일반적인 정보를 전한다. 약물들은 해외에서 상당히 저렴하게 구매되거나 단순히 도난당한 약품들이다.

불법적인 의약품의 상당수는 불법적인 경로로 재수입되거나 가짜 포장지에 싸여 병행 수입품(Parallel-Importe)으로 독일에 온다고 한다. 이런 유통 경로에서 약물은 해외에서 구매되고, 인가받지 않은 경로를 통해 독일연방공화국으로 '수입'되어 합법적인 유통망에 들어가며, 훨씬 높은 가격으로 판매된다. 이러한 2차적인 노선에서, 조달한다는 것은 그 자체로 이미 불법성을 내포한다. 의약품은 병원이나 창고에서 빼돌리거나 또는 강도질로 빼앗은 것이다. 과거에 이러한 약물은 남유럽과 동유럽, 동남아시아 또는 아프리카에서 독일로 왔으며, 때로는 위조한 원산지 증명을 통해 '합법화'되었다.

대변인은 여러 가지 관찰 결과를 언급했는데, 포장과 포장 삽입물이 종종 누락되거나, 물질에 잘못된 유효 성분을 함유하고 있거나, 유효 성분이 너무 적게 함유되어 있거나, 약제가 오염되었거나, 운송 또는 보관 중에 규정된 냉각 시스템이 유지되지 못해 품질의 유지가 위험해지는 경우 등을 언급하고 있다. 의약품의 불법적인 구매에 따른 다른 잠재적 위험 요인은 재포장 시 약품의 혼동이나 위생 상태의 불량, 잘못된 정보 혹은 패키지 삽입물에 대한 잘못되거나 오래된 정보, 유효 기간 '연장' 등일 수 있다.

두 다크넷 판매자는 자신의 판매량에 대한 통계 수치를 제시하지 않았으며, 거래 규모와 중요성에 대한 일반적인 추정치에는 차이가 드러난다. 한 판매자는 수요가 판매자로서 그가 갖고 있는 가능성을 넘어선다고 생각한다. 그는 자신을 사업계에서 작은 피라미라고 생각하지만, 정규 도매 거래 수준에 이르는 거상(巨商)이 있다고 생각한다. 다른 판매자는 그 현장이 여전히 작고, 일반적인 약국이라면 모든 독일 다크넷 판매자들의 매출을 몇 배나 넘어선다고 생각한다.

마약과 위조 여권: 국가에 치명적으로 위험하다

다크넷 내부의 의약품 거래에서 원래는 합법적이지만 엄격하게 규제되는 약품이 '허가받지 않은 사람들'에 의해 불법적인 경로를 통해 유포된다. 그곳에서 구매하는 사람은 유럽 시장에서 주목받지 못한 오리지널 정품이나,

다른 나라에서 생산되어 불법적인 경로로 수입된 완전하고 효과적인 라이선스 의약품을 구하고자 한다. 반면에 다른 제품 그룹의 경우 확실한 것은, 진짜는 하나도 없으며 가짜들은 모두 다른 사람이 알아차리지 못할 정도로 훌륭해 보인다는 사실이다. 시장에는 롤렉스 시계나 샤넬 가방의 무해한 모방품이 있다. 같은 범주에 속하는, 위조지폐와 위조 여권과 같이 사회에서 폭발적인 파괴력을 가진 품목들도 있다. 그것들은 권력의 핵심이 행사하는 문서 발행의 독점적 권리, 즉 누가 가난하고 누가 부유하며 누가 시민에 속하고 누가 그렇지 않은지를 확인하는 증명서 발행의 독점권을 뒤흔들어 놓는다.

드림마켓에서 위조화폐를 구하는 유저는 100가지 이상의 다양한 방식으로 제공되는 위조화폐 중에서 선택할 수 있다. 예를 들자면 전 세계로 발송하는 한 판매자는 50유로 지폐 10장을 150유로에 제공하며, 이는 명목가치 30% 가격에 해당한다. 다른 판매자는 50유로 위폐 10장을 묶어 105유로(명목가치의 26% 가격)에 제공한다. 마찬가지로 판매자들은 모두가 관심을 보이는 상품의 품질을 강조한다. 하지만 그들 사이에는 차이가 있다. 한 판매자는 정기적인 보안 검사를 견딜 수 있는 '고품질 유로 지폐'에 대해 이야기한다. 또 다른 사람은 '중간 품질' 지폐만 제공한다는 것을 인정한다. 비교적 떨어지는 품질의 이러한 위조화폐는 더욱 저렴하게, 보통 10%의 명목가치에 제공된다.

마약 거래에서의 사실, 즉 다크넷에서 불법 상품에 수월하게 접근할 수 있다는 사실은 위조화폐의 경우에는 훨씬 더 사실이다. 다크넷이 나오기 전에도 잘 알려진 관련 교환 장소를 방문하거나 조심스럽게 친구와 지인에게 수소문하여 누구나 마약을 구할 수 있었다. 그러나 위조화폐나 감쪽같이 위조된 신분증을 얻는 방법을 누가 알겠는가?

독일 연방범죄수사청(BKA)은 위조화폐 범죄 상황과 관련하여 매년 다크넷이라는 판매 경로에 더 많은 업무 비중을 할당한다. 2016년에는 약 11만 건의 '위폐'가 수거되었는데, 이는 약 400만 유로의 가치였다. 독일 연방범 죄수사청은 위조화폐의 30%가 인터넷에서 거래되는 것으로 추정한다.

대부분의 위폐들은 20유로 또는 50유로 지폐로 품질 수준이 각각 다르다. 위조품들은 단순한 가짜에서부터 상당히 높은 품질의 위폐에 이르기까지 다양하며, 종종 중국에서 만든 홀로그램으로 한층 더 정교해진다. 독일 연 방범죄수사청이 인지한 것은, 이탈리아 나폴리 지역의 소위 '나폴리 그룹'은 '우수한 대량 오프셋 인쇄를 통해' 유사 산업에 가까운 생산이 가능하다는 것이다.

그러나 지난 몇 년간 연방범죄수사청은 위조화폐가 독일연방공화국에서 유포되는 데 그치지 않고 점차 독일에서 생산도 되고 있다고 설명해 왔다. 예컨대 2016년 2월, 바이에른주 범죄수사청은 임대 차고에서 50유로 위폐 전문 인쇄소를 찾아냈다. 많은 유로화 위조품 외에도 인터넷에서 구한 복제 형판, '광범위한 생산 재료들'과 약 3000개의 중국산 '접착 홀로그램'이 발견 되었다.

각각 21세와 23세인 범인들은 다크넷을 통해 위폐를 판매했다. 수사 결과 독일, 스위스, 오스트리아와 네덜란드에 약 200명의 고객이 있었음을 암시 하는 자료를 얻었다.

수사 결과 보고서는 그동안 디지털 기술의 도입으로 거래가 더 간편해질 수 있게 된 것을 한탄한다. "다크넷을 사용하면 익명성이 보장되고, 디지털 통화로 지불하며, 주문한 상품은 배송 서비스 업체를 통해 배달된다. 택배 업체는 주문된 상품을 가짜 주소 또는 포장 스테이션으로 배송한다."

BKA가 관찰한 바에 의하면, 위조화폐 생산을 위한 진입 문턱이 낮아지고 있다. "제조 장비를 비교적 간단하게 이용할 수 있고 인터넷을 통한 위조지 폐 제작법 습득이 용이하기 때문에, 더욱 많은 잠재적 범죄자들이 위조화폐 범죄에 가담할 수 있다. 범죄의 현장에서 더 이상 특수한 지식이 필요하지 않다."

'자주 눈에 띄는' 위조지폐가 2016년 개인적인 구매에 이용되었다. 거래는 인터넷, 특히 벼룩시장 포털을 통해 시작되어, 최종적으로 현금으로 지불되었다. 구매한 상품은 때로는 차량, 스마트폰 또는 명품 시계와 같은 고가의 제품들이었다.

마약을 구매할 때는 특히 판매자들이 수사 당국의 표적이 되며, 일부 연방주에서 소량의 특정 약물 소지는 형사적 기소 대상에서 제외되기도 한다. '단순히' 구입만 한 사람은 큰 물고기를 잡는 그물에 걸린 잡어(雜魚) 정도로 간주된다. 반면 위조화폐에 대해서는 주정부가 관용을 두지 않는다.

상황은, 잠재적으로 국가를 위협하는 또 다른 물품인 위조 여권의 경우와 유사하다. 이것들 또한 시장에서 구할 수 있으며, 드림마켓 카테고리 '가짜 신분증(Fake IDs)'에는 700개의 오퍼가 있다. 위조된 신분증, 여권과 운전면허증은 주로 미국 또는 유럽연합 국가에서 사용되기 위해 발급된다. 홀로그램과 워터마크가 포함된 독일 신분증은 760유로, 인쇄된 가짜 신분증은 140유로에 구할 수 있다. 이를 주문하면 원하는 신원과 주소가 만들어지고 사진을 업로드하면 문서가 '인쇄'된다. 이에 대해서 정부는 어떤 관용도 없으며 높은 처벌을 가할 것이라고 위협한다.

불법 경제시스템 안에서의 경쟁

2011년 2월에 구축된 실크로드(Silk Road)는 다크넷 최초의 대량 수용 가능한 암호화 시장이었다. 2013년 말에 경찰은 이 다크넷 경제의 개척자를 체포하고 실크로드 시스템을 정지시켰다. 그것은 국가의 손아귀를 벗어나 성장하는 지하세계 영역에 대한 타격으로 여겨졌다. 그러나 이런 조치는 실제로는 또 다른 사람들이 복제판 실크로드를 만들어 퍼뜨리는 붐을 일으키게 한다.

크고 작은 시장의 현재 상황을 보면 다크넷과 고전적인 인터넷 경제는 놀라울 만큼 공통점이 많다는 것을 알 수 있다. 두 경우 모두 활발한 경쟁이 있음을 첫눈에 알 수 있는데, 자세히 살펴보면 이는 표면적인 현상으로 밝혀진다. 전자 상거래뿐만 아니라 지하에서의 상거래는 규모가 매우 불균등한 경향이 있다. 소셜 네트워크 또는 시장에서 이익은 유저의 숫자에 의존한다. 이것이 디지털 경제의 악명 높은 네트워크 효과이다. 페이스북 (Facebook)의 성공과 실패를 가르는 지점은 지인의 절반이 이미 가입해 있는 상황이 되는 시점이다.

그러나 합법적인 네트워크 경제에서처럼 위상이 돌에 새겨지듯 확고한 것은 아니다. 또한 시장의 리더는 때로는 자신의 지위를 상실하는데, 마이스페이스(Myspace)와 스투디브이지(StudiVZ)라는 네트워크가 어떻게 페이스북으로 대체되었는지를 생각해 보라. 다크넷 경제에서는 이런 과정이 훨씬 신속하게 이루어진다. 각각의 시장 리더는 규칙적으로 사라지고 시장의 새로운 리더를 위해 자리를 비운다. 시장 리더들이 오프라인으로 옮겨가는 데에는 여러 가지 이유가 있다. 실크로드의 경우에는 경찰의 압수수색이 있었다. 2015년 봄에 논란의 여지가 없는 시장의 선두 주자였던 에볼루션이 사용자와 판매자의 비트코인을 가지고 '이탈 사기(Exit Scams)'를 저지르며 잠적했다. 차세대 시장의 리더인 아고라(Agora)는 불법적인 사업이 자신에게 너무 위험해지자 2015년 8월에 오프라인으로 전환했다.

2017년 7월에 예기치 않은 일이 발생했다. 다크넷 시장 '알파베이(Alphabay)'는 오랫동안 논란의 여지가 없는 시장의 리더였다. 가장 최근에는 35만 개가 넘는 제품이 제공되었으며, 이는 차순위 4개 경쟁사의 상품 수를 합한 것보다 많았다. 그러나 2017년 7월 알파베이는 갑자기 오프라인으로 전환했다. 다크넷 포럼에서 격렬한 추측이 있었다. 이들 역시 문을 닫고 도주를 시도한 '이탈 사기'인가? 7월 20일 미 법무부의 한 보고서는 25세의 캐나다인 운영자가 태국에서 체포되었다고 공표했다. 그 이후로 알파베이의 이전 주소에는 "이 숨겨진 페이지가 압수되었습니다"라는 배너 하나만

남았다.

그런 경우 흔한 관례대로 한자마켓(Hansa Market)으로의 신속한 이주가 있었는데, 한자마켓은 2017년 여름 기준 다크넷 시장에서 세 번째로 큰 규모였다. 새로 등록한 사용자들이 몰랐던 것은 그해 6월 중순부터 네덜란드 경찰이 그곳을 접수하여 통제했다는 것이다. 노르트라인베스트팔렌주 출신으로 30세와 31세인 두 명의 운영자가 혐의를 받아 이미 체포되었고, 경찰은 사용자들에 대한 데이터를 수집하기 위해 자체적으로 플랫폼을 운영했던 것이다. 7월 20일 네덜란드 경찰은 보도자료를 공개하고 일망타진을 알렸다.

그 이후로 다크넷의 시장 리더십 경쟁이 다시 시작되었다. '거처를 잃은' 구매자와 판매자 대부분을 자기 쪽으로 끌어들이는 것은 드림마켓일까, 아니면 발할라나 다크넷 히어로즈 리그일까? 아니면 그들은 곧 과거의 일이 되고 아직 알려지지 않은 시장을 위한 여지가 마련될 것인가? 한 가지 확실한 것은 다크넷 시장 하나가 폐쇄되면, 반드시 새로운 시장 하나가 열린다는 것이다.

경쟁에서 살아남고 다크넷에서 지명도를 얻기 위해 시장들은 고전적인 마케팅에서는 잘 알려진 수단을 이용한다. 사용자는 이러한 이유로 자신이 불법 교환 센터가 아니라 서비스를 지향하는 쇼핑 세계에 있다고 쉽게 느낄 수 있다. 분위기는 종종 온화하다. 신규 유입자들은 등록 후 따뜻하게 환영을 받으며, 시장에서의 규칙은 시작 페이지에 제시되어 있고, 좋은 시간을 보내라는 덕담을 받는다.

많은 시장에는 추천 프로그램이 있다. 친구들에게 해당하는 링크를 보낼 수 있다. 그들의 참여로 구매 또는 판매를 통한 매출이 생긴다면, 약간의 참여 지분을 얻게 된다. 신규 거래자들에게는, 특히 어떤 시장이 다시 오프라인으로 옮겨 갔을 때, 할인된 수수료를 적용한다고 유혹한다. 어떤 경우에는 홍보하는 일을 담당하는 책임자를 둘 수 있도록 전문화가 진행된다. 홍보 책임자들은 언론의 질문에 답변을 하고 다크넷 경제에 부합하는 홍보 수단을 사용하여 일한다. 특히 '업계 블로그' 딥닷웹(Deepdotweb)과 토론 플랫폼 레딧(Reddit)과 같은 홍보(PR) 채널에 시장을 위한 홍보 기사를 공개하고 질문을 받는다.

암흑 경제와 E-경제: 불평등한 두 형제

점점 더 전문화되어 가는 '어둠의 상거래'를 중심으로 작은 생태계가 만들어졌다. 이 생태계가 어느 방향으로 향해 나아갈 것인가를 조촐한 출발이 보여준다. "너만의 .onion숍을 구축하고, 마약물, 무기, 다양한 위조품, 가짜 신분증과 여권을 비트코인으로 매매하라"라고 '토르숍(TorShops)'이라는 이름의 서비스 제공업체는 안내한다. 이 업체는 비트코인 결제 시스템과 결합된 간단한 다크넷 상점을 만들 것을 제안한다. 저렴한 표준 모델은 100유로의 설치비 지불과 그곳에서 발생한 매출액 가운데 6%의 지분을 내어주는 것을 조건으로 한다.

그람스(Grams)는 특별한 제품 검색엔진이다. 다크넷의 '이데알로(Idealo)' 또는 '체크24(Check24)'는 다양한 마켓에서 검색어와 일치하는 오퍼들을 목록화한다. 가격은 요청되는 바대로 비트코인, 유로, 영국 파운드, 호주 달러 또는 미국 달러로 표기된다. 이 서비스가 얼마나 집중적으로 이용되는지 분명하게 말하기는 어렵다. 이 사이트의 통계에 따르면 이미 소수의 참여자가 이용하고 있다. 이에 따르면 어느 하루 동안 '대마초(Cannabis)'에 대한 467건의 검색이 있었고, 그다음에 '포르노'(394회), '마약'(191회), '코카인'(185회)의 검색이 확인된다. 또한 구글에서 시행하는 것과 마찬가지로 작은 텍스트 광고를 검색 결과 위에 배치할 수 있다.

검색엔진 그람스를 운영하는 '인포데스크(Info Desk)' 팀은 다양한 시장에서 제품 리뷰를 명확하게 요약하는 포털을 운영한다. 2014년 말에는 다크넷을 위한 광고 네트워크를 구축하여 출범시키고자 하는 시도가 있었다. 일반 네트워크의 구글 애드워즈 서비스(Dienst Google Adwords)와 비교할 때 아주 다양한 다크넷 사이트들에 두루 광고를 배치하는 것이 가능해야 한다. 그러나 업계 블로그 딥닷웹에서 강조되어 나타나던 '토르 광고'는 현재 더 이상 존재하지 않는다. 다크넷 경제는 아직 그렇게 많은 네트워킹을 요구하지 않는 것 같다.

취리히에 소재하는 주식회사 스킵(Scip AG)의 IT 보안 전문가 마크 뤼프(Marc Ruef)는 다양한 다크넷 시장을 연구하면서 구조와 공급의 관점에서 분석했다. 그는 또한 합법적인 전자 상거래와 불법적인 암거래라는 불평등한 두 형제가 서로 얼마나 유사한지를 알게 되었다. 그것이 제품 정책과 피드백 시스템을 갖춘 시장이든 또는 처음에 존재했던 시장 주변의 경제 생태계든 상관없이 말이다. "다크넷의 많은 오퍼들은 로그인, 댓글 기능, 제품 목록, 거래자 평가 또는 제품 분류 기능 측면에서 아마존이나 이베이와 아주 유사하게 구성되어 있다." 그는 이것이 우연이 아니라고 생각한다. "이러한 개념은 보통의 디지털 경제에서 유지되고 있으며, 사람들은 그에 익숙해져 있다. 사람들은 지하경제 영역에서도 유사하게 작동하는지 시험해 본다."

그러나 그는 자신이 타임머신을 타고 여행하는 듯한 기분을 순간적으로 느꼈다고 덧붙인다. 어둠의 경제는 기술, 외관, 기능과 관련하여 본다면 10년 이상 뒤처져 있다. 사람들은 불안정하고 제대로 설계되지 않은 이 사이트에서 편안함을 느낄 수 없다. 예를 들어, 분류하는 기능이 안정적으로 작동하지 않는다. 정확히 10년 또는 15년 전에 일반적인 네트워크에서 이런 문제가 있었다.

제품 검색엔진인 그람스가 현재 다크넷에서 가장 흥미로운 최고의 제품 중 하나라는 것이 뤼프의 생각이다. 그러나 오직 그곳에서만 최고로 인정받을 수 있다. "우리 솔직해지자. 일반적인 네트워크에서 이 정도의 유용성이 차세대 트위터(Twitter), 페이스북 또는 구글을 만들어내지는 못할 것이다. 거기에는 여전히 따라잡아야 할 부분이 존재하는데, 누군가는 분명히 인지하고 그것을 해결할 것이다."

'나쁜' 다크넷
무기, 테러, 아동포르노

나쁜 일이란 실제로 무엇을 말할까? 무기와 독약이 아무렇지 않게 거래되는 다크넷 암시장에서 또한 청부살인 계약, 인간의 장기, 학대받는 어린이의 사진과 방사성 물질들까지도 아무렇지 않게 거래되는가?

다크넷과 혐오스러운 사진

아동보호단체는 아동포르노라는 개념에 반대한다. 포르노라는 단어는 사소한 것으로 간주될 수 있어 '성 착취 이미지들'이라는 개념을 선호한다.

학대 이미지는 언제나 희생자에게 이중의 부담을 준다. 한편으로, 사진이나 비디오 뒤에는 항상 실제로 어린이에 대한 성폭행이 있다. 그 구체적인 상황은 어린이들에게 끔찍한 고통을 의미하며 그들의 심리적 상흔은 때로는 성인의 나이가 되어도 삶을 힘들게 한다.

거래가 이루어지는 포럼이나 다른 플랫폼의 역동성은 사용자들이 새로운 사진과 비디오를 '생산'하도록, 즉 어린이를 다시금 강간하도록 서로를 끌어들이고 동기를 부여한다는 경고가 있다. 학대 이미지를 압류하는 일을 하고 있는 미국 아동 피해자 식별 프로그램은 그러한 이미지들이 극단적으로 폭력적이며 폭력성의 침투를 포함하여 어린이를 결박하거나 아니면 고문하기도 한다고 보고한다. 게다가 네트워크 속의 이미지들은 거의 근절되지 않는다. 어린이 성폭행 이미지들이 업로드되고 다운로드되어 지속적으로 조회되는 피해를 예상해야 한다. 미국의 동 협회는 4살 때부터 수년 동안 카메라 앞에서 학대당했던 여성의 말을 인용한다. "나는 매일 밤낮으로 세상의 누군가에 의해 착취당하고 이용당했다."

이런 성 착취 이미지들이 유포되는 데 다크넷이 어떤 역할을 하는가에 대한 질문에 의견이 분분하다. 아동 피해자 식별 프로그램은 그런 이미지들을 고발하지만, 대표적인 네트워크와 디지털 지하세계를 통한 유포에 대해서는 언급하지 않는다. "아동포르노가 다크넷에서 발견되었다"는 이야기가 들려올 뿐이다.

마약류가 거래되는 수많은 포럼과 대형 시장에서 아동 음란물은 금지된다. 법적인 규정을 무시한다고 해도 도덕적으로 허용하지 않는다. 대형 시장들은 적어도 최악의 일들을 금지하는 상품 정책을 규정해 놓았다. 예컨대 많은 다크넷 교환 시장 가운데 하나인 발할라에는 다음과 같이 공지되어 있다. "아동포르노, 사람들에게 폭력을 가하거나 신체적 해를 입히는 행위들 그리고 폭발물 거래를 금지한다. 이 규칙은 우리의 사용자 포럼에서 투표한 결과에 기초하고 있다."

그러나 다크넷에는 정말로 사악한 행위들이 존재한다. 그런 행위들의 존재는 토르에게는 커다란 딜레마 그 자체다. 테크놀로지는 사람들의 권리를 침해하는 국가의 감시를 막고 선(善)을 위해 봉사해야 하지만, 아이들에게 폭력을 가하고 그들의 기록과 이미지를 인터넷을 통해 익명으로 교환하는 사람들을 숨겨주기도 한다.

수사 당국이 차폐된 교환 구조 배후에 있는 사람들을 찾아냈던 몇 번의 경우가 있었다. 그들은 수천 개의 잔인한 이미지와 비디오를 찾아냈는데, 그 가운데에는 아주 어린 아이들의 모습도 보였다. 2014년 말 미국 연방경찰(FBI)은 현재까지 가장 큰 국제 수사를 성공시키며 '플레이펜(Playpen: 원래는 유아나 어린아이가 안전하게 놀 수 있도록 빙 둘러 작은 구역을 만든 소형 가구를 말한다)'을 폐쇄시켰다. 아동 학대 자료가 포함된 가장 큰 다크넷 사이트에는 전 세계에 15만 명의 사용자가 있었다. 유럽연합경찰청인 유로폴(Europol)의 보도자료에 따르면 이 사이트는 "다양한 아동 학대 자료에 쉽게 접근할 수 있도록" 구성되었다고 한다.

예를 들어, 서로 다른 '카테고리'에서 사진과 비디오를 검색하는 기능이 있었다. 사이트의 한 영역은 근친상간을 위한 것이고, 다른 영역은 어린이에 대한 것이었다. 세 명의 운영자가 체포된 이후 국제적인 조사가 진행되면서 학대받은 어린이 250명이 확인되었고, 그중 일부는 구출되었다. 약 900건의 체포 사건이 있었고, 그중 370건은 유럽에서 발생했다.

2017년 여름에는 '엘리시움(Elysium)'이라는 냉소적인 이름의 플랫폼이 독일 경찰의 주도 아래 폐쇄 조치되었다. 이는 2016년 말부터 존재했으며 거의 9만 명의 회원을 갖고 있었다. 연방범죄수사청의 성명에 따르면 이 사이트에서 "유아를 포함한 아동의 가장 심각한 성적 학대 기록과 어린이에 대한 성폭력 묘사들"이 교환되었다고 한다.

또한 외국과 자국 아동에 대한 성적인 폭행이 주선되었고, 이는 특히 독일어, 영어, 프랑스어, 스페인어 및 이탈리아어 등의 다국어 채팅 영역에서 이용되었다. 여러 국가에서 체포가 이루어졌으며, 수사한 바에 의하면 핵심 팀은 독일에 있었다고 한다. 주요 용의자는 헤센주 림부르크바일부르크(Limburg-Weilburg) 지방 출신인 39세의 남자로 이 사이트를 기술적으로 관리했다고 한다. 바덴뷔르템베르크주 마인타우버(Main-Tauber) 지방 출신의 56세의 남자도 체포되었다. 그는 '교구자치회 의장' 출신으로 알려졌다. 오버바이에른 레흐(Lech) 지방의 란스베르크(Landsberg) 출신인 61세의 남자는 '그래픽 아티스트'로 활동했으며, 오스트리아 포럼 멤버의 5세와 7세 두 어린이를 (그의 동의를 받고) 학대한 것으로 기소되었다.

걱정스러운 통계 수치

다크넷을 잘못 사용하는 경우들이 지배적인가 또는 작은 일부분인가를 판단하는 것은 이데올로기적인 쟁점이 되었다. 네트워크 커뮤니티의 구성원들은 정치가와 당국이 아동포르노로 가득 찬 다크넷에 대해 과장된 시나리오를 그리는 것에 관해 비난하기를 좋아한다. 이것은 이념적인 이유로 익명화 기술을 비하하고 거부하려는 시도라는 것이다.

2014년 말 IT 현장은 충격을 받았다. 그 이후로 다크넷이 좋지 않다는 통계치가 세류를 타고 유통되어 왔다. 영국 포츠머스 대학교의 컴퓨터 과학자 오웬슨(Gareth Owenson)은 활동적인 .onion 사이트 목록을 작성하고, 텍스트 분석을 통해 사이트 목록을 카테고리별로 분류했다. 분류한 결과를 보면 사이트의 절반 정도는 불법과 관련이 있으며, 15%는 마약, 9%는 사기성 비즈니스 모델이었다. 오웬슨은 '학대 카테고리'를 다음과 같이 정의하고 있다. "제목이 성적 학대(전형적으로 미성년자를 상대로 하는) 형태를 암시하는 사이트들로, 서구의 법적인 잣대로는 대부분 불법적인 영역이다." 오웬슨의 연구는 이러한 사이트들이 메타 데이터에서 쉽게 인식할 수 있으며, 각 웹마스터는 토르가 강력한 익명성을 보장한다고 가정했음을 시사한다. 사이트들의 약 2%가 이 범주에 속한다.

학대 범주에 대한 다른 연구자들의 비교할 만한 연구에서 그 비율은 대부분 한 자릿수 안에 있는 것으로 조사되었다. 그러나 오웬슨과 그의 연구 동료들은 .onion 주소를 범주들로 그룹화했을 뿐만 아니라 개별 주소의 단순한 숫자보다 훨씬 더 높은 설득력을 갖고 있는 실제 이용도를 살펴보았다.

그것이 가능했던 것은 그들이 연구에서 트릭을 사용했기 때문이었다. 그것은 과학적 연구를 위한 일종의 트로이 목마로서, 그들은 한편으로는 토르 네트워크에서 데이터 트래픽을 전달하고 다른 한편으로는 다크넷에 대한 일종의 정보 시스템인 40개의 강력한 토르 노드를 운영했다. 그런 노드들은 각각 모든 다크넷 주소의 작은 섹션을 관찰했다. 그러나 그것들은 항상 서로 다른 섹션을 주시했기 때문에 연구원들은 6개월의 관찰 기간 동안 40개의 노드들로부터 신뢰할 만한 총체적 윤곽을 얻을 수 있었다.

그들이 발견한 것은 그들 자신에게는 특히 놀라운 일이었다. 조회(inquary)의 80%는 학대 사이트와 관련되었다. 실제 사용에 관한 조회에서 다른 모든 카테고리는 고작 몇 퍼센트 포인트로 줄어들었다. 이 연구는 또한 일부 '인기' 서비스에 대한 일일 접속 수치를 보고했다. 대규모 학대 사이트의 경우 16만 8000건의 조회가 있었으며, 그 결과 의약품 시장의 선두에 있는 실크로드(8000건), 경쟁사인 아고라(3000건)와 검색엔진 덕덕고(Duckduckgo)(1200건)의 20배가 넘었다. 이 연구에서 과학자들은 수치가 어디까지 위조될 수 있는가를 자기 비판적으로 고려한다. 특히 학대 사이트들은 조사 당국에 의해 집중적으로 관찰되고 소환된다. 게다가 어나니머스 해커 그룹은 사이트를 마비시키기 위해 대량의 조회를 반복하여 공격을 퍼붓는다. 그럼에도 불구하고 그들은 연구 결과를 원칙적으로 의미 있는 것으로 간주한다.

2015년 말, 오웬슨은 해커 조직 카오스컴퓨터클럽(Chaos Computer Club)의 연례 회의에서 그 결과를 발표했다. 그 이후로 토르 현장에서 많은 토론과 불만이 제기되었다. 그러나 토르 프로젝트 조직은 자의 반 타의 반으로 내키지 않는 반박을 했다. 그들 생각의 선구자 로저 딩글딘(Roger Dingledine)은 정기적으로 조직의 블로그에 연구들에 대해 논평하고 반복해서 난도질한다. 그러나 그는 자책하는 듯한 한 블로그 포스트에서 다크넷 트래픽이 토르 전체 데이터 트래픽의 작은 부분이므로 토르가 악용을 목적으로 하는 도구라는 결론을 내리지 말아야 한다고 지적한다. 하지만 이 문제에 관해서 실체적인 모순은 없었다.

그동안 상황이 바뀌었는가? 다크넷은 오늘날 학대 목적으로 사용되는 비율이 감소하는 추세에 있는 것 같다. 한편으로 마약 시장은 '장점'이 많은 것으로 잘 알려졌으며, 다른 한편으로 대형 네트워크 브랜드의 하나인 페이스북이 다크넷에 출현해 있다. 반면 학대 '현장'은 다크넷으로 더 많이 이동한 것으로 생각할 수 있다.

'붐'은 인터넷과 함께 왔다

그러나 성 학대 이미지의 갑작스러운 확산은 다크넷 때문이 아니라 1990년대 초반에 점차 대중화되기 시작한 인터넷의 등장 때문임이 사실이다. 그 전에는 그런 자료를 교환하는 것이 어려웠다고 연방범죄수사청의 중범죄와 조직폭력부서 내 아동포르노팀에서 일하는 토마스 호프만(Thomas Hofmann)은 전한다. "인터넷의 등장은 소아성애(Pädophilen)처럼 같은 생각을 가진 사람들에게 익명으로 연락할 수 있는 완전히 새로운 방법을 제공했는데, 이는 인터넷 없이는 생각하기 어려웠다. 비디오 가게에 가서 아동포르노에 대해 그냥 물어볼 수는 없는 일이다." 아동포르노 확산의 거대한 붐은 인터넷과 기술적인 전송 가능성의 증대와 함께 온 것이다. "먼저 포럼과 대화방에서 소아성애자들(padophiles)의 네트워크화가 이루어졌다. 경찰이 수사 목적으로 거기에 함께 있다는 것이 확실해지자, 가해자들은 한술 더 떠서 '우리들은 각자 고립되어 있어야 한다'고 했다."

1990년대 중반에 이미 '오키드 클럽(Orchid Club)'이라고 불리는 아동 성착취자 모임이 있었는데, 이들은 어린이 성폭행 장면을 여러 다른 나라의 컴퓨터로 생중계했다. 1998년 초에 이미 암호화 기술을 이용하여 수십 개국 수백 명의 사용자들이 사진 이미지를 교환하는 네트워크가 있었다. 오늘날 거의 모든 디지털 통신 채널, 즉 일반 네트워크에서 비밀번호로 보호되는 포럼, 채팅과 파일 공유, 이메일과 소셜 네트워크 등이 그런 목적으로 오용된다.

디지털 공간에서 '어린이 포르노' 이미지와 비디오 유통의 규모에 대해서는 애매한 추정뿐이다. 2017년 초 독일 연방정부의 '아동 성 학대 문제에 대한 독립위원회'는 '디지털 미디어를 수단으로 하는 성적 경계 침해와 폭력'에 관한 보고서를 발표했다. 2005년에 영국에서 나온 추정치는 매주 2만 건의 성 학대 이미지가 인터넷에 진입하는 것으로 알리고 있다. 미국의 아동 피해자 식별 프로그램은 2002년 이후 1억 3900만 건의 이미지를 확보했으며 피해자와 업로더에 대한 적절한 정보들을 경찰과 함께 평가했다.

오늘날 많은 국가에는 인터넷상의 성 학대물에 맞서 싸우는 핫라인이 있다. 대규모 인터넷 제공업체, 검색엔진과 소셜 네트워크가 여기에 함께하고 있다. 기관들은 이들이 발견한 콘텐츠에 대한 보고를 받고 때로는 직접 특별 검색을 수행하기도 하며, 두 번째 단계에서는 인터넷에서 콘텐츠를 제거하려고 한다. 그들은, 자신들의 서버에 그러한 자료가 저장되어 있는지조차 대부분 인식하지 못하는 인터넷 제공업체와 도메인 제공업체에 긴급한 사법 결정을 받아 도움을 요청한다. 그들은 모든 이미지에 대해 고유한 디지털 '지문'을 계산해 내고, 그 결과 예컨대 전자 메일 공급자가 앞으로는 이런 이미지가 더 이상 전자 메일로 발송되지 못하게 할 수 있다. 전 세계 40개국 이상의 핫라인을 운영하는 인호프(Inhope)의 보고서에 따르면, 유럽(러시아와 터키 포함)의 경우 93%가 콘텐츠를 제거하는 데 3일도 걸리지 않는다.

영국의 보도기관인 인터넷감시재단(Internet Watch Foundation)은 연례 보고서에 인터넷상에서 성 학대의 공포에 대한 냉정한 수치를 정기적으로 발표한다. 2016년에는 그들은 일반 네트워크에서 약 2400개의 서로 다른 도메인에 존재하는 5만 7000개의 성 학대물 포함 콘텐츠를 찾아 공개했다. 그와 관련된 사례의 53%는 연령이 10살 이하로 추측된다. 성별로 볼 때 대부분에 해당하는 사례(89%)는 소녀였으며, 소년은 5%를 차지했고, 나머지 이미지들에는 남녀가 함께 포함되어 있었다. 콘텐츠의 약 80%가 지극히 정상적인 네트워크의 호스팅 제공업체 사이트에 있었다. 이렇게 이미지들과 다른 파일들이 무료로 또는 유로로 요청을 받아 몇 번의 클릭만으로 업로드될 수 있다. 그런 다음 전형적인 인터넷에서 일반 브라우저로 이런 콘텐츠를 액세스할 수 있다. 사실 그것들은 여전히 숨겨져 있는데, 개별 파일에 대한 매우 긴 링크를 알고 있는 사람만 찾아갈 수 있기 때문이다. 그 밖에 일반적인 웹사이트, 포럼, 블로그와 소셜 네트워크를 사용하여 이러한 이미지들이 유포된다.

인터넷 범죄와 관련하여 놀랍게도 언제나 반복적으로 볼 수 있는 것은, 이러한 콘텐츠가 법 집행이 어려운 국가가 아니라 서방의 국가에 존재한다는 사실이다. 대부분의 사건에서 발견된 학대 콘텐츠들은 이들을 호스팅한 나라에서 제작된 것이다. 인터넷감시재단의 연례 보고서에 따르면, 이러한 콘텐츠의 4분의 3은 네덜란드, 미국, 캐나다 3개국에 있는 서버에 있으며, 네덜란드가 37%를 차지하여 '선두'에 서 있다.

상업경제 대 교환경제

상부 조직 인호프 외에도 국경을 초월하는 또 다른 협회는 '온라인에서 상업적인 아동 성 착취에 반대하는 유럽금융연합'이다. 네트워크 경제에서 다양한 행위자들의 결합체인 이 조직은 주로 디지털 '성 학대 경제'에서 행위자들 사이에 가능한 지불 흐름에 주목한다. 그러한 자료를 '제작'하고 배포하는 사람들이 반드시 소아성애자인 것은 아니며, 여기서 명확하게 상업적인 동기에서 이런 일을 하는 사람들과 그러한 사진과 영화에 대한 보다 '개인적인' 관심에서 행동하는 사람들이 구별된다.

대부분의 경우 뚜렷한 상업적 배후가 확인되지 않는다. 유럽 경찰청 인터폴의 보고서에서 알 수 있듯이 대부분은 일 대 일 교환이다. 그리고 '현장'에서 가장 중요한 가치는 새로운 이미지에 대한 접근이다. 특히 가해자가 스스로 아동을 성폭행하고 동영상이나 사진을 찍어 자료를 제공하는 경우 커뮤니티에서 높은 지위를 보장한다. 사이버범죄 퇴치 중앙사무국 (ZIT: Zentralstelle zur Bekämpfung der Internetkriminalität)에서 아동포르노 사건들과 관련하여 일하는 베냐민 크라우제(Benjamin Krause) 검사는 이러한 구조를 비슷하게 설명하고 있다. "이러한 포럼을 운영하는 사람들은 대개 가능하면 많은 자료를 얻고자 그런 일에 가담한다."

독일 연방범죄수사청(BKA) 수사관 토마스 호프만도 그런 패턴을 관찰했다. "우리는 아직도 토르 게시판이 몇 가지 예외를 제외하고는 같은 생각을 가진 아동성애자끼리의 아동포르노 교환이 목적이지 돈의 문제라고 판단할 수는 없다." 하지만 검사는 과거와 달라진 점이 있다고 덧붙여 설명한다. "과거에는 인터넷에 아동포르노 상업 시장에서 구매자들은 구입한 사진과 비디오에 대한 비용을 신용카드로 지불했다. 법정의 형사소송 과정에서 신용카드 사용 내역은 구매자를 식별하는 데 사용될 수 있다는 것이 알려졌다." 최근에는 신용카드를 통한 지불이 거의 확인되지 않고 있다고 한다.

그러나 '유럽금융연합(European Financial Coalition)'에 따르면 몇몇 경우에는 상업적인 구조가 존재하고 있다. '생산'은 대부분 빈곤하고 아동이 거의 보호받지 못하는 나라에서 이루어진다. 이렇게 가장 역겨운 세계적 착취 형식에서 '고객'은 종종 부유한 서방 국가에 있다. 그들은 성폭행 라이브 스트리밍에 대한 비용을 지불하며 때로는 아동에게 정확히 무엇을 행하도록 시킬 것인지 지정할 수 있다.

다크넷의 역할

다크넷은 확장자명 .onion에서 어떤 역할을 하는가? 미디어의 보도에서 다크넷은 새로운 유통 경로로 언급되고 있지만 중요한 역할을 하지는 않는다. 영국 인터넷감시재단의 상세 보고서에는 .onion에 대한 독립 섹션이 있다. 다크넷은 일반적인 방법으로는 서버의 위치를 확인할 수 없기 때문에 문제가 된다고 소개된다. 이 기관의 관찰에 따르면, 다크넷과 개방형 네트워크 사이에는 밀접한 관련이 있다. .onion 페이지에는 일반 네트워크의 데이터 뱅크에 있는 성 학대 이미지들로 연결해 주는 수백 또는 수천 개의 링크가 있다. 2016년에 41개의 다크넷 사이트가 발견되었다. 그 숫자를 2400개의 식별된 주소와 비교해 보면 다크넷의 경우에는 약 2%라는 값이 나온다. 전년도와 비교해 보면 절대 수와 상대적 중요성이 감소했다. 2015년 79개의 .onion 주소가 발견되었으며, 그 당시 '다크넷 점유율'은 4%였다. 다크넷에서의 조사와 제거가 어렵거나 불가능하다는 사실을 감안할 때 여기에서 가정되는 이유는 역설적인 것 같다. "이것은 아동 학대 이미지를 확산하는 숨겨진 서비스에 대한 수사 당국의 감도가 국제적으로 높아진 결과일 수 있다."

아동에 대한 성적 학대 문제를 다루는 독립 기관의 연구에 의하면 다크넷이나 p2p 네트워크를 통해 유포되는 데이터를 식별하고 삭제하기가 어렵다고 한다. 인터폴은 공개 네트워크와 다크넷에서 이미지들이 교환될 뿐만 아니라 가해자가 자신을 발견하지 못하도록 보호할 수 있는 정보와 팁을 얻는 것은 염려스러운 경향이라고 말한다.

'온라인에서 상업적인 아동 성 착취에 반대하는 유럽금융연합'은 상업화와 관련하여 일반 네트워크와 다크넷의 차이를 관찰한다. 상업적인 학대의 제안, 특히 사악한 '실시간 스트리밍 제안'은 대부분 일반적인 인터넷에 자리하고 있다. 이들은 그 이유 중 하나가 상업적인 비디오 스트리밍 콘텐츠를 위한 토르 네트워크의 서버 용량이 충분하지 않기 때문이라고 본다. 다른 한편으로 그들은 다크넷에 있는 '관련된' 사용자가 성 학대 콘텐츠를 소비하기 위해 일반적으로 익명화에 특별한 관심을 기울일 것이라고 생각한다. 상업적인 거래 제안들이 그들에게는 고려 사항이 아닐 수 있는데, 이는 지불 과정이 익명성을 위태롭게 할 수 있기 때문이다. 그러나 유럽금융연합은 지불은 연기될 수 있음을 경고한다. 한편으로 현장은 '사업화'되고 있음을 알 수 있다. 재정적 동기가 없는 여타의 사람들조차도 자신의 활동으로 돈을 벌 수 있음을 알게 될 것이다. 다크넷 포럼들에서는 사용자들이 어느 정도까지 돈을 지불하고 콘텐츠를 구매할지에 대한 논의가 이미 이루어지고 있다. 다른 한편으로, 이러한 방향으로의 구체적인 실험들도 관찰되었다. 예를 들어, 다크넷의 크라우드 펀딩 페이지에서 성 학대 영화의 '제작'을 위해 돈을 모으는 실험도 있었다. 유럽금융연합은 다크넷이 미래에 더 큰 역할을 할 수 있다고 경고한다. "이러한 추세의 중장기 결과는 (가격 범위는 논외로 하고) 수요가 있다면 아동이 노출되는 학대 유형이 무제한이 될 수 있다는 것이다."

저항: 다크넷의 반격

모든 언론 보도는 아동포르노의 확산에서 다크넷의 역할이 증대되는 경향을 지적한다. 현장은 기술적으로 장비를 갖추었고, 포럼에는 기술의 안전한 사용에 대한 정보와 조언이 돌고 있다. 검색할 때 원칙적으로 토르가 사용되고, 이미지는 암호화되거나 조작 처리되어 전송되며, 디지털 지문을 기반으로 하는 자동화된 스캔이 작동하지 않는다. 경찰은 가택수색으로 압수한 하드드라이브가 항상 암호화되어 있음을 확인했다. 그리하여 증거를 확보하기는 어렵고, 자백과 '자발적인' 패스워드 제공에 의존해야 한다.

그러나 현장에서 수사 당국만이 싸우는 것은 아니다. '아동포르노'는 다크넷 자체에서도 대부분 금지된다. 그것은 대형 시장에서 금기 사항이다. 대규모 다크넷 포럼들에서도 상황은 비슷하다. 일부 인터넷 활동가와 다크넷 팬들은 문제의 사이트에 대해 적극적인 행동을 취하고 있다. 그들은 조사 당국과 특이한 동맹을 맺는다. 잘 알려진 성 학대 사이트의 운영을 방해하고 지원 구조를 공격하며 사용자와 그 배후가 되는 사람들을 식별하여 공개적으로 노출시키고자 노력한다.

　이것은 때로는 느슨한 해커 운동인 어나니머스(Anonymous)의 칭호를 달고 나타난다. 2017년 2월에 '프리덤 호스트 II(Freedom Host II)' 서비스가 폐쇄되었는데, 이는 전체 다크넷 사이트의 15~20%에 해당하며 총 1만 개의 .onion 사이트로 추정된다. 거기에 호스팅된 모든 제안에 성 학대 콘텐츠가 포함된 것은 아니지만 프리덤 호스트의 운영자는 해당 서비스가 아동포르노의 유포에도 사용될 것이라는 점을 인정했다. 알려진 바와 같이, 해킹 그룹은 먼저 프리덤 호스트 II의 단일 페이지를 점유했고 그곳에서 그들은 서비스의 전체 인프라로 넓혀나갔다. 이 그룹과 관련된 보안 연구자에 따르면 총 74기가바이트의 불법 콘텐츠를 복사했고, 이는 당국에 제공되었다.

　6년 전 비슷한 행동이 있었다. 어나니머스의 이름하에, 비슷한 명칭을 가진 서비스, 즉 '프리덤 호스팅(Freedom Hosting)'이 공격받았으며, 이는 비슷한 기능을 수행했다. 100기가바이트의 이미지를 보유하고 있는 40대의 서버가 다크넷에서 퇴출되었다. 그 결과 악명 높은 '롤리티 시티(Lolity City)'와 같은 서비스는 (운영자가 비판적 의혹이 제기되지 않는 새로운 익명의 저장소를 찾을 때까지) 며칠 동안 이용할 수 없었다.

　또한 이 공격은 다크넷을 개괄하는 목록이 있는 .onion 링크 집합소 중 하나인 '히든 위키(Hidden Wiki)'를 목표로 삼았다. 이 사이트는 성 학대 포럼들과 이미지 저장소들을 다른 카테고리와 마찬가지로 조심성 없이 노출했다. 이 위키는 프리덤 호스팅(Freedom Hosting) 장비에서도 실행되었다. 해커에 따르면 며칠 동안 목록을 마비시키고 사용 세부 정보도 파악하는 데 성공했다. 이로부터 성 학대 콘텐츠를 유포하는 데 히든 위키가 주로 이용되는 것으로 드러났다. "우리는 히든 위키 사용자의 70%가 하드 캔디(Hard Candy)로 향하는 것을 보았다"('하드 캔디'는 성 학대 이미지를 냉소적이며 우회적으로 표현한 것이다). 전체적으로 해커들은 성 학대 사이트에서 1600명의 사용자 닉네임과 더욱 중요한 160개의 특정 IP 주소를 식별하고 이를 공개했다. 어나니머스는 전통적으로 페이스트빈(Pastebin) 포털에 게시하는 첨부 문서에서 익명화 기술의 악용에 대한 분노를 표명했다. "토르의 99%는 중국과 이란 언론인이 사용하고 1%는 소아성애자(Pädos)가 사용한다. 우리는 그 것을 인정하지 않을 것이다."

그러나 이런 주장이 익명화 기술에 대한 전적으로 현실적인 이미지에 기초한 것은 아니다. 영국의 연구자 오웬슨은 통계 수치를 계속 수집 중인데, 그에 따르면 다크넷 접속의 80%는 성 학대 콘텐츠와 관련되어 있다. 일반적인 네트워크에서와 같이, 다크넷 전체에서 토르 브라우저가 이러한 목적으로 얼마나 사용되는지에 대해서는 알려진 조사가 없다.

다크넷의 병기고 살펴보기

모든 주요 다크넷 시장에서 아동포르노 거래는 금지되어 있지만, 일부 암호화 시장에서 무기 거래는 명시적으로 허용된다. 예를 들어, 발할라에서는 잠재적인 살인 도구들이 여러 카테고리 중 하나로 올라 있다. 144개의 항목이 '자기 방어' 카테고리에 포함되어 있는데, 오스트리아 무기 제조사인 글록의 소형 무기(권총)는 1290유로에 판매된다. 제품 사이트에는 다음과 같이 적혀 있다. "다른 권총이나 기관총도 취급하고 있으니, 간단히 적어주세요." 이 카테고리에는 격투용 너클, 버터플라이 나이프 또는 후추 스프레이와 같은 큰 상해를 입히지 않는 것들도 있다. 개별 거래자들이 직접 운영하는 전문화된 '노점(Vendor Shops)'도 있다. 조사 결과에 따르면, 무기 거래는 종종 일반적인 다크넷 포럼, 특히 독일의 경우 최근 경찰이 폐쇄한 '딥웹 안의 독일(Deutschland im Deep Web)'에서 합의하여 이루어졌다. 여기에는 안전한 총기 상점과 다크넷 구매 경험에 대한 토론 카테고리가 있었다. 그곳에서는 이베이 분류 광고에 필적하는 무기 구매와 판매 요청이 가능했다.

2016년 말 독일 연방범죄수사청은 한 다크넷 판매자를 체포해 무려 85건의 다크넷 무기 거래를 수사하고 있다고 발표했다. 보도자료는 이런 거래를 위한 특별한 비즈니스 모델이 개발되었다고 밝히고 있다. 기본적으로는 제대로 작동하지 않도록 제작된 연극용 무기와 장식용 무기인데, 이들은 유럽연합에서 합법적으로 판매 가능하며 특별한 노하우가 있으면 다시 무기로 사용할 수 있도록 변조 가능하다. 독일 연방범죄수사청에 따르면, 구매하기 위해 송금했지만 납품해 주지 않는 가짜 상품 제안이 종종 문제가 된다. 텔레비전 기자 베크만(Beckmann)은 그러한 가짜에 걸려들었다. 그는 많은 텔레비전 시청자들에게 다크넷에서 위험한 무기를 취득하는 것이 얼마나 간단한 일인지 보여주고자 했다. 결국 그는 혼자서 난처해졌다. 취재 기간 동안 기관총을 위해 700유로를 송금해 주었지만 배달되지 않았기 때문이다.

독일 다크넷 어느 한 판매자의 경우와 같이, 다시 작동시킬 수 있는 장식용 내지 연극용 무기의 거래 모델은 좋은 수익을 약속한다. 2016년 1월 말, 슈바인푸르트 응용과학대학에서 기계전자공학을 전공하는 25세 학생이 강의 도중에 특별 수사대에 의해 체포되었다. 기소장에 따르면 그는 2013년 이래 약 2만 유로의 무기를 판매했다. 그는 기능하지 않는 무기를 180~200유로 사이의 금액으로 구입하여 '전문가다운 과정'을 거쳐 1500~2500유로의 이익을 챙겼다.

구매자들은 종종 자신의 컬렉션에 몰두하여 빠져 있는 특정 모델을 채워넣으려는 무기광이었다. 반면에 위험한 사람들도 있었는데, 그중에는 닉네임이 '통조림 수프(Dosensuppe)'인 하이델베르크의 위험한 무기상이 있었으며, 그는 2016년 7월에 5년 6개월의 징역형을 선고받았다. 판결문에 의하면 그는 12개의 무기를 판매한 것으로 되어 있다(검찰은 65개로 추정한다). 무기를 구매한 고객에는 심리적으로 불안정하며 살인과 공격 계획을 이미 밝힌 바 있는 신나치주의자와 테러 단체 IS의 동조자가 포함되어 있었다. 무기 고객 목록을 보면 판매자는 도덕적 거리낌이 없이 자신의 사업적 이익을 추구했다는 것이 검찰의 의견이다.

그러나 무기가 다크넷을 통해 대규모로 유통될까 두려워할 이유는 없다. 독일 연방범죄수사청의 '강력조직범죄' 담당 부서에 소속된 사이버 범죄 컨설턴트인 디르크 뷔히너(Dirk Büchner) 수사관은 이미 여러 건의 무기 거래 사건을 처리했다. 그는 부분적으로는 아무 이상이 없다는 뜻의 말을 했다. "불법 시장을 통해 무기가 거래되어 독일로 들어오는 유통 루트와 관련한 사건들이 있다. 특히 권총이 관련되어 있다. 이런 경우에 무기가 대량으로 거래되지는 않았다." 미성년자가 다크넷을 통해 범죄 사업에 연루될 가능성도 거의 없다고 본다. "다크넷에 대한 접근 방법을 알고 있는 사람은 광범위한 불법 제품과 서비스에 접근할 수 있다. 그러나 구매가 가능하려면 시장 내에서 어느 정도 평판이 좋고 암호화폐를 사용할 수 있어야 한다. 예를 들어, 어린이와 청소년이 마약이나 무기에 접근하는 것은 쉽지 않다."

다크넷 내부의 테러 조직?

그러나 2016년 여름에 무기가 실제로 '잘못된 상황'과 조우하면 어떤 일이 일어날 수 있는가가 명백해졌다. 바덴뷔르템베르크주 출신 판매자의 고객 중 18세인 데이비드 손볼리(David Sonboly)는 극우파 테러 공격의 일환으로 9명의 무슬림에게 총을 쐈다. 손볼리의 행동은 5년 전 인종 차별적 광기에서 50명의 젊은이들을 저격했던 노르웨이 우파 테러리스트 아네르스 베링 브레이비크(Anders Behring Breivik)를 지향한 것이었다. 독일 주간지 ≪슈피겔(Der Spiegel)≫이 취재한 바에 의하면 2015년 봄 손볼리는 브레이비크가 사용한 것과 동일한 무기 모델을 다크넷에서 찾기 시작했다. 당시 그는 아직 17살이었다. 그는 '모레허(Maurächer)'라는 닉네임으로 "안녕하세요. 나는 글록 17과 총 250발의 탄환을 구합니다"라고 포럼에 문의했다. 몇 달

동안 그는 현장의 관행을 익히면서 사기꾼들도 여럿 만났으나 마침내 자신이 찾고 있던 것을 발견했다. 그는 글록 17을 구입했고 결국 9명을 죽이고 자살했다.

2015년 11월, 이슬람 테러리스트 그룹이 파리 음악 클럽에 들이닥쳤으며, 군중을 향해 총격을 가했다. 이 공격으로 총 130명이 사망했으며 최근 수십 년 동안 유럽의 영토에서 일어난 최악의 공격 중 하나였다. 얼마 후 타블로이드지 ≪빌트(Bild)≫는 1면 기사 제목으로 이슬람 테러리스트들 외에 다크넷이라는 두 번째 범인이 있다고 썼다. 잔인한 살인자들의 무기는 그곳에서 나왔을 수 있으며, 즉각 체포된 바덴뷔르템베르크의 무기 판매상에게서 구입한 것으로 보도되었다.

이것은 그럴 듯해 보였다. 다크넷의 디지털 지하세계는 아동을 학대하는 사진을 교환하고 소구경 무기를 거래하는 데 사용될 뿐만 아니라, 국제 테러의 인프라를 형성하는 기반인가? 2016년 4월 버락 오바마(Barack Obama) 대통령은 방사성 물질의 확산을 통제하기 위한 회의에서 무시무시한 시나리오를 제시했다. 병원의 직원들이 방사성 물질을 빼돌려 다크넷에 상품으로 내놓을 수 있으며, 그것은 테러리스트의 손에 들어가 무인 항공기에 장착되어 전 지역을 오염시킬 수 있다는 것이다.

하이파 대학의 커뮤니케이션 과학자 가브리엘 바이만(Gabriel Weimann)은 그의 논문 「다크웹으로 이주하는 테러리스트」에서 이런 문제를 탐구한다. 바이만은 이슬람 테러 집단, 특히 자칭 '이슬람 국가(IS)'에서 디지털 기술이 이미 오래전부터 광범위하게 이용되어 왔다고 생각한다. 특히 서구 국가에서 테러리스트를 모집하고 과격한 행동을 위해 활용되는 유튜브 동영상들이 있으며, 인터넷상에 증오 메시지들이 게시되고 페이스북과 트위터를 통해 네트워크가 형성된다.

바이만은 테러 집단들이 문제에 직면해 있다고 말한다. 대중, 네트워크 회사와 조사 당국은 이 주제에 민감하다. 프로파간다에 해당하는 콘텐츠는 신속하게 삭제되고, 의심스러운 소셜 미디어 계정은 감시되거나 폐쇄된다. 또한 해커들이 그들의 디지털 활동을 어렵게 만들곤 한다. 어나니머스의 파리 작전(OpParis) 활동과 관련하여 수백 개의 웹사이트가 폐쇄되었는데, 그것들이 IS와 관련된 것으로 의심되었기 때문이다.

바이만은 커뮤니케이션과 프로파간다를 위한 플랫폼으로서의 개방형 네트워크가 점점 더 활동하기가 까다로워짐에 따라 테러리스트들이 대안을 찾고 있다고 말한다. 그들은 익명화 기술에서 해법을 발견하고자 한다. 그들은 왓츠앱(WhatsApp) 대신 감청에 안전한 것으로 간주되는 모바일 메신저 텔레그램(Telegram)을 사용한다. 다크넷 또한 그 자체로 안전한 피난처를 제공한다.

바이만은 테러리스트들이 실제로 개방형 네트워크에서 .onion으로 이주했다는 증거는 아직 없다고 인정했다. 그러나 이런 가능성을 전략적 옵션으로 인식하고 외부의 압력에 대응하여 이를 사용하고 있는 징후들은 있다고 한다. "2015년 11월 파리 공격의 여파 속에서 IS는 뉴스와 선전을 전파하기 위해 다크웹으로 전환했다. 이것은 분명 조력자들의 신원을 안전하게 하고, 해커로부터 콘텐츠를 보호하려는 시도였다." 예를 들어, IS와 소통하는 부서인 알 하야트 미디어 센터(Al-Hayat Media Center)는 IS 포럼과 텔레그램 그룹을 통해 새로운 다크넷 페이지로 들어가는 링크를 가지고 있었다고 발표했다. IS를 선전하는 웹사이트인 이스다라트(Isdarat)도 이제 다크넷에 있다. "추적할 수 없는 이슬람 투쟁 기금"이라는 이름의 기금 조성 사이트는 더 나은 재정 확보를 위해 IS를 위한 기부금으로 비트코인을 받는다.

많은 것은 여전히 추측에 의한 것이다. 다크넷과 테러 사이의 접점에 대한 몇 가지 기존 연구는 테러 목적으로 다크넷을 사용할 수 있는 다양한 방법을 설명하고 있다. 토르 내 선전 사이트와 커뮤니케이션 포럼은 누구도 삭제할 수 없으며 차단하거나 찾아내기가 매우 어렵다는 '장점'을 가지고 있다. 다크넷 시장에서는 위조지폐, 가짜 신분 서류, 무기를 얻을 가능성이 있으며, IT에 대한 지식이 거의 없는 사람조차도 사이버 공격에 사용할 수 있는 소프트웨어를 구할 수가 있다.

유럽의 경찰인 인터폴은 연례 보고서에서 다크넷을 간략하게 테러 도구로 받아들인다. 의미심장한 경향을 보고하는 것은 아직 불가능하지만 최소한 테러 집단에서 기술의 잠재력이 인식되고 있다는 징후는 있다. '테러리스트의 이상'에 헌신하는 다크넷 포럼이 점점 늘어나고 있다.

가브리엘 바이만은 국제 테러에 다크넷이 이용될 가능성이 있다는 것은 주요한 도전 과제이며 다크넷의 운영 과정을 더 잘 기록하고 분석할 수 있어야 한다고 지적하면서 결론을 맺는다. 다시 말해, 그는 여전히 이 문제에 대해 많은 것을 말할 수 없었던 것이다.

그리고 파리 공격의 살인 도구는 바덴뷔르템베르크의 다크넷 무기 판매자가 제공한 것이라는 타블로이드지 ≪빌트≫의 머리기사로 무슨 일이 일어났는가? 뉴스는 웹을 통해 빠르게 전달되어 국제 언론사의 관심을 끌고 기사로 다루어졌다. 바이만도 이에 관해 언급한다. 그는 미국 텔레비전 방송국에서 나온 온라인 기사를 인용하고 '많은 뉴스 매체'가 보도했다고 지적했다.

그러나 다른 언론인들은 곧 선정적인 보도에 의문을 가지기 시작했다. ≪타게스샤우(Tagesschau)≫의 한 기자가 수사를 담당한 연방검찰청에 물었다. 그리고 검찰 측은 손사래를 쳤다. 검찰은 자료 일체를 이용할 수 있었지만 파리 공격과 관련이 있다는 유효한 증거가 없었기 때문에 수사는 이루어지지 않았다. 미디어가 전한 거짓 뉴스였다.

사이버범죄 퇴치 중앙사무국(ZIT)의 베냐민 크라우제 박사는 자신의 책상 위에 올라왔던 사건을 기억한다. 바로 얼마 전에 슈투트가르트 지역의 한 남자가 체포되었다. 그 남자가 파리에 무기를 전달하지 않았을까 하는 초기의 의심이 있었다. 파리 공격 사건 직전에 의문시되는 시기가 있었으므로, 테러리스트가 아마도 구매자들 사이에 있었을 수도 있다는 가능성도 조사되었다. 그는 조사하자마자 자세한 사실을 언론에 전했다. "나를 개인적으로 매우 놀라게 한 것은, 아침에 빵집에서 ≪빌트≫ 신문을 보았을 때였다. 그 헤드라인은 의혹을 확인하지도 않고 근거 없이 나온 것이며 우리는 그 사건을 슈투트가르트 검찰에 넘겼다."

의혹을 받았던 거래자는 2016년 말 슈투트가르트 지방법원에서 재판을 받았다. 25세의 범죄자에게 2년 반의 형이 선고되었다. 이 숙련된 기술자는 신델핑엔(Sindelfingen)에 살고 있는 할머니의 지하실에서 공포탄용 권총을 실제 사격이 가능한 무기로 개조했다고 인정하고 모든 것을 자백했다. 그는 그 가운데 12개를 다크넷을 통해 최대 1250유로의 가격으로 판매했다. 그는 또 다른 관계자와 함께 100만 달러의 수익을 창출하자마자, 사업을 확장하여 중국으로 '생산 기지'를 옮기고 자신들의 상품 포트폴리오에 전쟁 무기와 폭발물도 포함시킬 계획을 세웠다.

판사는 그가 너무 많은 범죄 능력을 가지고 있음이 입증되었다고 보았다. "피고가 수행한 일은 매우 전문적이고 집요했다." 판사는 특히 무기들을 누가 구매하는지 전혀 알지도 못했다고 꾸짖었다.

파리의 살인자들은 분명히 이 기술자의 구매자는 아니었다. 높은 익명성을 보장하는 다크넷은 모든 종류의 나쁜 사업에 큰 가능성을 제공한다. 세계에서 가장 위험한 테러리스트 군대의 노예들이 바덴뷔르템베르크 출신 다크넷 판매자의 무기를 단순히 '구경'했다는 점은 다크넷 신화가 사실이 되기에는 그리 적합하지 않았을 수도 있다.

다크넷을 통한 청부살인

다크넷에 깊숙이 자리한 음모에 관해 다양한 이야기가 전해진다. 그런 이야기들의 진실성은 때로는 의문시된다.

다양한 디지털 공격 도구는 실제로 다크넷 시장과 숨겨진 포럼들을 통해 거래된다. 예를 들면, 피해자의 메일함에 수천 개의 이메일이 홍수처럼 넘치도록 메일 폭탄을 퍼붓는다. 기술적으로 약간 숙련된 구매자만이 수천 대의 해킹된 컴퓨터 네트워크인 '봇넷(botnets)'을 임대할 수 있다. 이들은 피해자들 모르게 특정 웹사이트를 반복적으로 공격할 수 있다. 이러한 공격을 통해 시스템이 과부하를 받게 되어 사이트는 더 이상 자료를 열람할 수 없게 된다. 결국 어나니머스와 달리 고귀한 사회적 목표를 이루려는 것이 아니라 자유시장을 해치려는 해커 그룹이 있다. 예를 들어, 경쟁 회사의 웹사이트를 네트워크에서 차단하거나 조작하고 또는 경쟁 회사 네트워크에 침입하여 데이터를 탈취하고자 시도한다.

특히 위험한 사이버 무기를 취급하는 특별한 상거래 무대가 발전했는데, 인사이더들만이 그곳에 입장하여 활동 가능하다. 소위 '취약점들(Exploits)'이 거래되는 것이다. 이들은 소프트웨어에서 발견되는 약점들이며, 이런 약점을 체계적으로 이용하는 작은 규모의 프로그램이 작성된다. 그리고 나서 다른 운영 체제, 브라우저 또는 기타 프로그램에서 그 취약한 소프트웨어에 침투하여 기기에 접속하거나 데이터를 엿보거나 조작하는 것이 가능하다. '제로 데이 취약점(Zero-Day-Exploits)'이 특히 인기가 있는 것은, 소프트웨어의 배후에 취약점이 있다는 것을 회사가 아직 인지하지 못했기 때문이다.

취약점 시장의 고객은 서로 다른 여러 그룹으로 구성되어 있다. 한편으로는 사기 또는 공격에 이런 취약점을 이용하려는 소규모 또는 조직화된 사이버 범죄자들이 있으며, 다른 한편으로는 할 수 없이 취약점에 대한 정보를 스스로 매점하여 다른 사람의 손이 닿기 전에 피해를 막겠다는 일부 기업들이 있다.

취리히의 IT 보안 회사인 스킵 주식회사(Scip AG)에서 일하는 마크 뤼프는 이러한 특수 다크넷 시장의 역동성을 조사했다. 자주 사용되는 프로그래밍 언어 자바(Java)의 취약점은 상대적으로 저렴한 가격인 4만 달러에서 10만 달러 사이에서 유동적이다. 인터넷 브라우저가 점점 더 공격의 타깃으로 선호된다. 스마트폰 운영체제인 iOS가 최고로 선호되며, 그런 취약점의 경우에는 100만 달러를 호가하기도 하고, 점점 더 값이 올라가는 추세에 있다.

그런 디지털 무기의 가장 비싸고 위험한 버전을 구매하기 위한 돈은 일반적인 사이버 범죄자가 아니라 정보기관에서 나오는 것이라고 뤼프는 믿고 있다. "정보기관들은 매우 값비싼 취약점들의 구매자다. 개인은 100만 달러에 달하는 금액을 지불할 수 없고, 그런 금액을 상환할 수도 없다. 범죄 조직도 지금까지는 그렇게 많은 금액을 투자하기를 원치 않는다. 정보기관이 실제로 효과가 좋은 취약점을 확보하고 최상위 타깃을 감청할 수 있다면, 그 자체로 돈값을 한 것과 같다. 대안은 예컨대 현장에 특수 장치와 장비를 보내는 것일 텐데, 그 비용은 훨씬 더 비쌀 것이다."

그러나 비밀(정보) 기관들은 종종 사람들을 취약점으로부터 보호하기 위해 사이버 무기를 구입하는 것이 아니라 가능하면 오랫동안 방치하면서 자체적인 스파이 목적으로 사용한다. 이런 실천은 매우 위험할 수 있다. 2017년 5월 한 사이버 공격으로 전 세계 20만 대 이상의 컴퓨터에서 콘텐츠가 암호화되었고, 암호를 풀어주는 대가가 요구되었다. 게다가 독일 철도청과 일부 영국 병원을 포함하여 다양한 회사와 공공 기관의 시스템이 일시적으로 마비되었다. 독립적으로 확산하는 컴퓨터 웜(worm)은 마이크로소프트 운영체제 윈도우의 특정 버전을 탑재한 컴퓨터를 습격했다.

이 위험한 프로그램이 미국 정부의 비밀 기관인 국가안보국(NSA)에서 흘러나온 것처럼 보인다는 것은 자극적이다. 그들은 소프트웨어 취약점에 대해 마이크로소프트에 알려주지 않고 신나게 활용해 왔다. 국가안보국에 대한 성공적인 공격이 있었고, 그 후 그 취약점에 대한 정보는 해커 그룹의 손에 넘어갔다. 그들은 '워너 크라이(Wanna Cry)'라는 명칭으로 프로그램을 풀고 가장 치명적인 컴퓨터 공격을 유발시켰다.

다크넷에서 더욱 섬뜩한 것은 청부살인에 대한 제안도 있다는 것이다. 그 특별한 종류가 2013년에 '암살 시장'으로 언론에 소개되었다. 유명인 살해에 대한 비트코인 입찰이 관련 페이지에 제시될 수 있다. 각각의 총액은 사망

시간에 대한 가장 정확한 정보를 사이트 관리자에게 제출한 사람이 받아갈 수 있다. 언론은 다크넷과 관련한 여느 주제와 마찬가지로 공포와 자극적인 것에 대한 쾌감이 혼합된 이 '콘셉트'에 대해 보도했다.

2013년 11월 '암살 시장'의 익명 운영자는 미국 ≪포브스(Forbes)≫의 편집자에게 암호화된 이메일을 보내 이 사이트를 소개했다. 그는 1960년대 일본 영화에 등장하는 사무라이의 이름을 따라 자기를 '쿠와바타케 산주로(Kuwabatake Sanjuro)'라고 칭했다. 산주로가 ≪포브스≫에 연락했을 때 사이트에 6개의 공개 입찰이 있었다. 7만 5000달러에 달하는 최고 입찰가는 미국 연방준비은행 총재인 벤 버냉키(Ben Bernanke)를 겨누고 있었다. 버락 오바마, 국가안보국장 키스 브라이언 알렉산더(Keith Brian Alexander), 프랑스 대통령 프랑수아 올랑드(François Hollande)에 대한 입찰도 있었다.

그 당시에 리스트에 오른 모든 사람들은 여전히 살아 있으며 암살 시장은 더 이상 다크넷에서 온라인 상태로 연결되지 않는다. 현재까지 사이트가 실제로 '사실'이었다는 증거는 없다. 운영자가 원했던 것이 희대의 기괴한 농담인지, 도발인지 또는 가짜 비즈니스 모델이었는지 여부는 누구도 알 수 없다. 다만 운영자는 최소 입찰가인 1비트코인(당시 가격으로 700달러)을 실제로 지불하는 당사자들이 충분히 많이 있기를 희망했고, 이후 그것을 가지고 잠적할 수 있었다.

마크 뤼프는 다크넷의 다양한 제안을 검토하고 그 신뢰도를 조사했다. 그는 그 신뢰도에 대해 회의적이며 "암살 시장은 예술 실험에 가깝다고 생각한다"라고 말한다. 또한 그는 다크넷에서 청부살인 페이지의 진실성 여부에 대한 의심을 갖고 있다. 그는 제안을 살펴보고 아날로그 세계에서 이런 비즈니스의 메커니즘에 대해 알려진 바와 비교하여 이것이 사실이 될 수 없다는 느낌을 받았다. "특히 청부살인과 관련하여 나는 그 대부분이 가짜라는 인상을 받았다. 웹사이트에 제시되는 방식, 가격이 매겨지는 방식, 일의 수행에 대해 표명하는 방식이 이해가 되지 않는다."

5

'좋은' 다크넷
고발자와 반대파의 공간

지난 몇 년간의 위대한 비밀 폭로는 탐사 언론인의 탐사 발굴 작업을 통해 이루어진 것이 아니라, 폐해(弊害)들을 공개하기로 마음먹고 비밀문서에 접근했던 고발자들에 의해 이루어졌다. 현대의 이 새로운 영웅들은 언제나 같은 문제에 직면한다. 어떻게 흔적을 남기지 않고 신문, 라디오 또는 온라인 편집팀과 안전하게 소통할 수 있는가? 공개된 자료의 폭발력에 따라 다르겠지만, 폭로에 의해 화가 난 엘리트들은 '반역'의 출처를 밝혀내기 위해 가동할 수 있는 모든 노력을 동원할 것이다.

다크넷은 이런 문제에 대한 해법을 제공한다. 시큐어드롭(SecureDrop) 소프트웨어를 사용하여 미디어는 고유한 .onion 주소를 만들고 거기에 메일함을 설정하여 내부고발자가 문서를 업로드할 수 있게 한다. 메일함은 .onion에 속해 있으므로 토르 브라우저를 통해서만 접근할 수 있다. 이를 통해 내부고발자는 기밀과 함께 자신의 IP주소를 유출하지는 않을 수 있지만, 추후에 결국 수사 당국의 손에 넘어갈 수 있다. 시큐어드롭의 경우 다크넷은 마약 밀매자는 보호하지 않지만 비밀을 폭로하여 세상을 조금 더 낫게 만들려는 사람들을 보호한다.

우호적인 다크넷 페이지에 입장하면 환영을 받는다. 다크넷에서 마약 거래나 무기 거래가 이루어지고 있다는 언론 보도에 덧붙여 언급되는 것은, 다크넷이 많은 반대자와 내부고발자를 위한 피난처가 된다는 것이다. 다크넷의 익명성은 실제로 더 자유롭고 공정한 세상을 위해 싸우는 역할을 하고 있는가? 이 세상의 독재에 맞서 싸울 힘이 이곳에 축적되는가? 여기서 크고 작은 혁명이 계획되고 시작되는가?

닷어니언의 양분화

학계의 연구에 따르면 다크넷은 명백한 불법 지대 그리고 거의 합법적인 지대로 나누어진다. 영국 킹스 칼리지(King's College) 런던의 연구원인 토머스 리드(Thomas Rid)와 대니얼 무어(Daniel Moore)는 약 2500개의 .onion 사이트를 자동화 방식으로 평가했다. 조사한 주소의 57%가 불법적인 용도로 명확하게 분류되었는데, 이들은 종종 마약, 신용카드 정보 또는 범죄 해킹 툴을 거래했다. 그러나 사이트의 43%에서 불법은 발견되지 않았다.

다크넷이 대략 양분된다는 것은 영국 포츠머스 대학교의 연구원 오웬슨의 연구 결과이기도 하다. 그는 자신이 찾아낸 모든 사이트를 15개의 카테고리로 분류했다. 일부 그룹의 경우 분명한 것은 불법적 콘텐츠를 갖고 있는 많은 .onion 사이트들이 있다는 것이었으며, 마약(15%), 사기성 모델(9%), 무기 거래(1.5%)가 종종 관련되었다. 불법적이지 않거나 적어도 명백하게 불법적이지는 않은 카테고리는 약 45%에 달한다. 메일 서비스, 내부고발 사이트, 위키, 토론 포럼과 익명화 서비스 등과 같은 카테고리는 각각 약 5%를 차지하며, 블로그, 채팅과 다크넷 검색엔진 등의 점유율은 약간 낮았다. 그러나 이런 콘텐츠조차도 본질적으로 범죄 목적으로 사용되는 것은 아니라고 확언할 수는 없다.

공개된 연구 결과에 따르면 다크넷에서는 모든 것이 적어도 금지되어 있지는 않다는 정도만 알 수 있을 뿐이다. 정확히 거기에서 무슨 일이 일어나고 있는지를 물으면, 그런 연구들은 제한된 범위에서만 도움이 된다. 디지털 지하세계의 불법적인 측면은 이미 연구에 의해 잘 밝혀져 있지만, 그와 반대되는 합법적인 .onion 세계는 관심을 덜 받는 것으로 보인다. 예컨대 킹스 칼리지의 연구원들은 불법 콘텐츠를 13개의 그룹으로 나누는 반면, 합법적 콘텐츠는 분류하지 않고 집단적인 '기타' 범주로, 즉 '이념적 콘텐츠, 내부고발자 메일함 또는 합법적 서비스'로 합쳐서 분류했다.

'좋은' 다크넷의 세 가지 용도

이전 장에서는 부도덕한 것으로 널리 알려진 다크넷의 콘텐츠와 관행을 다루었다. 그전에는 다크넷 확장자명 .onion 아래 불법 쇼핑몰들에서 일어나는 비열한 상거래를 다루었다.

이번 장은 다크넷의 '친근한' 측면에 관한 것이다. 한편으로는 사람들이 더 공정하고 자유로운 세상을 이루려는 윤리적 사용 방식이 있으며(국가는 때때로 그러한 활동을 비판적으로 본다), 다른 한편으로는 적어도 불법은 아닌 콘텐츠가 포함될 것이다.

사용법 1: 대안적인 출입문 다크넷

익명화 소프트웨어 토르의 배경 조직인 토르 프로젝트가 .onion에 대해 이야기할 때는 긍정적인 사용 형태만 언급되고 마약 시장은 숨겨진다. 그들의 주력 프로젝트 중 하나는 이미 언급한 시큐어드롭이다. 다크넷에 있는 익명의 내부고발자 메일함을 이용하기 위해 약 20여 개의 미디어와 조직이 소프트웨어를 사용한다. 영국 ≪가디언(Guardian)≫, '정보 제공자'를 위한 독일 기술 포털 하이제(Heise), 미국의 신문 ≪워싱턴 포스트(Washington Post)≫, ≪뉴욕 타임스(New York Times)≫와 환경 스캔들에 대한 단서를 얻고자 하는 그린피스(Greenpeace) 등이 포함되어 있다고 한다. 이들 메일함의 레이아웃은 매우 최소화된 모습이다. 문서를 업로드하는 데 사용하는 버튼이 있으며, 여러 단어가 무작위로 섞여 구성된 코드를 볼 수 있다. 이 코드는 일종의 암호인데, (누설할 내용을 발송한 이후에) 편집팀이 답변을 했는지 그리고 추가 질문을 할 수 있는지 여부를 확인하기 위해 사용할 수 있다. 독일의 일간지 ≪타츠(taz)≫는 .onion에 속한 메일함을 가지고 있지만 이를 위한 자체 솔루션을 프로그래밍했으며 시큐어드롭에 의존하지 않는다.

그 외에도 여러 가지 다양한 유출 전용 포털이 다크넷에 표시된다. 실제로 .org에 속한 위키리크스(Wikileaks)는 .onion을 통해 접근할 수도 있다. 다른 플랫폼은 글로벌리크스(GlobaLeaks) 소프트웨어를 기반으로 하며, 일반 인터넷 주소를 추가하여 대체 다크넷을 설치한다. 불법적인 야생 동물 거래를 폭로하고 게시하는 플랫폼과 아프리카의 탐사 기자들을 위한 메일함은 글로벌리크스 소프트웨어를 기반으로 한다. 글로벌리크스에는 .onion에 현존하는 40개의 내부고발자 플랫폼 목록이 있지만, 대부분의 링크가 (더 이상) 기능하지 않고 있는데, 이는 다크넷 환경에서는 거의 전형적인 일이다.

여기서 언급한 모든 미디어와 미디어 프로젝트들은 주로 일반 네트워크에 나타나며, 그들이 다크넷에도 출현하는 것은 요청에 따라 고도의 익명성을 보장하기 위한 세련된 해법이다. 이것이 현재 다크넷 이용에서 가장 공통적으로 나타나는 '우호적인' 부분이다. 일반 네트워크의 웹사이트들은 .onion 사이트에 접근하기 위한 두 번째의 비밀 출입문을 설치했다. 바로 인터넷의 검열을 피해 폭발력 있는 문서를 전달하기 위함이거나 단순하게 기술적 유희의 목적일 수 있는데, 그 이유는 운영자들이 토르와 .onion의

아이디어에 애착을 갖고 있기 때문이다

페이스북: 다크넷 내부의 푸른 네트워크

인터넷 대기업 페이스북이 .onion 정착을 계속 추구하는 이유는 소셜 네트워크로의 접근을 막는 국가에서도 언제나 그것에 접근할 수 있게 하기 위함이다. 2014년 말 이후 페이스북은 다크넷 주소 facebookcorewwwi. onion으로 이용할 수 있다.

페이스북의 다크넷 활동에 대한 평가는 네트워크 활동가들 사이에서 논란의 여지가 있다. 많은 사람들이 그것이 순전히 홍보를 위한 조치가 아닌가에 대한 의구심을 갖고 있다. 페이스북은 실제로 인터넷상에서 익명성과 프라이버시를 위한 투쟁의 동반자로 여겨지는 것이 아니라 '데이터 괴물(Daten-Kraken)'로 간주된다. 페이스북이 국가의 보호 규제를 무시하고 20억에 가까운 전 세계 사용자에 관한 수많은 정보들을 수집하고, 거래하고, 비밀 정보기관에 큰 저항 없이 제공하고 있다는 것이다.

해커 조직인 카오스컴퓨터클럽의 베를린 회의에서 토르 팀은 이런 모순을 인정하면서도 페이스북의 다크넷 진입을 미래의 모델로 추천했다.

닷어니언하의 좌파 프로젝트

일부 좌파의 반(反)공공성 프로젝트들은 다크넷 안에서의 대체 출입문 모델을 실천에 옮긴다. 가장 눈에 띄는 것은 미국의 기술 집단인 라이즈업(Riseup)으로, 전 세계 정치단체, 조직과 개인이 사용하는 안전한 통신채널을 제공한다. 다양한 개별 기능을 위해, 특히 익명 접속을 위해 라이즈업은 고유한 .onion 주소를 제공한다. 텍스트 메신저 재버(Jabber) 또는 에테르패드(Etherpads)는 여러 사람이 문서들을 실시간으로 처리할 수 있게 하고, 아이디어를 수집하거나 텍스트를 작성하는 데 사용되는 프로그램이다. 모두 12개의 서로 다른 .onion 주소들을 갖고 있다.

좌파 활동가들을 위해 공동으로 제작된 뉴스 사이트인 인디미디어(Indymedia)는 다크넷에 진출해 있으며, 그 슬로건은 다음과 같다. "미디어를 증오하지 말고 미디어가 되어라!" "인디미디어를 탄생시킨 요구 중 하나는 투고하는 사람의 사적 자유를 언제나 최대한 고양하는 것이었다." 이것은 de.indymedia.org를 배경으로 하는 집단, 즉 독일 인디미디어 지사 중 하나가 내건 슬로건이다(부록의 인터뷰 참조). 이를 위해 예컨대 네트워크의 모든 로컬 챕터에 IP 주소를 기록하지 않는 것을 의무로 삼는다. 컴퓨터에서 서버로의 접속 경로는 여전히 감시 가능한 대상으로 남아 있기 때문에, 익명의 유저들에게 시작부터 바로 토르 브라우저를 통해 인디미디어의 콘텐츠를 서핑하고 게시하라고 호소했다. ".onion 존재의 개방은 테크놀로지가 익명화를 허용하면서 취하는 논리적인 단계였다"는 것은 분명했다.

물론 인디미디어는 토르 브라우저를 사용하여 일반 네트워크의 존재를 제어할 수도 있지만 .onion 주소는 이에 기술적 이점을 제공한다. 그것은 예를 들자면 표적 공격에 매우 유용하다는 것이다. 과거에는 이러한 공격에 중에 악명 높은 분산 서비스 거부 공격(DDoS)이 있는데, 이는 웹 주소에 대량 요청을 자동으로 적용하여 공격 시간 동안 더 이상 접근할 수 없게 만든다. 그것이 인디미디어에도 일어났다. 고전적인 네트워크의 주소 시스템은 너무 느리고 공격을 차단하기가 까다롭지만 .onion 주소에서는 상관없이 접근할 수 있다. 이 기술은 또한 억압적인 국가에서 행해지는 검열 조치로부터 안전하게 보호한다.

주로 독일에 기반을 둔 기술 집단인 시스템리(Systemli)도 토르 다크넷의 가능성을 이용한다. 시스템리의 메신저와 패드는 라이즈업과 비슷한 .onion을 통해 접속할 수 있다. 이 집단에 영향력을 행사하는 모든 사람들은 수년 동안 토르 네트워크를 사용해 왔으며 학교에서의 교육과 강의에서도 권장한다. 토르 네트워크에서 시스템리 서비스에 직접 접근할 수 있게 하는 것은 감시를 피하기 위한 '논리적 다음 단계'다. "우리 서비스의 핵심 대상 그룹은 좌익 정치 활동가들이다. 이들은 세계적으로 그리고 독일에서도 감시와 억압에 노출되어 있다. 우리는 그들을 보호하기 위해 .onion에 서비스를 마련했다." 서비스하는 서버의 위치를 숨기는 것은 그렇게 큰 역할을 하지 않는다. "서비스의 출처를 위장하는 것은 중요한 것이 아니다. 왜냐하면 우리는 그것들을 결국 '클리어넷'에서 운영하기 때문이다. 우리는 대체로 사용자에게 더욱 안전한 서비스를 제공하고자 한다." 그러나 토르 네트워크에는 프로그래밍이 잘못된 웹사이트가 있거나 네트워크에서 표적화된 공격으로 사용자를 식별해 낼 수 있기 때문에 토르 네트워크가 익명의 서핑을 100% 보장하는 것은 아니다. 토르 안에 숨겨진 서비스를 마련하는 것은 단순했고 특별한 유지 관리가 필요한 것은 아니었다. 시스템리는 통계를 수집하지 않기 때문에 .onion 주소가 얼마나 자주 사용되는지 알 수는 없다. 하지만 그들은 .onion 주소 사용에 대해 다음과 같은 인상을 갖고 있다. "예를 들어 문제가 있는 경우 사용자는 재빠르게 보고하여 문제를 지적한다. 어니언 서비스(Onion-Services)는 이메일을 통해 반복해서 명시적으로 요청되기 때문에 이들의 이용이 활성화되어 있다고 생각된다."

정치적 좌파 또는 네트워크 활동가 영역의 다양한 프로젝트에는 카오스컴퓨터클럽의 드레스덴 지역 그룹과 같은 두 번째 통로로써 .onion 페이지가 있다. 전통 있는 서독의 좌파 계열 잡지인 ≪콘크레트(Konkret)≫는 하나의 .onion 주소에서 2009년까지 나온 잡지를 모두 다운로드할 수 있도록 서비스를 제공한다.

"암흑의 도서관" 사이허브(Sci-Hub: 온라인 논문 검색 엔진 사이트)는 더 넓은 의미에서 정치적인 사용으로 설명할 수 있는데, 여기서 공개적으로 인정받는 정당성과 법률적 합법성은 엄격하게 구별된다. 이 사이트는 카자흐스탄 컴퓨터과학과 학생 알렉산드라 엘바키얀(Alexandra Elbakyan)에 의해

2011년에 개설되었다. 엘바키얀은 자신의 대학 프로젝트에서 실제로 공적인 자금을 지원받는 연구에 접근하는 것에 대해 절망했다고 한다. 많은 과학적 연구는 대규모 학술 출판사의 지불 장벽을 배경으로 하고 있으며 때로는 엄청난 금액의 지불이 요구된다. 엘바키얀은 이 문제를 해결하기 위해 매우 불법적이지만 효율적인 방법을 찾았다. 그것이 제공하는 것은 작은 기적처럼 작동한다. 지불 계정이 없는 과학출판사 포털을 통과할 수 없는 경우 사이허브에서 접근이 차단된 해당 페이지에 대한 링크를 입력하면 과학 논문 또는 책의 챕터가 표시된다.

유명한 과학 잡지인 ≪네이처(Nature)≫는 2016년의 가장 중요한 10인 가운데 이 젊은 프로그래머를 선정했다. ≪네이처≫가 발표한 바에 따르면 이 사이트는 거의 6000만 건의 문서에 접근할 수 있다. 과학 출판물 세계에서 영향력 있는 세계의 과학자들은 각 대학의 네트워크에서 접근을 허용한다. 그들은 과학출판사와 계약을 맺지만, 각 대학의 네트워크 안에서 연구하는 사람은 해당 콘텐츠를 무료로 사용할 수 있다. 사이허브에 대한 과학출판사 엘스비어(Elsevier)의 소송에서 뉴욕의 법원은 2015년 10월에 출판사에게 권한을 부여했다. 그러나 사이트의 서버가 러시아에 있었기 때문에 이를 따르는 사람은 소수였다.

이 사이트는 다양한 네트워크 주소로 연결될 수 있으며 때때로 차단된다. 그런 주소들은 악용되는 국가 확장자명의 합법적이고 불명확한 영역 안에 있으며, 한편으로는 .cc(코코넛 섬) 또는 .io(인도양의 영국 영토)와 같은 이름을 갖는다. 사이트가 일반 인터넷에서 완전히 제거된 경우 사이허브를 .onion에서 불러올 수도 있다.

이러한 대체 출입문의 시나리오는 현재 가장 일반적인 '좋은' 형태의 다크넷 사용에 속한다. 카오스컴퓨터클럽 총회의 강연에서 토르 연구이사 로저 딩글딘은 아마존, 트위터, 위키피디아 등 모든 주요 웹사이트들이 언젠가는 .onion상에서의 접근을 제공할 것이라는 꿈을 꾸고 있다고 했다.

비상업적 인터넷의 가장 성공적인 프로젝트인 대규모 온라인 백과사전은 실제로 다크넷에 참여할 것이 분명해 보이는 후보였다. 그러나 위키피디아는 토르와 놀랍도록 모호한 관계를 맺고 있다. 이 백과사전 배후에 있는 미국 위키미디어 재단(American Wikimedia Foundation)은 두 개의 토르 노드를 운영한다(하지만 이 노드들은 비교적 취약하고 데이터 트래픽은 거의 없다). 그러나 위키피디아는 위키피디아에 계정이 없는 사용자가 토르를 통해 편집할 경우 그 작업을 차단시킨다. 그들이 두려워하는 것은 익명으로 작업할 경우 고의적인 내용 훼손, 또는 '봇(Bots: 보안이 취약한 컴퓨터를 찾아 침입하고 컴퓨터 시스템에 특정한 명령을 내려 조작할 수 있는 원거리 해킹 툴)'을 이용한 자동화된 조작의 가능성이 있다는 것이다. 예를 들어, 토르 브라우저를 사용하여 독일 위키피디아 페이지를 편집하려는 경우 다음과 같은 알림이 표시된다. "당신의 IP 주소는 토르 출구 노드로 자동 식별되었다. 악용을 방지하기 위해 토르를 통한 편집은 차단된다."

위키미디어 재단 대변인인 서맨사 리엔(Samantha Lien)은 현재 다크넷에 진입할 계획이 없다고 밝힌다. "우리는 가까운 미래에 .onion 주소를 확보하거나 추가적으로 토르를 지원할 계획은 없지만, 과거에 이를 논의한 적은 있었다." 2014년의 토르 노드 제공은 개방형 네트워크의 아이디어를 지지하는 제스처로 고려되었다. 위키미디어가 더 적극적으로 참여하지 않은 주된 이유는 비영리 조직의 제한된 재원 문제로 자체 사이트의 기술적 운영에 초점을 맞춰야 했기 때문이었다. 그러한 목표가 불가능한 것은 아니지만, 현재로서는 구체적으로 말할 만한 것은 아무것도 없다.

사용법 2: 기초 요소로서의 다크넷 주소

두 번째 사용 시나리오에서 다크넷은 브라우저를 통해 접속할 수 있는 웹페이지에는 이용되지 않는다. 그 대신에 .onion 주소들이 그것들이 기술적인 초석으로 사용하는 프로그램의 토대를 형성한다.

여기에서도 샘플이 되는 사례들의 숫자를 일별할 수 있다. 토르 프로젝트 조직에서는 특히 익명의 커뮤니케이션을 허용하는 두 가지 응용 프로그램을 강조한다. 어니언셰어(OnionShare)는 파일을 비밀리에 교환할 수 있게 해준다. 프로그램을 시작하면 컴퓨터에 임시 .onion 주소가 자동으로 설정된다. 사용자는 그러니까 아무것도 하지 않고도 어니언셰어가 작동하는 동안 자신의 다크넷 사이트를 운영하는 것이다. 그러나 이것은 배후에서 발생하기 때문에 오직 작은 회색 창만 보인다. PDF 데이터, 텍스트 파일 등을 보내려면 "파일 추가(Add files)" 버튼을 사용하여 선택하거나, 마우스를 사용하여 창으로 끌고 가야 한다. 다크넷 주소를 생성하려면 컴퓨터에서 토르 브라우저를 동시에 시작해야 한다. 그런 다음에 프로그램은 다운로드 링크를 생성한다. 파일을 보내면 상대방이 토르 브라우저를 통해 파일을 불러오고 임시 .onion 페이지에서 파일을 다운로드할 수 있다.

이러한 기능 방식과 다운로드 링크는 일반적으로 교환에 사용되는 드롭박스(Dropbox) 또는 위트랜스퍼(WeTransfer) 서비스를 연상시킨다. 종종 콘텐츠는 전자 메일 첨부 파일로도 전송된다. 이런 경우에, 두 명의 커뮤니케이터는 거의 알아차리지 못한다 해도 결코 단 둘만 있는 것이 아니다. 드롭박스와 위트랜스퍼를 운영하는 회사 또는 이메일을 제공하는 업체와 같이 교환된 콘텐츠를 자체 서버에 임시로 저장하고 중개하는 중심적인 관계자가 항상 존재한다.

미국의 언론자유재단을 위해 시큐어드롭(SecureDrop)을 운영하며 어니언셰어를 개발한 네트워크 활동가이자 언론인 미카 리(Micah Lee)는 어니언셰어의 경우 이러한 위험을 감수하지 않는다고 말한다. 이 소프트웨어는 폭발력이 큰 자료를 전송할 수 있도록 완전히 차폐된 파일 교환을 허용한다. "파일을 이메일로 보내거나 드롭박스와 같은 서비스를 사용하는 경우에 제3자가 제출된 콘텐츠에 접근할 수 없게 하려고 했다. 또한 인터넷 접속을 모니

터할 때도 파일 복사본을 탈취할 수 없게 하려 했다." 컴퓨터상에서 어니언 셰어 프로그램이 닫히면 .onion 주소도 다크넷에서 사라진다. 고도화된 익명성에 대한 대가는 기존 서비스보다 전송 시간이 더 오래 걸린다는 것이다. 테스트에서 2.3메가바이트 용량의 PDF를 업로드하는 데 약 2분이 소요되었다.

미카 리는 어니언셰어가 완전히 분산된 방식으로 작동하기 때문에 그 소프트웨어가 얼마나 집중적으로 사용되고 있는지 말할 수 없다고 한다. 미카 리는 어니언셰어가 실제로 바람직한 정치적 방식으로 사용되는 경우에 대해 들은 바 있다. 정치적으로 어려운 국가에 있는 아프리카의 인권 운동가들은 어니언셰어를 통해 해외 변호사에게 문서를 보냈다. 미국 인권 단체인 블랙 라이브 매터(Black Lives Matter)도 이런 방식으로 파일을 안전하게 교환했다. 또한 미카 리와 다른 미디어 전문가들은 민감한 콘텐츠를 주고받기 위해 어니언셰어를 사용한다.

감청을 방지하는 채팅 프로그램인 리코쳇(Ricochet)도 기술적으로 관심 있는 언론인들을 환경으로 하여 만들어졌다. 리코쳇은 또한 각 컴퓨터에 임시 다크넷을 자동으로 생성한다. 상대편의 사람도 리코쳇을 설치하면 양쪽의 .onion 주소를 통해 대화가 이루어진다.

이 경우에도 대화하고 있는 내용이나 누가 누구와 통신하는지를 기록하는 중앙 서버가 없다. 이 프로그램은 24세의 존 브룩스(John Brooks)가 개발했으며, 에드워드 스노든(Edward Snowden)의 폭로 이후 호주의 IT 기자인 패트릭 그레이(Patrick Gray)가 그 팀에 합류했다. 그레이는 미국 국가안보국과 기타 비밀 기관이 모든 네트워크 통신을 감시하기 위해 얼마나 열심히 노력하고 있는지 알게 된 후 디지털 흔적이 없는 감청 방지 도구를 찾았다. 그리고 그는 이미 적절한 솔루션을 만들어낸 브룩스를 만났다.

마지막으로, .onion을 기반으로 하는 이메일 서비스가 있다. 사용자는 토르 브라우저를 이용하여 로그인할 수 있으므로 제공자에게 IP 주소 공개 없이 전송하는 것이 보장된다. 그러나 가장 큰 단점은 서비스가 더 관습적인 방식으로 작동한다는 것이다. 통신을 처리하고 전송하는 중앙 서버가 있고, 이 장소를 신뢰해야 한다.

사용법 3: 독점적인 닷어니언 콘텐츠

여전히 프리미어 클래스, 즉 .onion에서만 사용될 수 있는 콘텐츠는 빠져 있다. 다크넷이 독재 정권의 반대파들에게 꼭 필요한 피난처라는 것이 사실이라면, 반체제 인사들의 수많은 블로그, 포럼과 위키가 여기 있어야 한다. 일반적인 네트워크에서 익명성이 보장되지 않기 때문이다. 그러나 반대파들은 거의 없다. 대부분의 블로그와 기타 사이트는 대안적인 접속 모델을 기반으로 하는 모사 콘텐츠들이다.

독일어권에서 한 가지 예외는 토론 포럼들이다. 이러한 토론 포럼의 콘텐츠는 일반 네트워크에 있지 않으며 무정부주의적이라고 말할 수 있다. 그들은 거의 모든 것을 위한 공간을 제공한다. 2017년 여름 이후에 가장 잘 알려져 있고 가장 큰 토론의 주제는 역사였다.

'딥웹 안의 독일' 포럼은 맨 위에 "정보 통제: 거절합니다!"라는 구호를 내세웠다. 얼마간의 간격을 두고 페이지 아래쪽에 "통제는 없으며, 모든 것이 허용된다!"라는 구호가 나온다. 유일한 예외로 시피(CP: 아동포르노의 줄임말)에 관용은 없었다. 이 포럼은 다채로웠다. 종교와 정치, 하드웨어와 소프트웨어에 관한 토론이 있었고, 성애(性愛)와 마약에 대한 토론도 있었다. 예를 들어, '종교' 섹션에서 한 무슬림 사용자는 레딧(Reddit) 토론 플랫폼이라고 알려진 AMA 형식 "무엇이든 물어보세요(AMA: Ask me anything)"로 질문할 것을 제안했다. "무슬림에게 물어보자." 포럼은 삶의 의미를 토론하거나 "예수가 마약에 빠졌을지"를 문제로 삼았다. '마약' 포럼에서는 소비자 경험담, 개인별 성분 배합, 집에서 기른 작물을 주제로 했다.

스팸과 사기에 관해서도 토론할 수 있었다. 하지만 '놀이터', '자유거래지대'와 '판매대(Grabbeltisch, 그라벨티쉬: 가격을 낮추고 손님이 직접 골라 구매하도록 상품을 진열해 놓은 판매대)'에서만 토론이 이루어지도록 명백하게 안내되었다.

사이트의 통계에 따르면 3만 개의 주제에 대한 50만 개의 게시물이 있었고, 등록된 프로필은 2만 개에 달했다. 코멘트는 등록한 후에만 허용되었다. 활동은 실제로 활발한 것으로 보였다. 모든 스레드(thread)에서 가장 최근의 게시물은 대부분 하루나 며칠밖에 되지 않았다.

'자유' 카테고리에서는 자본주의의 대안에 대한 좌파의 토론들이 있지만 공공연한 인종 차별주의자들과 파시스트들의 토론도 있다. 어떤 사용자는 다른 포럼 회원에게 "평화를 위한 아돌프 히틀러(Adolf Hitler)의 신념"을 설득하고 싶어 하거나 "백인종에게 보내는 편지"를 공개했다. 언뜻 보기에 이것은 최고로 익명화된 다크넷 대중의 야만 상태에 대한 증거로 볼 수 있다. 그러나 다시 한번 살펴보면 '위에서의' 개입은 없지만 적극적인 자기 통제가 있음이 드러났다. 우파들의 이러한 게시글은 다른 사용자들에 의해 냉소적으로 또는 넘치는 분노로 비판을 받았다. "이 텍스트가 풍자가 아니라면 대단히 유감스럽다" 또는 "토 나온다"와 같은 코멘트가 달렸다. 우파의 주장에 대한 반론이 대부분 우위를 점했다. 두 명의 유저가 나치 선전을 위해 포럼의 무정부주의 정책을 이용하고 싶어 했지만 그들은 실패했다는 인상을 받았다.

'딥웹 안의 독일'은 가장 활발한 독일어권 포럼이자 다크넷이 불법 시장과 열악한 포털을 넘어 광범위한 참여로 다른 콘텐츠를 제작할 수 있다는 유일한 증거였다. 그러나 2017년 6월 이후 포털은 더 이상 존재하지 않는다. 6월 12일 독일 연방범죄수사청은 보도자료를 통해 며칠 전 카를스루에(Karlsruhe) 출신으로 "거대한 독일어권 다크넷 플랫폼"의 단독 운영자로 의심받는 30세의 한 남성을 체포했다고 밝혔다. 그들은 수 개월간의 비밀 조사 후에 그의 집을 수색했다. 경찰은 또한 플랫폼을 운영하는 서버의 위치를 파악하고 압수하여 수색할 수 있었다. 그 이후로 '딥웹 안의 독일'은 더 이상 이용할 수 없게 되었다. 그 대신에 연방범죄수사청 로고와 헤센주 로고가 있는 배너가 그 주소 아래에 띄워졌다. 그 배너에는 다음과 같이 적혀 있다. "프랑크푸르트암마인(Frankfurt am Main)의 검찰청을 대신하여 연방범죄수사청이 플랫폼과 범죄적인 콘텐츠를 압수했다." 연방범죄수사청의 보도자료에서 볼 수 있듯이, 피의자는 "무기와 마약 거래에서 불법 거래를 돕고 주선"한 혐의로 기소되었다. 이 무정부주의자 포럼에서는 무의미하거나 평범하거나 혼란스러운 모든 내용에 대해 토론할 수 있었으며 이는 대부분 불법이 아니었다. 그러나 이 사이트는 또한 "무엇보다 불법 거래, 특히 마약과 무기 판매가 시작되는 시장 부문"을 가지고 있었다. 그것이 운영자가 파멸한 이유였다.

비독일어권 다크넷 일부에는 다양한 질문과 답변 포럼들이 있다. '숨겨진 답변(Hidden Answers)'은 그중 하나다. 기본적으로 이 페이지는 영어로 되어 있지만 고유한 .onion 주소로 러시아어, 스페인어와 포르투갈어로도 제공된다. 독일 포털 구테프라게닷넷(Gutefrage.net)과 마찬가지로 사용자는 질문할 수 있고, 그에 대해 다른 사람이 답변할 수 있다. 무엇보다 네트워크 안에서 익명화의 문제 그리고 사기나 공격에 관한 기술적인 질문이 제기된다. '해킹/악성 소프트웨어/기술' 카테고리에는 약 6000개의 게시물이 있다. '정부와 법' 카테고리에서는 무엇보다도 "미국과 유럽에서 민주주의의 탈을 쓴 파시스트 국가들이 탄생하고 있는가" 또는 왜 사람들이 경찰을 미워하는가 등의 문제가 토론에 부쳐진다. 일반적으로 질문당 2~5개의 답변이 달린다. '숨겨진 답변'은 다른 다크넷 사이트에 배너 광고 교환을 제안하거나, 유료 광고를 배치할 수도 있다.

다양한 히든위키 목록에서 '코드 그린(Code: Green)'을 발견할 수 있다. 이 사이트는 중부 유럽의 소규모 해커 그룹에 의해 운영되며 '더 나은 세상을 위한 핵티비즘'에 헌신하고 있다. 내부고발자용 메일함, 핵티비즘 수단들로 연결되는 링크 그리고 윤리적으로 동기 부여된 '디지털 직접 행동(Digital Direct Actions)'에 대한 정보가 있다. '코드 그린'은 행동 양식을 여덟 가지 '상승하는 단계'로 구분한다. 이것은 네트워크 안에서, 예를 들면 토론 포럼에서 단순한 의견 표명을 하는 것과 함께 시작된다. 최상위에 위치하는 두 가지 단계는 '문서들의 해방', 즉 일반 언어로 말하자면 회사 또는 정부 시스템에 대한 해킹과 '사보타주'(항의를 표시하기 위한 고의적인 방해 행위)다. 해킹 공격의 구체적인 목표들이 포럼에서 논의된다.

연방범죄수사청의 '핵티비스트들(hacktivists)'에 대한 보고서에도 코드 그린이 등장한다. 이런 활동을 하는 .onion의 다른 장소로는 (그동안 폐쇄되었던) '독일 안의 딥웹'의 "해킹, 크래킹, 하드웨어 해킹 등(Hacking, Cracking, Hardware-Hacks etc.)"과 (거의 다크넷의 전형이었지만 더 이상 온라인에 있지 않은) '핵더플래닛(Hack the Planet)' 페이지가 있다. 연방범죄수사청은 "사이버범죄 현상인 핵티비즘"을 "항의와 선전을 목적으로 비영리를 지향하며 동시에 이데올로기를 지향하는 행위"로 이해하며, '해킹+행동주의=핵티비즘(hacktivism)'이라는 도식으로 요약하여 설명하고 있다. 그들의 목표는 각각의 그룹마다 차이가 있지만 상당한 교집합의 지대를 보여주고 있다. "그러나 대부분의 경우, 무료에 검열되지 않고 누구나 접근할 수 있는 인터넷에 대한 수요는 거의 모든 그룹에서 나타난다. 또한 각각의 그룹은 상이한 조치들을 실천한다. 예를 들자면 인종주의, 국가사회주의, 사이언톨로지, 소아성애, 법 집행 기관, 정부, 조직 또는 부패한 회사에 반대하는 행동을 실천한다." 보고서는 100페이지가 넘지만, 명시적으로 '어니언 네트워크(Onion-Net)'라고 명명된 다크넷에 관한 서술은 2쪽 분량에 불과하다. 연방범죄수사청은 아직 정치적 해커 활동 분야에서 다크넷의 어마어마한 중요성을 발견하지 못한 것으로 보인다.

불평하지 말고 만들어라

'좋은' 다크넷에서 전반적으로 어떤 일이 발생하는지는 그 윤곽을 대략 파악할 수 있다. 암호화 시장의 불법 생태계에서 고도로 복잡하고 노동 분화된 지형이 형성되어 왔지만, 이를 이용하는 수준은 뒤처져 있는 것 같다.

어쨌거나 연방범죄수사청의 조사는 철저하지 못했다는 점을 덧붙여 말하고 싶다. 핵티비즘(정치적·사회적·이데올로기적 목적을 위한 해킹 행동주의) 연구에서는 다크넷에서의 무작위 조사를 언급하고 있다. 그 출발점은 수많은 히든위키 목록 중 하나였다. 이 책을 쓰기 위한 조사 과정에서 모든 제안이 발견된 것은 아닐 것이다. 특별한 경우에, 예컨대 독재 정권하에서의 야당 그리고 높은 보안 요구사항을 가진 활동가들이 눈에 띄지 않고 비밀리에 정보를 교환할 목적으로 .onion 사이트를 사용하는 경우에, 베를린에 거주하는 기자가 반드시 관련 페이지를 찾을 수 있는 것은 아니다.

택티컬 테크(Tactical Tech)의 베를린 지국장인 마렉 투스진스키(Marek Tuszynski)는 압박을 받는 반대자들이 다크넷을 어느 정도로, 어떻게 사용하는지 알고 있는 사람이다. 택티컬 테크는 통신 기술의 안전한 사용을 위해 정치 활동가를 훈련시키고 그 잠재력을 설명한다. 투스진스키는 워크숍, 강의 및 전시회를 통해 전 세계를 여행하며 전 세계 네트워크 활동에 대한 개요를 제공한다. 그는 무엇을 말하는가?

그의 결론은 분명하다. "오늘날 .onion 사이트의 지형을 바라볼 때 당신은 매우 갑갑함을 느낄 것이다." 모든 것은 1990년대의 인터넷, 그 당시 초기 사용자들이 가장 이상한 일을 시도했던 그 모호한 공간을 생각나게 하는 듯하다. 그러나 그것은 인간에 의한 착취의 형태가 지구 자체에 대해 거의 말하지 않는 것처럼 기술 자체에 대해서는 아무 말도 하지 않는다. 그 대신에 토르의 기술 프로토콜의 가능성과 그 사용 방법을 질문해야 한다. 그러나 투스진스키는 이 기술이 매우 설득력이 있다는 것을 알고 있다. 오늘날 인터넷은 데이터와 정보가 함께 흐르는 중앙 집중화된 지점들로 구성되어 있다. 문제는 어떤 사회와 어떤 네트워크에서 살고 싶은가에 달려 있다. 정부와 기업이 완전히 감시하고 통제하는 인터넷을 원하는가, 아니면 우리에게 자유를 가져다주고 의사소통이 안전하고 모든 사람이 자유롭게 의견을 표현할 수 있는 인터넷을 원하는가?

투스진스키는 다음과 같은 잠재력을 믿는다. "이 기술을 현재 원래 계획된 대로 활동가들이 사용하는 것이 아니라 마약을 거래하는 사람들이 사용하고 있다는 사실은 그다지 의미가 없다. 그것은 단지 다크넷을 정말 흥미롭고 정치적인 장소로 발견해 온 사용자가 아직은 충분하지 않다는 것을 의미한다." 투스진스키는 오늘날 .onion상에 몇 가지 흥미로운 예외가 있으며 훨씬 더 많은 일이 일어날 것이라고 믿는다. 그러므로 그는 단순히 스스로 행동할 것을 권장한다. "기다리며 콘텐츠를 찾지 말고, 직접 그 안으로 들어가 일부를 만들어라."

6

디지털 지하세계의 아키텍처
다크넷은 어떻게 작동하는가?

우리는 베를린 북부에 있는 베딩(Wedding)이라는 다문화 지구의 안뜰에 있다. 사무실은 넓어 보인다. 사무실 내부 공간은 공사가 끝나지 않은 것 같다. 두 개의 큰 책상이 있으며 많은 기술 장비들이 보인다. 예전에 베를린 제지 공장이 자리했던 이곳에서 스타트업이 생겨났으며, 어느 시점이 되면 구글이나 다른 네트워크 기업에 팔려나갈 수 있을 것이다.

그러나 여기서는 큰돈을 버는 꿈을 꾸는 대신에 더 자유로운 디지털 세상을 갈망한다. 눈에 띄지 않는 이곳에서 현재의 인터넷에 대한 가장 중요한 대안을 조립하여 만들어내고자 한다. 한때 유망한 대안 통신 네트워크였던 인터넷은 오늘날 인류 데이터의 절반을 몇 개 회사의 저장장치에 집결시키고 있다. 오늘날 상당수의 사람들은 근본적으로 인터넷을 경제적이며 정치적인 권력의 슬픈 감시 도구로 본다. 이 사무실에 있는 사람들은 본래적인 의미에서 당연하게 여겨지고 자유로운 인터넷, 즉 국가의 개입이 없고 데이터와 콘텐츠를 위한 집적된 중앙센터가 없는 인터넷을 만들고자 노력하고 있다고 한다.

현재의 인터넷 세상에 반대하는 핵심 인물이며 웹 활동가인 모리츠 바르틀(Moritz Bartl)이 이 사무실의 책상에 앉아 있다. 그는 금발과 구레나룻 수염을 가진 30대 중반의 대하기 편한 사람이다. 마치 어린이 영화에 나오는 해적의 모습을 하고 있다고 상상할 수 있다. 그는 스스로를 컴퓨터만 아는 괴짜, 즉 너드(nerd)로 여긴다. 이는 IT 지식 수준이 높은 사람을 반은 놀리듯이, 반은 진지하게 일컫는 용어다. 이 사무실 뒤의 건물에는 양파친구들협회(Zwiebelfreunde e.V.: 독일에서 .onion을 이용하는 사람들의 모임)의 베를린 사무실이 자리하고 있다. 2010년 드레스덴 대학교의 컴퓨터학과 학생이었던 바르틀이 이 협회를 설립했다.

양파친구들협회 회원들은 다크넷과 이와 관련된 토르 기술의 기초를 형성하는 중요한 기술 노드를 운영한다. 그러한 노드가 수천 개 있어서 그들을 모두 파악하는 것은 불가능에 가깝다. 그것들은 대형 서버실에서 많은 소음과 열을 발생시키는 회색 캐비닛 안에 가상 저장소로서 설치되어 있다. 이러한 노드들은 세계 절반의 곳곳에 분산되어 있다. 이것들은 매 시간 달라지는 정교한 경로 계획에 따라 데이터 패킷과 메시지를 네트워크를 통해 보낸다. 이 까다로운 아키텍처가 다크넷에 강력한 익명성과 검열불가능성을 부여해 준다. 이것의 목표는 현재 인터넷의 큰 약점을 극복하는 것이다. 그 약점은 사용자의 모든 행동을 투명하게 하고, 국가가 데이터 트래픽에 자의적으로 개입할 수 있게 하며, 그리하여 때때로 현실의 세계를 비극적으로 만든다.

인터넷 우편 주소

이 대안적 접근의 중요성을 이해하기 위해, 매일 사용하는 현재 인터넷의 배경을 살펴보는 것이 도움이 된다. 현재의 인터넷은 1970년대에 미국이 개발한 원칙을 기초로 한다. 전 세계의 모든 컴퓨터를 연결하여 모든 사람이 모든 사람과 연락하거나 메시지를 교환하거나 웹사이트의 콘텐츠에 접근할 수 있도록 하려는 대담한 비전이었다.

이 시스템의 가장 작은 단위는 우편 사서함과 비교할 수 있다. 인터넷에 접속한 사람이라면 누구나 쉽게 주소가 지정된다. 그러나 이러한 IP 주소(IP는 인터넷 프로토콜을 나타냄)는 거리와 집 번호의 조합이 아니라 일련의 4개의 문자 군(群)들로 구성된다. 예를 들어 온라인 백과사전 위키피디아의 IP 주소는 91.198.174.192이다. 각 개별 주소는 독립적인 더 큰 네트워크의 일부이다. 전문가들이 '자율 시스템'이라고 부르는 이러한 네트워크는 6만 개가 있다. 인터넷은 이러한 네트워크의 네트워크이며 모두 상호 연결되어 있다. IP 주소는 글로벌 인터넷 기관의 한 유형인 아이캔(ICANN: International Corporation for Assigned Names and Numbers)에서 할당한다.

개별 네트워크에는 각각 특정한 수의 IP 주소가 있다. 일부는 대기업, 일부 대학 또는 연방 기관의 경우와 같이 자체 목적을 위해 사용한다. 반면에 독일 텔레콤(Deutsche Telekom), 스트라토(Strato)나 헤츠너(Hetzner)와 같은 인터넷 제공업체는 중개자 역할을 한다. 웹사이트 운영자는 고정 주소를 얻을 수 있으므로 언제든지 같은 장소에서 접속할 수 있다. 단순 사용자가 컴퓨터와 인터넷 연결을 설정하면 제공업체의 주소 공간에서 유연한 할당 프로그램을 통해 무료로 제공되는 IP 주소가 그에게 즉시 할당된다. 이 시스템은 모든 사람이 서로 통신할 수 있도록 관리한다. 단순 사용자는 독일 연방의회에 이메일을 보내거나, 소셜 네트워크에 있는 친구의 게시물에 링크하거나, 대학 홈페이지에서 PDF를 다운로드할 수 있다. 중국 북부 도시의 재단사가 웹사이트를 개설하면 남아메리카 리마에 있는 사람이 몇 킬로미터 떨어진 사용자만큼이나 빠르게 방문할 수 있다.

IP 숫자들은 인터넷의 우편 주소다. 데이터 패킷과 메시지를 송신하고 수신하는 구체적인 과제는 라우터(여러 네트워크를 연결하거나 차단할 수 있는 장치)가 담당한다. 이 납작하고 불빛이 점멸하는 플라스틱 상자는 모든 인터넷 계약과 함께 제공되고, 인터넷 접속이 시작되면 즉시 인터넷 업체가 제공하는 IP 주소를 할당받게 된다. 그런 다음 라우터는 사용자의 메시지가 네트워크를 통해 목적지에 빠르게 도달하기 위해 가장 잘 전달할 수 있는 경로를 계산한다. 이를 위해 인터넷에 대한 최신 개요를 얻고 사용자의 라우터에서 목적지 웹사이트의 라우터에 이르는 가장 빠른 경로를 선택해야 한다. 그리고 그것으로 인해 가능한 한 적은 수의 하위 네트워크를 거쳐야 한다.

인터넷의 발명은 모든 컴퓨터와 컴퓨터가 서로 통신할 수 있게 해주는 획기적인 사건이었다. 사람들은 언제나 컴퓨터, 서버, 스마트폰과 태블릿 앞에 있기 때문에 인터넷은 전 세계를 연결하는 셈이다.

인터넷은 독창적인 발명이지만 한 가지 큰 약점을 가지고 있는데, 1970년대에는 그것을 예측할 수 없었다. 인터넷으로 통신할 때마다 각각의 인터넷 주소가 함께 제공되므로 모든 인터넷 사용자를 식별할 수 있다. IP 주소에서 사용자의 이름과 거주지를 당장 알 수는 없다. 그러나 그것이 속한 하위 네트워크를 조사할 수 있기 때문에 일반적으로 찾아낼 수 있다. 내가 행하는 일이 평범한 일이든, 망신스러운 일이든, 정치적으로 폭발력이 있는 일이든 상관이 없다. 인간의 기본권으로서의 개인 프라이버시라는 아름다운 사상은 인터넷을 통해 조롱거리로 전락했다. 우리의 일상이 점점 더 많이 인터넷에 연결되고 있기 때문에 우리의 삶은 점점 더 유리처럼 투명해지고 있다.

토르: 전달의 예술

모리츠 바르틀과 같은 사람은 이것이 인터넷의 선천적 결함이며 기술적 창의력으로 이를 수정해야 한다고 본다. 토르 소프트웨어가 이런 과제를 풀어내고자 시도한다. 토르 소프트웨어는 서로 통신하는 IP 주소에 기반한 인터넷의 기본 구조를 사용하지만, 그 위에 두 번째 수준을 설정한다. 이 아이디어는 데이터 패킷 또는 메시지를 더 이상 IP 주소에서 다른 IP 주소로 단번에 전송하지 않는 것이다. 그 대신 여러 국가에 분산되어 있는 세 개의 노드를 통해 전송한다. 이것의 매력은 노드들이 각각 바로 직전의 노드와 그 다음의 노드에 대해서만 알게 된다는 것이다. 그리하여 두 번째 노드는 어떤 컴퓨터로부터 처음의 요청이 나온 것인지 알 수 없다. 인터넷의 결함 있는 아키텍처는 이렇게 기적적으로 오래전에 잃어버린 것으로 생각했던 익명성과 디지털 프라이버시를 되살려 낸다.

발명자들은 이 원리를 흔히 구할 수 있는 야채에 비유했다. 그들은 사용자 정체성을 마치 양파처럼 여러 층 뒤에 숨기는 것이 핵심이라고 보았다. 이에 따라 그들은 그들의 발명품을 '어니언 라우터(The Onion Router)'라고 불렀고, 머리글자 셋을 사용하여 소프트웨어를 토르(TOR)라고 명명했다. 양파는 오늘날 여전히 이 독창적인 익명화 기술의 로고이며, 실제로는 인터넷의 요청들을 단지 전달하는 것에 기초한 것이다.

이 원칙은 추상적 용어로 설명하기는 쉽지만 실제로는 매우 복잡한 수학을 숨기고 있다. 내 컴퓨터의 토르 소프트웨어는 데이터 패킷의 자체 경로를 정하는 일종의 보조 라우터 역할을 한다. 이를 위해 토르 소프트웨어는 먼저 사용 가능한 모든 토르 노드 목록을 얻는다. 현재 약 7300개가 있다. 선택 알고리즘이 내 데이터 패킷을 보내야 하는 세 개의 노드를 계산한다. 이제 토르 소프트웨어는 나의 메시지 내용과 그와 함께 제공되는 정보가 포함된 작은 디지털 패키지를 만든다. 그리고 이 패키지를 첫 번째 토르 노드로 보낸다.

이제 작은 사슬이 가동된다. 첫 번째 노드는 두 번째 노드에 연결되어 메시지를 전달하도록 요구받고, 두 번째 노드는 이를 세 번째 노드로 전달한다. 이 최후의 마지막 노드는 실제 작업을 수행한다. 예를 들어, 포럼에 의견을 남기거나 뉴스 사이트의 콘텐츠를 요청한다. 그런 다음 ≪슈피겔≫과 같은 웹사이트는 요청된 콘텐츠를 동일한 노드 체인을 통해 내 컴퓨터에 보냄으로써 반응한다. 내가 누구인지 이 사이트가 식별할 수 있는 가능성은 없다.

디지털 망토

다중 전달이라는 이러한 원칙은 두 가지 사용법을 가능하게 한다. 사람들은 주의 사항과 보안 설정에 대한 상세한 지식 없이도 익명으로 인터넷 서핑을 시작할 수 있다. 무료로 제공되는 토르 브라우저는 몇 번의 클릭만으로 torproject.org 사이트에서 다운로드할 수 있으며 짧은 시간 안에 설치된다. 이 브라우저는 비영리 소프트웨어로 많은 사람들이 일반적인 서핑에도 사용하는 파이어폭스 브라우저를 기반으로 한다. 그러나 토르 개발자들은 파이어폭스를 수정하여 모든 데이터 트래픽이 항상 세 개의 노드를 경유하여 보내지도록 한다. 사용자를 감춰주는 이 강력한 디지털 위장 망토는 매우 친숙해 보인다. 브라우저에는 주소표시줄이 있다. 엔터를 입력하면 브라우저가 요청된 콘텐츠를 로드하고 관심 있는 웹 주소를 즐겨찾기 형식으로 저장할 수 있다.

일반적인 브라우저와 달리 항상 데이터 트래픽이 가장 빠른 경로를 선택하지는 않고 언제나 우회로를 선택하기 때문에 토르는 파이어폭스, 인터넷 익스플로러(Internet Explorer) 또는 크롬(Chrome)보다 약간 느리다. 최근 몇 년 동안 상황이 개선되었지만 사진, 비디오와 멀티미디어 요소가 많은 웹사이트의 이러한 지연은 여전히 큰 문제가 될 수 있다.

퍼스널 컴퓨터에서 토르 브라우저로 시작할 때마다 네트워크에서 완전히 새로운 연결이 만들어진다. 주소 표시 줄 옆에 있는 양파 기호를 클릭하면 해당 경로가 표시된다. 첫 번째 실험을 해보자. 프랑스를 거쳐 슈피겔 온라인으로 가는 경로는 프랑스에 노드 1이 있고 다른 하나는 루마니아에 있으며 세 번째이자 마지막은 캐나다에 있다. 컴퓨터를 다시 시작하면 나의 다음 요청은 프랑스, 네덜란드, 노르웨이의 스테이션을 통과하게 된다. 한편으로 토르 브라우저는 실제 IP 주소를 숨기고 목표 웹사이트의 관점에서 사용자를 '사라지게' 하여 익명성으로 사용자를 보호한다.

다른 한편으로는 쿠키를 통한 일상적인 스파이 행위로부터 보호받을 수 있다. 우리가 방문하는 대부분의 웹사이트는 브라우저에 디지털 '쿠키(cookies)'를 남긴다. 이것들은 우리에 관한 특정 정보를 저장하고 다음에 우리가 방문할 때 웹사이트가 우리를 인식할 수 있게 해주는 작은 프로그램이다. "아, 이 사람이 전에 거기에 있었고 이런 일 또는 저런 일을 했다." 이것은 우리가 이전 세션에 관한 정보를 다시 제공할 필요가 없고 서핑이 더 편안해진다는 장점이 있다. 쿠키는 또한 웹 포털이 서핑 행위와 요청된 콘텐츠에 대한 자세한 로그 기록을 작성할 수 있도록 한다. 토르 브라우저에서는 이것이 작동하지 않는다. 토르 브라우저를 사용해도 웹사이트들이 쿠키를 저장할 수 있지만 그 효과는 사라진다. 토르를 닫고 나중에 다시 시작할 때마다 우리는 새로운 인터넷 브라우저를 가지고 있다. 새로운 정체성을 갖고 있지만 이전 인터넷 세션의 흔적은 전혀 없다.

마지막으로, 이 익명화 소프트웨어를 사용하면 억압적인 정부―종종 개별 IP 주소 또는 전체 IP 영역을 차단하는―를 가진 나라에서 네트워크 폐쇄를 할 경우 이를 우회할 수 있다. 토르의 요청은 항상 복잡한 우회로를 이용하기 때문에 그런 차단을 무효화할 수 있다. 하지만 개별 토르 노드의 주소가 알려져 있기 때문에 억압하는 정부는 이들을 차단할 수도 있다. 그러면 사용자는 토르에서 경로 감추기를 설정할 수가 없다. 토르는 이를 위해 창의적으로 대응하고자 한다. 약 7000개의 공개적으로 알려진 토르 노드 외에도 주소가 비밀이며 다양한 데이터베이스(예를 들자면 이메일)에서 개별적으로 요청할 수 있는 약 3500개의 노드도 있다. 이들은 검열된 네트워크에서 자유 인터넷 세계로의 다리 역할을 하기 때문에 '브리지(bridges)'라고 부른다.

다크넷: 확장자명 닷어니언의 나라

이 소프트웨어의 두 번째 주요 사용법은 토르 네트워크를 통해 웹 콘텐츠를 제공하는 것이다. 다크넷에 관해 말할 때 보통 이러한 방식으로 숨겨진 콘텐츠들이 의미를 갖는 것들이다.

일반 네트워크를 다시 살펴보면 토르 솔루션과 다른 점을 이해하는 데 도움이 된다. 우리가 알아본 것처럼 인터넷은 IP 주소를 기반으로 한다. 이는 시간 순으로 구성되며 기계끼리 서로 쉽게 통신할 수 있게 한다. 그러나 숫자의 조합보다는 단어를 사용하여 수행되는 인간 커뮤니케이션에서 이런 방식은 적합하지 않다. 따라서 IP 주소 외에도 spiegel.de, greenpeace.de, youtube.com과 같이 직관적으로 이해할 수 있는 이름으로 구성된 두 번째 구조가 있는 것이다. 이 이름 공간은 계층적이며 주제별로 조직된다. 최상위 수준에서는 일반적으로 국가 경계를 기반으로 하는 인터넷 확장자 주소가 있다. .de는 독일연방공화국의 콘텐츠가 여기에 있을 가능성이 높다는 것을 나타낸다. .ru는 러시아어 페이지를 나타낸다. 그리고 .com(특히 미국의 상업용 콘텐츠) 또는 .org(조직체)와 같은 더 일반적인 확장자명이 있다. 이것이 1980년대 중반 이후 월드와이드웹(World Wide Web)의 기초였다. 그동안 이 관리 가능한 시스템에 새로운 생태계가 생겨났다. 최근 몇 년 동안 .shop이나 .gay 또는 .yoga와 같은 수천 가지 주제별 확장자명이 추가되어 장기적으로 인터넷에서 국가 간 경계의 중요성이 축소되었다.

이러한 '알려 주는' 웹 주소는 각각 하나 이상의 IP 주소에 연결된다. 나의 라우터가 웹사이트에 연결하려 할 때 나의 요청은 해당 숫자 시퀀스로 변환된다. 예컨대 www.spiegel.de의 주소로부터 내 브라우저는 128.65.210.8이라는 주소를 만들어낸다. 확장자 주소를 갖는 회사는 개별 웹 주소를 판매한다. 확장자 주소 .de 배후에는 프랑크푸르트암마인에 위치한 협동조합이 있으며, 단일 .de 주소는 연간 약 10유로, 더 비싼 .shop은 49유로를 받는다. 이런 확장자 주소를 갖는 회사는 해당 국가의 법률에 따른다. 공개적으로 접근할 수 있는 데이터베이스에 이름, 주소, 연락처와 같은 세부 정보를 입력해야 개별 주소의 구매자가 신청할 수 있다.

양쪽 모두 국가로부터 책임 추궁을 당할 수 있다. 예컨대 법원으로부터 웹 주소를 삭제하거나 강제 폐쇄하라는 명령을 받을 수 있다. 실제로는 거의 발생하지 않지만 기술적으로는 가능한 일이다. 대표적인 예로 스웨덴에 위치한 파일 교환 사이트 Piratebay.se가 있다. 이 사이트는 20여 국가에서 차단되었고, 최종적으로 스웨덴 법원의 지시에 의해 압수와 수색이 이루어졌다.

글로벌 인터넷 기관인 아이캔(ICANN)도 월드와이드웹에서 그러한 결정권을 갖고 있으며, 현재 존재하는 확장자명으로 1800개나 되는 긴 목록을 유지한다. 웹 주소와 콘텐츠가 있는 인터넷 확장자명은 그것들이 이 공식 목록에 있는 경우에만 라우터가 쉽게 찾을 수 있다.

이 시스템으로부터 완전히 독립적인 토르는 웹사이트를 저장하는 다른 방법을 제공한다. .onion이라는 확장자명은 아이캔이나 국가 당국의 통제를 받지 않는다. 언뜻 보기에 .onion은 공식적인 .de 또는 .com처럼 작동한다. 브라우저로 불러올 수 있는 웹 콘텐츠를 구성하여 텍스트를 읽고 그림이나 비디오를 보며 링크를 통해 탐색할 수 있다.

그러나 해당 콘텐츠는 상용 웹 브라우저에서는 보이지 않으며 구글 검색 결과에 나타나지 않는다. 크롬 브라우저나 인터넷 익스플로러를 사용하여 다크넷 주소에 접속하려고 하면 응답은 언제나 "오류, 서버를 찾을 수 없습니다"라고 표시된다. 33y6fjyhs3phzfjj.onion 또는 nzh3fv6jc6jskki3.onion과 같은 다크넷 주소에도 익숙해져야 한다. 다크넷 주소는 아무렇게나 배열된 16개의 문자와 숫자로 구성된다.

이런 암호와도 같은 이름은 우연한 숫자에 기초하여 토르 소프트웨어에 의해 산출된다. 이는 두 가지 기능을 수행한다. 첫째, 다크넷 사이트임을 인지할 수 있게 만든다. 둘째, 16자리의 비밀 주소는 무단 액세스로부터 콘텐츠를 보호한다. .onion 주소를 생성할 때 수학적으로 일치하는 코드, 즉 항상 비밀로 유지되는 코드가 산출된다. 이 코드는 .onion 페이지의 내용을 변경할 때 사용될 수 있다. 정상적인 네트워크에서 웹 주소를 소유하는 것은 법정에서 방어 가능한 법적 자산이지만, .onion은 온전하게 국가의 통제권 밖에 있다. 특정한 .onion 주소에 대한 처분 권한은 누가 실제로 해당 주소에 대응하는 개인적인 비밀번호를 알고 있는가에 달려 있다.

이러한 한 쌍의 키를 계산하는 데는 일 초도 걸리지 않는다. 프로세스는 여러 번 반복될 수 있지만 결과로 항상 이해할 수 없는 문자 조합을 제시한다. 일부 다크넷 사이트 운영자는 특정 단어가 우연히 발생하여 마침내 '알려 주는' .onion 주소에 도달할 때까지 엄청난 컴퓨팅 성능으로 한 쌍의 키를 반복해서 생성하고는 했다. 예를 들어, 페이스북은 확장자명이 .com인 잘 알려진 웹 주소와 함께 facebookcorewwwi.onion이라는 다크넷 웹사이트를 가지고 있으며, 이를 이용하면 인터넷 검열이 심한 국가에서도 페이스북을 방문할 수 있다.

'무차별 대입(Brute Force)'은 동일한 프로세스가 수백만 번 반복되는 절차를 가리키는 명칭이다. 여덟 글자로 구성된 특정 단어가 공적인 열쇠(키)로 우연히 계산되려면 평균 25일이 걸린다. 페이스북이 회사 이름으로 시작하면서 나머지 절반의 조합도 어느 정도 알아볼 수 있는 범위에 있는 주소를 찾아낸 것은 기적에 가깝다. 해당 다크넷 프로젝트를 책임지고 있는 페이스북 컴퓨터 과학자 알렉 머핏(Alec Muffett)은 그 이유를 폭로한다. 그들은 단순히 계속 반복하여 계산했으며 "단순히 엄청난 행운이었다"는 것이다.

.onion과 함께, 토르 중계의 로직은 다중 경로의 재지정을 통해 정체성을 감춰준다. 이때 다크넷 페이지의 운영자는 익명화되며 그 콘텐츠는 IP 주소

를 가진 일반 서버에 위치한다. 이러한 페이지를 제공하려면 토르 소프트웨어에서 .onion 주소의 산정으로 시작되는 특수 모듈을 시작해야 한다. 계산된 주소에 동의하면 토르 네트워크에 보고되며 몇 분 후에 토르 브라우저에 도달할 수 있다. 주소와 함께 임의로 선택된 3개 이상의 접촉점이 보고되어 일종의 비활성화된 메일함으로 작동한다. 접촉점이 있는 모든 활성 .onion 페이지 목록이 네트워크에 저장된다. 하나의 접촉점에 너무 많은 정보가 수집되지 않기 위해, 정보는 각 노드가 사용 가능한 모든 주소 중 일부만 알 수 있도록 '원형 모양의 색인(사발통문 형식의)'으로 배포된다.

이제 특정 .onion 페이지를 불러오려면 브라우저가 원형 모양의 색인 노드에서 해당 접촉점을 요청한다. 그런 다음 양쪽이 서로 알아가는 과정이 시작되고, 결국 보다 안정적이고 감청에 안전한 통신 채널이 마련되며, 그 채널의 양쪽 끝은 각각 상대방 신원을 알아낼 수 없다.

이 과정은 다음과 같이 진행된다. 다크넷 사이트 운영자 앨리스(Alice)와 사용자 밥(Bob)을 이야기해 보자. 첫 번째 단계로 밥의 토르 브라우저는 밥이 앨리스의 .onion 페이지와 통신하려는 접점 중 하나를 알려준다. 밥의 편에서, 무작위로 선택되어 이를 통해 통신을 수행할 노드(랑데부 지점)의 이름을 지정한다. 앨리스가 이러한 접촉 제안을 수락한다면, 기본적으로 그녀는 밥의 랑데부 지점으로 향하게 된다. 두 사람은 이러한 중간 스테이션을 통해 서로 연결되며, 양쪽 모두 자체 토르 경로를 통해 세 개의 노드를 구성하게 된다. 따라서 이러한 연결은 언제나 이중의 익명으로 이루어지고, 통신은 항상 세 개의 토르 노드를 통해 이루어진다.

.onion 주소를 가진 다크넷은 토르 브라우저보다 이러한 기술 익명화 게임을 더욱 발전시켰다. 말하자면 해당 사이트의 배후에 있는 사람의 신원을 보호한다. 기본적으로 익명으로 활동하게 되며 토르 네트워크에서 콘텐츠를 차단하거나 페이지를 삭제하는 것은 기술적으로 불가능하다. 반면에 모든 콘텐츠는 토르 브라우저를 통해서만 볼 수 있기 때문에 사용자가 실수로

또는 잘 모르고 자신을 드러내는 것을 방지한다. 예를 들어 다크넷에서 내부고발자용 메일함을 만드는 미디어는 이러한 잠재력의 가치를 중시한다. 기관의 비밀 문서 또는 정부 문서를 폭로하는 경우 내부고발자의 IP 주소 없이도 업로드할 수 있다.

그러나 때로는 .onion 콘텐츠를 일반 브라우저로 불러올 수도 있다. 일종의 가교 역할을 하는 토르투웹(Tor2Web) 도구가 있기 때문이다. onion.link 또는 onion.city와 같은 토르투웹 기반의 소프트웨어는 다크넷 페이지의 내용을 일반 네트워크의 주소로 불러온다. 이것은 트릭을 사용하여 수행된다. 인터넷의 고전적인 주소 시스템으로부터 나오는 새로운 확장자명에 언제나 .onion으로 끝나는 원래 다크넷 주소들이 덧붙기만 하면 된다.

디지털 통화 비트코인에 대해 공개적으로 접근 가능한 가장 큰 데이터베이스 웹사이트인 Blockchain.info 또한 다크넷 주소를 사용한다. 일반적인 브라우저, 예컨대 blockchainbdgpzk.onion.link에서도 토르투웹 솔루션의 도움을 받아 이 사이트의 콘텐츠를 볼 수 있다. 그러나 미러링(mirroring: 웹 콘텐츠 자동 백업 장치를 이용한 디스크 이중화)이 항상 원활하게 작동하는 것은 아니며 토르를 사용하여 자신의 신원을 보호하려는 경우에는 이러한 서비스를 사용하지 않는 것이 좋다. 각 다크넷 사이트의 저장소는 비밀로 유지되지만 개별 사용자는 노출된 IP 주소를 통해 토르투웹 서비스와 직접 통신하므로 더 이상 익명이 아니게 된다.

익명성을 추구하는 노드를 위한 노드

페이스북이 2014년 가을 이후 대안적 출입문으로 .onion 주소를 제공한 주된 이유는 검열을 어렵게 만들기 위함일 수 있다. 모리츠 바르틀은 토르와 그 부족한 자원에 대한 기술적인 구제가 또 다른 이유가 될 수 있다고 생각한다.

개별 노드는 토르의 실제 기반을 형성한다. 그들은 또한 다크넷의 구성 요소다. 풀뿌리 민주주의적 접근에 따라 누구나 그러한 토르 노드를 운영하여 네트워크를 더 확장하고 익명으로 만들 수 있다. 이렇게 하려면 전용 회선이 있는 컴퓨터를 글로벌 인터넷에 연결해야 하는데 이는 상당히 복잡한 일이고, 그렇지 않으면 주요 제공업체에서 임대해야 한다. 노드의 대부분은 헤츠너, 호스트 유럽(Host Europe) 또는 독일 텔레콤과 같은 대규모 제공업체의 서버실에 눈에 잘 드러나지 않게 숨겨져 있다.

모든 노드는 네트워크의 다양성을 위해 중요하다. 그러나 실제로 일부는 다른 것보다 큰 역할을 하며 특정 기능은 하위 그룹에서만 수행된다. 일반 네트워크에 액세스할 수 있는 출구 노드는 특히 중요하다. 이 출구 노드가 토르 경로에서 세 번째이자 마지막 정류장을 차지하기 때문에 언제나 끝에 표시되는 것은 이들의 IP 주소이다. 토르 사용자가 익명화 기술을 사용하여 포럼에서 불쾌감을 주는 의견을 게시하거나 파일 공유를 통해 음악 앨범을 교환하는 경우 이러한 잠재적 불법 활동이 항상 출구에서 직접 발생하는 것처럼 보인다. 불평하는 민원이 있는 경우 경찰은 이를 해당 노드의 운영자에게 알린다.

독일과 다른 많은 서방 국가에서는 실제로 이것에 아무런 문제가 없다. '정보 전송'을 규제하는 '원격미디어 법(Telemedia Act)'의 제8항은 "서비스 제공업체"가 "통신 네트워크에서 전송하는 외부 정보"에 대해 책임을 지지 않는다고 규정하고 있다. 토르 노드 운영자도 이에 대해 잘 알고 있으며, 전문적인 법적 용어로 '보증된 특권'이라 불리는 이러한 조항에 의존할 수 있다. 그들은 각각의 통신 파트너나 전송된 데이터의 내용을 모르기 때문이다.

그러나 해커 조직 카오스컴퓨터클럽에 토르 노드 운영에 대한 법률자문을 제공하는 변호사이자 IT 기업가인 율리우스 미텐츠바이(Julius Mittenzwei)는 출구 노드 운영자들이 여전히 경찰, 검찰청 또는 법 집행 기관의 조사에 응해야 한다고 말한다. "경찰은 누가 IP 주소 뒤에 있는지를 밝혀낸다. 토르 노드와 관련된 정보가 공개적으로 드러나면 경찰은 조사를 해야 하기 때문에 종종 연락을 해온다. 그러면 토르가 무엇인지, 왜 책임이 없는지 간략하게 설명해야 한다. 이렇게 하고 나면 문제는 대개 해결되고 절차는 종료된다." 과거 경찰은 때때로 아침에 출구 노드 운영자의 아파트 앞에서 수색 영장을 들고 기다렸다. 그 이유는 대부분 각각의 출구 노드들이 명확하게 식별되지 않았기 때문이다. 미텐츠바이가 아는 한, 지금까지의 모든 수사는 재판이 시작되기 전에 검찰청에 의해 종결되었다. 그러나 이론적으로 경찰이 문 앞에서 기다릴 수 있다는 사실은 토르 출구 노드를 운영하려는 의지를 가진 사람이 충분하지 않다는 것을 말해준다. 그들은 익명 네트워크에서 희소한 자원이다. 7000개가 넘는 노드 중 1000개만이 일반 인터넷에 연결할 준비가 되어 있다.

페이스북이 추가 출입문으로서 고유한 .onion 주소를 획득했다는 사실은 이러한 희소성에 대한 우호적인 반응일 수 있다. 토르를 통해 일반 facebook.com 사이트를 방문한 모든 사람들은 그 뒤로 해당 .onion 페이지를 사용할 수 있다. 그러면 사용자와 페이스북 간의 데이터 트래픽은 출구 노드를 사용할 필요도 없이 내부 토르 네트워크에 온전하게 남아 있게 된다고 토르 활동가 바르틀은 말한다. "아마도 페이스북이 기여한 것은 토르의 부족한 출구 노드 용량을 보호하고 그것의 불필요하게 과도한 사용을 피하도록 한 것 같다."

개별적으로 규정된 출구 정책하에 운영자는 토르 경로의 민감한 마지막 스테이션에 있지 않기를 요구할 수 있다(출구는 수용되는 데이터 트래픽 유형을 나타낸다). 다른 제한 사항도 규정될 수 있다. 예를 들어, 특정 유형의 콘텐츠, 즉 웹과 메일 콘텐츠만 허용할 수 있으며 영화, 드라마 또는 음악 앨범에 대한 종종 불법적인 파일 공유 네트워크의 데이터 패킷은 허용하지 않을 수 있다. 토르 메커니즘은 이 또한 자체적으로 선택할 권한을 부여한다.

안정적인 것으로 간주되는 노드만 현재 사용 가능한 모든 .onion 주소와 해당 접촉점의 원형 모양의 색인에 참여할 수 있다. 각 노드에 대해 제공되는 속도와 대역폭, 얼마나 신뢰할 수 있는 노드인지가 지속적인 테스트에 의해 확인되고 분석된다. 각 데이터 패킷이 토르를 통과해야 하는 경로를 선택하는 알고리즘은 이러한 요소들을 고려한다. 이 알고리즘은 강력한 대용량 노드를 선택하는 것을 선호한다. 결국 트래픽은 항상 네트워크를 통해 신속하게 중계되어야 하며 개별 노드가 갑자기 오프라인 상태가 되어서는 안 된다. 따라서 특히 강력한 하나의 노드가 작은 노드 200개보다 더 중요하고 더 자주 사용될 수 있다.

토르의 아홉 현자

이러한 특징들은 토르 네트워크를 보호할 책임이 있는 사람들의 소규모 그룹에 의해 평가된다. 그들은 토르 디렉토리 서버를 운영하며, 모든 노드에 대해 정기적으로 기술 테스트를 수행하고 노드들이 얼마나 빠르고 효율성이 좋고 신뢰할 수 있는지 그 속성에 대해 투표한다. 그들은 네트워크에서 의심스러운 노드들을 솎아낼 수도 있다. 매 시간 새롭게 만들어지는 합의서에서 투표의 모든 동의와 불일치가 표기되어 종합적으로 요약된다. 그러한 특별한 '디렉토리 권위자'는 아홉이다. 그들은 특히 높은 수준의 기술적 역량, 독립성 그리고 부패가 없는 것으로 신뢰를 받는다.

또한 아홉의 현자 소그룹에 속하는 사람들은 공개되어 있다. 그중 셋은 미국에 있으며, 네덜란드와 독일에 둘씩, 그리고 스웨덴과 오스트리아에 하나씩 있다. 독일의 두 토르 수호자 중 한 명인 제바스티안 한(Sebastian Hahn)은 2014년에 기술에 관심이 있는 서클 밖에서까지 의도치 않게 유명해졌다. NDR(북부독일방송)과 WDR(서부독일방송)의 조사팀은 토르 프로젝트의 일원 한 명과 함께, 유출된 미국 국가안보국의 감시 프로그램을 조사할 수 있었다. 그들은 엑스키스코어(XkeyScore) 소프트웨어(미국 NSA가 개발한 스파이 소프트웨어)의 소스 코드에서 토르 디렉토리 서버의 IP 주소들을 찾아냈다.

한(Hahn)은 당시에 에를랑겐 뉘른베르크 대학교에서 컴퓨터 공학을 전공한 학생으로 앙겔라 메르켈(Angela Merkel: 구동독 출신의 여성 정치인으로 2005년 11월부터 2021년 12월까지 16년간 독일 총리로 재직했다)총리에 이어 독일에서 두 번째로 미국 국가안보국(NSA) 감시 대상이 되었다. 또 다른 저명한 토르 수호자는 미국의 개발자 로저 딩글딘이다. 그는 익명화 소프트웨어의 초기 개발자이자 현재 토르 조직의 이사다. 좌파 집단 라이즈업(Riseup)도 아홉 디렉토리 권위자 그룹의 일원이다.

결속과 기타 갈등들

모리츠 바르틀은 양파친구들협회의 회원들과 함께 여러 가지 다양한 출구 노드들을 운영한다. 해커들이 조직한 카오스 컴퓨터 클럽도 등록된 협회 또는 개별 멤버의 개인적인 결심으로 참여한다. 온라인 백과사전 위키피디아 배후에 있는 아메리칸 위키미디어 재단에는 두 개의 작은 노드가 있고, 국경없는기자회(Reporters Without Borders) 조직에는 두 개의 매우 강력한 노드가 있다.

그 외에도 7300개나 되는 토르 노드의 네트워크가 세계의 절반이 넘는 국가에 확산되어 있다. 물론 '세계의 절반'이라고 한 것은 아마도 과장일 수 있을 것이다. 토르 브라우저를 반복해서 시행하고 선택되는 경로를 관찰해 보면 참여하고 있는 국가들을 개괄적으로 파악할 수 있다.

토르 플로(Tor Flow) 웹사이트가 이런 첫 인상을 확인해 준다. 이 사이트는 토르 내의 위치와 데이터 흐름을 시각화한다. 언뜻 보기에도 전 세계로 분산된 네트워크를 구축한다는 낭만적인 아이디어는 무너졌다. 일반 인터넷의 초창기와 마찬가지로, 대부분의 토르 네트워크 활동은 서유럽과 미국이라는 두 부유한 지역, 그중에서도 4개 국가에서 이루어진다. 7300개의 개별 노드 중 1500개는 독일연방공화국에, 1300개는 미국에, 900개는 프랑스에, 600개는 네덜란드에 있다. 러시아는 400개 노드로 이 논리를 벗어난 유일한 비서구 국가이다.

양파친구들협회의 모리츠 바르틀은 이 지도를 주의해서 해석해야 한다고 지적한다. 토르 노드가 보이는 지점과 그 운영자의 실제 거주 장소는 종종 동일하지 않다. 국내 인터넷 회선이 관리 가능한 데이터 처리량으로 인해 대규모 인터넷 제공업체의 서버실에 있는 한 장소가 일반적으로 토르 노드의 운영을 위해, 특히 저렴한 대역폭을 제공하는 고객을 위해 임대된다. 바이에른의 군첸하우젠(Gunzenhausen)에 본사를 둔 공급업체인 헤츠너는 독일에서 특히 인기가 있으며, 헤츠너의 서버에서만 300개 이상의 노드가 운용되고 있다.

모든 노드들 가운데 절반이 넘는 60% 이상을 운영하는 독일연방공화국, 미국, 네덜란드와 프랑스 4개국이 가장 저렴한 대역폭을 가지고 있다. 불과 몇 개 안 되는 노드들을 운영하는 아프리카, 남미와 아시아와 같은 다른 대륙에서는 비용이 훨씬 더 많이 든다. 게다가 서로 다른 정치적인 기본 조건들이 추가된다. 독일연방공화국의 일부 기관은 익명으로 소통하는 기술에 대한 집착을 좋아하지 않더라도, 이를 법으로 제재할 수는 없다. 중국이나 사우디아라비아와 같은 국가에서는 토르 노드를 운영하는 것이 위험할 수 있다.

바르틀에 의하면 고성능 토르 노드를 운영하는 사람들은 대부분 알려져 있다고 한다. 그들은 종종 바르틀이 설립하고 결속이 느슨한 비영리 단체 협회인 토르서버스닷넷(Torservers.net)에 등록된 비영리 조직인 경우가 많으며, 전체 네트워크의 절반 이상이 그런 조직에 속한다.

14개 국가에서 설립된 조직들이 토르서버스닷넷에 참여하고 있다. 바르틀이 설립하여 공식적으로 드레스덴에 위치한 양파친구들협회 외에도, 한 학생이 설립한 '당신의 프라이버시를 구하라(SaveyourPrivacy)' 협회가 있다. 이 협회는 독일의 바덴뷔르템베르크주의 작은 마을 쇼른도르프(Schorndorf)에 위치하고 있다. 양파친구들협회와 비교할 만한 협회로 프랑스의 '우리의 어니언즈(Nos Ognions)'와 아이슬란드의 '아이스토르(Ice Tor)'와 같은, 명시적으로 토르를 지원하는 협회들이 있다.

디지털 자유를 위해 일하는 스웨덴과 캐나다의 조직도 관련되어 있다. 고전적인 인터넷 산업의 중심에 있는 샌프란시스코의 해커 카페 노이즈브리지(Noisebridge)는 대용량 토르 노드를 제공한다. 따라서 4대 핵심 국가라는 이 서클은 다소 확대되고 있지만 패턴은 동일하게 유지된다. 한 가지 예외를 제외하면, 서부와 북유럽 또는 북미의 부유한 국가들의 조직만이 토르 인프라의 일부다. 이 예외는 정치적으로 비교적 자유로운 레바논에 위치한 네트워크 활동가 단체인 '사이버 아랍스(Cyber Arabs)'이며, 이들은 아랍 세계에 디지털 보안 기술을 확산시키기 위해 일하고 있다.

그리하여 토르 네트워크에서 단순히 노드의 숫자를 가지고 힘의 균형을 말하는 것은 절반만 맞는 이야기라고 바르틀은 지적한다. 왜냐하면 고성능 노드들은 훨씬 더 자주 사용되기 때문이다. 공개적으로 사용 가능한 데이터 뱅크 compass.torproject.org는 토르 경로의 세 가지 위치로 어떤 노드가 선택될지에 대한 확률을 표시한다. 일부 노드는 거의 0의 확률로 선택되며, 가장 강력한 노드는 약 0.5%의 값을 갖는다. 이것은 어느 정도 균형 잡힌 분포를 암시하는 것으로 보인다. 하지만 이 데이터베이스를 다시 한번 살펴보면, 더 높은 수준의 밀집도를 볼 수 있다. '보통'의 인터넷을 대규모로 제공하는 기업의 네트워크들 역시 많은 노드들이 그들의 대형 컴퓨터실 안에 자리하고 있기 때문에 토르에 대해 중요한 역할을 한다.

프랑스 온라인 호스팅 제공자들이 가장 인기가 있는 것 같다. 프랑스 북부 릴(Lille)에 위치한 통신 그룹 오브이에이치(OVH)는 여러 국가의 서버실을 통해 토르 용량 전체의 15%를 결집시키며, 그중 파리의 온라인 기업인에스에이에스(S.a.S.)가 13%를 점유한다. 독일 공급업체인 헤츠너 또한 약 7%의 높은 점유율을 갖고 있다. 수치는 때때로 변하지만 적어도 두 업체가 차지하는 비중은 대략 이 정도 규모를 유지한다. 이는 토르 트래픽의 3분의 1 이상이 2개의 프랑스 회사와 1개의 독일 회사의 컴퓨터에서 실행되고 있음을 의미한다. 이론적으로 이 세 회사만 감시한다면 전체 익명화 기술 네트워크에 대한 폭넓은 통제가 가능할 것이다.

감시에 대한 잠재력을 가진 고전적인 인터넷의 대안으로서 집단 지성에도 함정이 있다. 합리적인 고려에 따라 모든 개별 네트워크 활동가는 자신의 노드에 가장 적합한 위치를 선택한다. 그러나 이로 인해 결과적으로 불균형이 발생한다. 이처럼 집단적으로 잘못된 방향으로의 발전은 약 7000개에 달하는 노드의 훌륭한 다양성을 사장시킬 수 있다.

7

토르와 토르 프로젝트

역사와 모순

어떤 사람들에게는 다크넷에서 익명으로 활동하는 것이 좋은 태도이며, 또 다른 사람들에게는 불법적이거나 박해받는 활동을 하면서 단지 신원을 비밀로 유지하는 것이 필요할 뿐이다. 다크넷 확장자명 .onion의 배후에 누가 있는지는 잘 알려져 있다. 바로 토르 프로젝트(The Tor Project)라는 이름의 비영리 단체다. 미국의 시애틀에 본사를 두고 있지만 업무의 대부분은 전 세계 여러 지역에서 '원격'으로 이루어진다. 두둑한 급여를 받는 소수의 정규직 직원들, 한 명의 사장, 하나의 이사회, 그리고 조직의 업무와 재정에 대한 연례보고서가 존재한다.

토르 프로젝트는 프리랜서 개발자와 열렬한 토르 팬들로 이루어진 대규모의 자발적 명예 '군중(Crowd)'이 함께 토르 소프트웨어 개발을 계속한다. 개발자 집단은 약점을 수정하고 토르 노드의 운영자들을 돌보고 소프트웨어의 유용성과 성능을 최적화하며 토르 브라우저 및 다크넷 확장자명

.onion을 위한 새로운 기능을 개발한다.

다크넷은 모순으로 가득 차 있으며 그 배후에 있는 조직도 마찬가지다. 토르 프로젝트를 다루는 사람은 몇 가지 사실들이 서로 조화를 이루지 않는다는 것을 인지하게 된다. 토르를 개발하는 조직은 국가의 감시에 대한 전복적인 반대자로, 즉 전 세계적으로 정부의 감시열을 무력화시키는 조직으로 여겨진다. 토르 프로젝트는 무정부주의적 프로젝트로 간주되며, 해킹 업계의 최고봉이자, 직원들은 때로는 록 스타처럼 축제판을 벌인다. 그러나 이 기술은 원래 군사 연구의 논리에서 비롯된 것으로 토르 프로젝트는 여전히 미국 정부의 자금을 지원받는다.

토르 프로젝트의 작업이 없었다면 .onion은 존재하지 않았을 것이다. 이 프로젝트의 개발 조직이 자신의 발명품과 함께 고초를 겪고 있는 것처럼 보이는 이유는, 그것이 반대자들과 내부고발자들의 이용보다는 마약을 사고 파는 일에 더 많이 오용되기 때문이다. 토르 프로젝트 조직은 일반적으로 통용되는 '다크넷'이라는 용어에 문제가 있음을 알고, 이 용어의 사용이 중단되기를 소망했다. 토르 프로젝트 조직이 웹사이트에서 강조하는 것은 비판적으로 보도하고 불공정한 폐해들을 밝혀주는 저널리즘을 이러한 강력한 도구로 지원하는 것이지만, 그들 자신은 대중이 기피하는 조직이 되었다.

군대가 낳은 자식인 다크넷 소프트웨어

1990년대 중반, 동독과 서독은 불과 몇 년 전에 통일을 이루었고, 음악계에서는 디제이 보보(DJ Bobo)가 춤추는 공간을 유로댄스(Eurodance)와 결합시켰고, 민영 텔레비전은 독일연방공화국의 거실에 침입해 오후 토크쇼 포맷들을 범람시켰다. 몇 번의 클릭만으로 세계를 연결할 수 있는 인터넷과 같은 것이 생겨나 인구에 회자되기 시작했다.

1995년 인터넷은 여전히 유비쿼터스와 전체주의적인 감시 가능성과는 거리가 멀었지만, 이 해에는 오늘날 가장 중요한 대응 프로젝트인 .onion다크넷(.onionDarknet)과 익명 브라우저인 토르의 토대가 마련되었다. 이런 모델은 국가의 군사 이익에 이바지할 수 있는 기술 기반과 응용 분야를 연구하는 미국 국방부의 해군연구소(NRL: Naval Research Laboratory)에서 발전시켰다. 민간 목적으로도 사용되는 다양한 연구들이 이러한 군사적 맥락에서 시작되었다. 그것들은 미군의 연구 시설에서 직접 개발되었거나 미국 방위고등연구계획국(DARPA: Defense Advanced Research Projects Agency)의 용역을 받아 연구되었다. 방위고등연구계획국은 국방부 산하에서 대학이나 군사연구소에 프로젝트를 발주하는 영향력 있는 기관이다. 엑스레이 장비의 기초인 감마선에 대한 연구는 이런 방식으로 자금을 지원받았고, 인터넷의 기초도 같은 방식으로 개발되었다.

한편, 해군연구소(NRL)의 '고품질 컴퓨터 시스템(High Assurance Computer Systems)'부 직원에게 인터넷을 통한 디지털 통신이 군사적 잠재력이 크다는 것은 분명해 보였다. 또한 권한이 없는 사람이 메시지를 보낸 사람과 받는 사람을 IP 주소를 사용하여 식별할 수 있다면 민감한 작전이 어려워질 수 있었다. 수학자 폴 시버슨(Paul Syverson), 컴퓨터 과학자 데이비드 골드슐랙(David Goldschlag)과 마이클 리드(Michael Reed)는 이를 방지하는 방법을 개발하고자 했다. 이러한 방법은 또한 전 세계에 흩어져 있는 외국 주재 미국 비밀 요원들이 누군가가 미국의 의심스러운 주소에 연락하고 있음을 드러내지 않고 적대적인 국가에서도 '본국'과 소통할 수 있다는 장점이 있을 것이었다.

그들은 유명한 양파 모델을 개발했다. 통신은 인터넷의 일반 IP 주소를 통해 처리되지만, 항상 세 개의 노드를 거치는 우회로를 통과하게 하여 자신을 감추는 것이다. 그들은 그것을 어니언 라우팅(Onion-Routing)이라고 불렀다. 개발자 시버슨은 해군연구소 페이지 어니언라우터닷넷(Onion-router .net)의 연대기에 1995년 토르의 첫 작품이 시작되었다고 기록하고 있다.

일 년이 지난 1996년 5월에 케임브리지 대학교에서 열린 학술행사에서 연구 결과가 담긴 첫 번째 논문이 발표되었다. 또한 초기 테스트를 수행하고 당시 해군연구소의 컴퓨터에서 개발한 소프트웨어의 프로토타입을 실행했다. 이 소프트웨어는 5개의 시뮬레이션 노드를 통해 위장된 인터넷 트래픽을 이리저리 주고받았다. 저자들의 연구 결과를 발표하는 것은 매우 까다로운 절차를 따랐으며, 그 당시에는 냉전 상황에서 여전히 암호화 솔루션을 포함한 기술의 엄격한 수출 통제가 있었다.

1996년에 세 명의 과학자들이 발표한 논문 「연결 정보 숨기기(Hiding Routing Information)」에서는 두 가지가 제안되었다. 우선 "익명성과 법집행 사이에는 명백한 긴장이 있다". 그럼에도 그들은 익명화 기술의 발전이 정부에 양날의 칼이라는 것을 알고 있었다. 가능한 해결책으로 수사 기관에 파일 암호와 패스워드를 넘겨주는 시스템을 제안했는데, 이는 국가가 익명성을 훼손할 수 있도록 허용할 것이었다. 반면에, 그들은 다음과 같이 썼다. "어니언 라우팅은 노드가 널리 분산되어 사용되는 경우에만 효과적이다." 따라서 처음부터 분명한 것은 익명화는 역설적으로 군의 개발이 수많은 비군사적 사용자와 공유되어야 작동한다는 것이었다.

이후 몇 년 동안의 연구 작업이 시작되었다. 프로그램 코드가 개선되어 부분적으로 삭제되고 다시 작성되었다. 1997년 그들은 워크숍에서 다크넷 주소인 숨겨진 서비스, 즉 .onion의 기초를 제시했다. 1998년에는 새로운 테스트 프로토타입을 선보였다. 이번에는 13개 노드로 이루어진 네트워크였다. 1999년 토르의 개발은 공식적으로 중단되었다. 어니언 라우팅에 대한 특허는 2000년에 공시되었으며, 개발자에 따르면 2002년에 청사진이 새롭게 쓰였다고 한다. 최초의 버전이 낡았고, 불필요한 프로그래밍 코드의 조각들로 가득했기 때문이었다. 2003년에 토르 네트워크가 공개적으로 출발했으며, 모든 사람이 소프트웨어를 보고 사용할 수 있도록 오픈소스 라이선스로 개방되었다. 그해의 연말에 이 네트워크는 자원 봉사자가 운영하는 약

12개 정도의 토르 노드로 구축되었으며, 그 대부분은 미국에 있었고 독일에 하나가 있었다.

2004년 토르 논문 「2세대 어니언 라우터(The 2nd generation Onion Router)」가 발표되었다. 이 논문은 토르를 통한 양파와 같은 인터넷 트래픽 은폐와 .onion 작업을 통한 서버의 비밀 작동을 자세하게 (그리고 놀랍게도 일반적으로 이해할 수 있는 방식으로) 설명하고 있다. 토르 네트워크는 그 이후로 계속 발전해 왔다. 2004년 말이 되자 노드의 수는 100개가 넘었으며, 3개 대륙으로 퍼져 나갔다. 같은 해에 '숨겨진 서비스' 기능들이 활성화되었다. 먼저 미래의 .onion 주소를 수집할 히든위키가 만들어졌다. 이렇게 볼 때 2004년이야말로 .onion 다크넷의 실제 출생연도라고 할 수 있을 것이다.

로저 딩글딘, 토르의 두뇌를 보충하다

오늘날에도 여전히 권위 있는 2004년의 이 논문은 최초의 개발팀이 작성한 것이 아니다. 1999년 어니언 라우팅에 관한 연구는 대부분의 기고자들이 해군연구소를 떠났기 때문에 강제로 중단되어야 했다. 시버슨은 떠나지 않고 곧 대체자를 찾았다. 2000년 워크숍에서 그는 재능 있는 개발자 로저 딩글딘을 만났는데, 그는 명문 MIT를 막 졸업하고 익명의 온라인 출판 시스템에 대해 학위 논문을 쓴 사람이었다. 시버슨이 연대기에 기록했듯이 이 만남을 통해 토르의 향후 개발을 위한 씨앗이 뿌려졌다. 시버슨은 토르에서 함께 일하도록 젊은 졸업생을 설득했으며, 나중에는 같은 MIT 졸업생인 닉 매슈슨(Nick Mathewson)을 끌어들이는 데도 성공했다. 두 명의 새로운 파트너와 함께 삼두마차가 만들어졌고, 그때부터 특히 로저 딩글딘은 토르의 아버지이자 토르의 공개적인 얼굴이 되었다.

1999년에 이 프로젝트가 중단된 것은 인력 부족 때문만이 아니라 자금이 소진되고 새로운 지원이 없었기 때문이기도 하다. 토르는 국립 해군연구소에서 개발되었지만 계속 갱신되는 프로젝트 기금에 의존했다. 처음에는 해군연구소의 재원에만 의존했으나 나중에는 군사 연구 기금을 지원하는 DARPA가 다양한 프로그램을 통해 자금을 지원했다. 소프트웨어의 버전 1 또는 버전 2의 추가 개발, 보안 개선 또는 히든 서비스 개발에 대한 매우 구체적인 개별 프로젝트에 자금이 주어졌다. 딩글딘과 매슈슨이 동참하게 되면서 해군연구소는 개발 아웃소싱을 시작했으며, 해군연구소 체제가 아닌 외부에서의 운영이 시작되었다. 2004년에 선보인 2세대 토르 소프트웨어의 작업 대부분은 로저 딩글딘의 컨설팅 회사인 모리아 리서치 랩(Moria Research Labs)과 해군연구소와의 계약을 토대로 이루어졌다.

토르의 목적은 초기 연구자들의 발언에서 알 수 있듯이 명백하게 군사적이었다. 1997년 최초의 토르 연구보고서(Tor Paper)는 다음과 같이 언급한다. "군 통신 장비가 점점 공공 통신의 인프라에 의존하게 되기 때문에, 이 인프라를 트래픽 분석에 반하는 방식으로 사용하는 것이 중요하다. 예를 들어 공개 데이터베이스에서 정보기관과 관련된 중요한 정보를 수집할 때 익명으로 통신하는 것이 유용할 수 있다." 해군연구소의 초기 개발팀에 있던 컴퓨터 과학자 마이클 리드의 발언은 매우 구체적이다. "온라인 라우팅의 발명 뒤에 숨겨진 원래 질문은 다음과 같다. '우리는 커뮤니케이션의 소스와 목적지를 중간의 제3자가 인식할 수 없는 쌍방향 인터넷 시스템을 구축할 수 있는가?' 그 목적은 군사와 정보기관이 사용하는 것이었다." 그것은 압제 국가에 저항하는 사람들을 돕자는 것이 아니다. 범죄자들이 전자적 흔적을 지울 수 있게 하거나, "10살짜리 어린이에게 포르노 방지 필터를 우회하는 가능성을 제공하려는 것도 아니다". 물론 그들은 이 기술이 불가피하게 이렇게 사용되리라는 것을 알았지만, 군사 정보기관의 문제와 비교할 때 해결해야 할 문제는 아니었다.

수년간 토르의 개발에 동참하고 많은 다른 참여자들을 알게 된 독일 양파 친구들협회의 모리츠 바르틀은 토르가 실제로 첩보 기관과 군대에 큰 전략적 이점을 가졌다는 것은 하나의 신화에 가깝다고 생각한다. 토르의 발명가이자 창시자인 폴 시버슨은 실제로 미국 비밀 요원들의 익명성에 대한 배려가 아니라, 연구에 대한 욕구와 새로운 암호화 기술의 가능성을 탐색하려는 욕망에 의해 이를 수행한 것 같다. 다만 그는 그 기술을 군 후원자들의 요구에 적합하게 만드는 시나리오를 만들었을 수 있다. 바르틀은 더욱 그럴듯하게 설명한다. "미국에서는 연구비가 종종 군대와 좋은 설비를 갖춘 연구기관으로부터 나온다. 유럽에는 대규모 연구 집단에서 많은 일이 진행되지만, 미국에서는 연구와 직원 채용을 위해 정부의 자금이 필요하다. 원래 군대에 의해 자금이 지원되었던 많은 개발이 오늘날 비군사적 목적으로 사용된다." 인터넷의 개발도 핵전쟁 동안에 안정적으로 가동되는 군사 네트워크가 필요하다는 명목으로 자금이 조달되었다. 시버슨은 토르의 경우 이 모든 것이 해군연구소가 그것에 그토록 큰 관심을 갖고 있었던 이유일 수 있다고 설명했다.

토르는 개방되어야 한다

1997년에 나온 첫 번째 보고서에서 이미 토르가 다른 영역을 위해 개방되어야 한다는 주장이 제시되었다. 2004년 강의에서 딩글딘은 그 논리를 다음과 같이 설명했다. "미국 정부가 모든 사람을 위한 익명화 시스템을 운영할 수는 없으며, 그렇게 되면 그것을 그 자체로 사용할 수가 없다. 네트워크를 사용하는 사람들이 있다 하더라도 익명화 시스템에 접속할 때마다 '아, 이것은 미국 중앙정보국(CIA) 에이전트야'라고 말할 것이다." 이 논리에 따르면 기술 분야에서 '위장용 트래픽'이라는 것이 필요하다. 바로 전혀 다른 사용자의 접속과 데이터 패킷이 그것으로, 이를 통해 정보기관과 수사 당국의 활동이 가려질 수 있다.

미 해군연구소 출신의 시버슨과 장래가 촉망되는 대학 졸업생 딩글딘과 매슈슨으로 이루어진 2차 팀은 이제 이 아이디어를 구현하기 시작했다. 토르 네트워크는 2003년에 이미 공개되었으며 코드는 오픈소스 소프트웨어로 풀렸다. 이제 제도적 연결을 끊기 위해 공식적으로 토르와 해군연구소를 분리해야 했다. 토르는 비영리·비정부 조직으로 계속 존재할 것이었다. 이 권한이 관할 당국에 의해 공식적으로 승인을 받으면서, 미국 인터넷 비정부기구인 전자프런티어재단(EFF: Electronic Frontier Foundation)이 2004년 말부터 두 개발자에 대한 자금 조달을 맡았다. 2006년 12월에 때가 왔다. 딩글딘, 매슈슨과 몇몇 사람들은 공식적으로 매사추세츠주 보스턴시에 기반을 둔 비영리 단체인 토르 프로젝트를 출범시켰다.

2004년 말 약 100개였던 노드가 2017년 현재는 7000개가 되었고, 하루에 200만 명 이상이 토르를 이용하게 되었다. 2016년 토르 프로젝트에는 16명의 정규직 직원이 있고 약 12명의 외부 프리랜서 '계약자'가 계약하에 조직을 위해 일하고 있다. 2015년 말부터 이전에 전자프런티어재단의 책임자였던 샤리 스틸(Shari Steele) 변호사가 공정하고 효율적으로 조직을 이끌어왔다. 토르 프로젝트에 따르면 직원 급료는 업계의 일반적인 기준보다 낮은 수준이었다. 2015년 두 개발자 매슈슨과 딩글딘은 1년에 13만 5000달러를 받았고, 그 외의 사람들은 조금 덜 받았다. 그러나 이 해에 조직에는 일시적으로 경영자가 없었다. 오랫동안 구직자를 찾은 후에 지금의 대표이사 샤리스틸이 왔다. 그녀는 12월 초까지 출근하지 않아 2015년 연차 보고서에 급여가 표시되지 않았지만 스틸의 전임 앤드루 루먼(Andrew Lewman)의 2014년 기본 급여는 15만 달러였으니 조금 더 높을 수 있다.

미국 시애틀에 본사를 둔 토르 프로젝트 주식회사(The Tor Project, Inc.)는 토르 프로젝트의 기둥 중 하나다. 두 번째 큰 기둥은 초국적 커뮤니티다. 이것은 미국 위키미디어 재단과 같은 '공식적인' 조직 지부와 독일 위키미디어 협회와 같은 국가 부서로 구성된 위키피디아의 구조와 유사하다. 위키미디어 재단에는 필수 소프트웨어를 개발하고 개념 과정을 설정하는 정규직 직원이 있다. 반면, 세계의 절반에 가까운 곳에 걸쳐 온라인 백과사전의 콘텐츠를 작성하는 느슨하게 조직된 커뮤니티가 있다.

토르의 대략적인 업무 분담은 다음과 같다. 토르 프로젝트는 토르 브라우저와 다크넷 확장의 기반이 되는 소프트웨어를 담당한다. 반면에 커뮤니티는 수천 개의 토르 노드로 하부 구조를 제공한다.

양파친구들협회의 모리츠 바르틀에 의하면, 전문직과 커뮤니티가 결합된 구조를 가진 위키피디아나 다른 유사한 프로젝트들과의 차이점은 아마도 토르가 대학에 강력한 연결고리를 갖는다는 것일 것이다. "커뮤니티의 약 절반에 가까운 사람들이 학문적 배경을 갖고 있다. 그들은 여러 국가에 있는 대학의 학과에서 일하고 있다. 토르에는 비공식적인 과학 자문위원회가 있다고 말할 수 있다." 이런 과학자들은 연구들을 통해 토르의 보안 문제에 주의를 기울이고, 추가 개발을 위한 아이디어를 제안하고, 때로는 구체적인 프로그래밍 모듈 형태까지도 제시한다. 연구 커뮤니티로부터 좋은 의견이 나오면, 토르 프로젝트는 그것을 기꺼이 받아들일 것이다.

프로젝트와 커뮤니티 간의 협력의 중심에는 정규직 직원과 커뮤니티의 일부가 기술과 조직의 질문에 대해 토론하며 반년마다 장소를 바꿔가면서 개최되는 회의가 있다. 2017년 봄에는 120명이 참가했다. 다른 소통과 의사 결정 채널은 다양한 메일링 리스트로, 대부분 공개적이고 모든 사람이 접근할 수 있다. 오류 메시지와 변경에 대한 제안들은 토르 웹사이트의 버그트래커(Bugtracker)라는 데이터베이스에 수집된다. 모든 기록에 '티켓'이 주어지는데, 이 티켓이 다른 사람들에 의해 선택되어 논의된다. 토르 홈페이지의 위키에는 토르 회의 보고서와 다양한 다른 서류들이 업로드되어 제공된다. 전 세계 토르 프로젝트 커뮤니티는 약 3000명으로 구성되어 있다고 추정된다.

군사 프로젝트에서 시민사회 프로젝트로의 전환은 오늘날 성공적인 것으로 보인다. 이 조직은 우수한 것으로 명성이 높다. 거기에서 일할 수 있는 행운을 얻은 사람들은 네트워크 커뮤니티와 해커 커뮤니티의 컨퍼런스에서 환영받는 손님들이다. 중요한 시민단체들인 '국경없는기자회', 인권 단체인 국제인권감시기구(Human Rights Watch), 통신 네트워크 라이즈업과 같은 좌파 기술 단체 등이 토르 소프트웨어를 추천한다. 비밀 누설을 통해 미국 국가안보국이 전 세계 인터넷 트래픽을 광범위하게 감시한다는 사실을 공개한 후에 미국에서 공공의 적 1위를 차지한 에드워드 스노든도 토르의 팬이다. 무엇보다도 오늘날 토르는, 스노든 이래로 잘 알려진 것처럼 디지털 삶의 표현을 수집·저장하고 평가하기를 원하는 정부의 지배권 주장에 대한 무정부주의적인 대응 프로젝트로 여겨진다.

이것은 토르 프로젝트의 첫 번째 흥미로운 역설이다. 군대와 정보기관이라는 환경에서 태어난 이 아이디어는 이제 시민사회적 프로젝트가 되어 그들이 정부와 대형 네트워크 회사가 주장하는 디지털 전능성에 꼼짝없이 잡혀 있지는 않다는 느낌을 준다.

자금을 끌어들이는 문제

토르의 두 번째 모순은 토르가 등록된 비영리 단체로서 공식적으로는 독립적이지만 토르 소프트웨어의 유지 관리 그리고 개발과 직원 급여를 위한 자금의 대부분은 토르가 보호받기를 원하는, 대담하고 대대적인 규모의 감시 프로그램들을 보유한 미국 정부로부터 지원받는다는 것이다. 이것은 또한 국가 감시에 대해 가장 두드러지고 특히 효과적으로 작동하는 대항 프로젝트가 간접적으로 정부의 자금으로 생존한다는 것을 의미한다. 이러한 부조리한 상황은 아마도 다크넷 자체만큼이나 정신분열적일 수 있을 것이다.

이런 정보는 오래전부터 제공되었으며, 비영리 단체로서 토르 프로젝트가 매년 제출해야 하는 연례보고서에 포함되어 있었다. 그러나 오랫동안 이것이 실제로 문제가 되지는 않았다. 이것이 어떻게 가능한가? 2014년 7월,

미국 언론인 야샤 레빈(Yasha Levine)은 그의 판도닷컴(Pando.com) 매체에 서술한 장문의 분석에서 토르 재무보고서의 수치를 집계하고 자금을 대는 당국을 설명하며 그 의미에 질문을 제기했다. 그는 토르 프로젝트가 전자프 런티어재단으로부터 단기간 자금을 지원받은 이후에 어떻게 대부분의 자금 이 정부 기관과 소관 부처에서 지속적으로 나왔는지 보여주었다. 레빈의 연 구는 그가 토르의 이 취약한 부분에 사람들이 관심을 가지게 했다는 사실에 분노한 네트워크 활동가들 사이에서 작지만 격렬한 파문을 일으켰다.

2015년 토르 프로젝트 연례 보고서에서 알 수 있듯이 상황은 근본적으로 바뀌지 않았다. 연구 책임자 로저 딩글딘은 보고서를 게시하기 위해 블로그 게시물을 작성했다. "개인 후원과 기타 비정부 단체로부터의 2015년 수입은 2014년보다 더 높지만 여전히 10~15% 수준에 머물러 있다." 자금의 85~90%는 정부 자금이다.

2015년 토르 프로젝트는 총 매출이 330만 달러로 전년 대비 약 4분의 1이 증가했다고 보고했다. 토르 회사는 2015년에 290만 달러를 지출했으며 그 결과 40만 달러의 흑자가 발생하여 토르 프로젝트의 예비비로 들어갔다. 직 원의 급여는 110만 달러, 나머지는 주로 IT 분야의 외부 서비스와 계약, 회 계 업체 고용과 출장 경비에 사용되었다.

딩글딘은 이 프로젝트의 중요성과 관련된 사람들의 많은 수를 고려하면 토르 프로젝트의 예산은 소박하다고 블로그 게시물에서 자랑스럽게 말했 다. '우리의 적'이 세상을 더 위험하고 덜 자유로운 곳으로 만들기 위해 지출 하는 재정과 비교해 본다면 토르의 예산은 보잘것없다는 것이다.

330만 달러 중 14%는 선물, 보조금, 장학금 등과 같은 '기타' 수입으로 더 이상 설명하지 않았다. 그것은 딩글딘이 언급한 10~15%의 비정부 자금일 것이다. 수익의 86%가 '프로그램 서비스 수익'이라는 영역으로 계상되었으 며, 여기에는 네 후원자가 표시되었다.

국무부 예산에서 가장 많은 총 96만 달러(29%)가 나왔다. 이 중 86만 달러는 노동부 하위 부서인 민주인권노동국(DRL: Bureau of Department of Democracy, Human Rights and Labor)에서 나왔으며, 자체 발표에 따르면 이 부서는 전 세계 민주주의와 인권을 증진시키고자 한다. 인터뉴스(Internews)는 추가로 10만 달러를 지급했다. 그러나 보고서에 따르면 이는 DRL을 '창구'로 하는 보조금이라고 한다.

89만 달러(27%)를 지불한 두 번째로 큰 후원자는 정부의 모든 비군사 방송 프로그램을 책임지는 주 방송위원회(BBG: Broadcasting Board of Governor)에 속한 국영 해외 방송사 자유아시아방송(Radio Free Asia)이다. 이 기관은 공식적으로 어떤 부서에 종속되지 않으며 미국 의회에서 직접 예산을 받는다. 그러나 장관들의 대리인들이 자문위원회에 직위를 갖고 있다. 자유아시아방송은 중국과 북한을 포함한 다양한 아시아 국가를 위한 콘텐츠를 제작한다.

72만 달러(22%)는 독립적인 대학 연구소지만 실제로는 정부 연구 자금에 크게 의존하며 그중 3분의 2를 국방부에서 제공하는 스탠퍼드 연구소(SRI: Stanford Research Institute)와의 계약에 따라 지급된다. 지난 2년 동안 최종 보고서에는 스탠퍼드 연구소 기금은 "해군 명령, 통제, 통신, 컴퓨터, 정보, 감시, 정찰과 관계되는 분야의 국제 기초 및 응용 분야 연구"로서 "승인된" 보조금이므로 국방부에 속한다고 밝혔다. 이런 언급은 더 이상 존재하지 않는다. 자금의 85~90%가 정부 자원에서 나온다는 로저 딩글딘의 말은 스탠퍼드 연구소의 보조금을 포함하여 계산할 경우에만 말이 된다. 토르 프로젝트의 전 대변인이며 커뮤니케이션 책임자였던 조슈아 게이(Joshua Gay)는 이와 관련된 질문에 다음과 같이 간단히 대답했다. "이것도 '창구' 자금인 것은 맞다고 생각한다."

마지막으로, 연방 재정으로부터 지원을 받는 학술 기금 협회인 미국 국립 과학재단(NSC: National Science Foundation)으로부터 약 23만 달러(7%)의 소액을 지원받는다. 하지만 이 보조금은 자체적으로 운용하는 기금에서 나오는데, 이는 독일연구재단(Deutschen Forschungsgeme)과 비교할 수 있다.

블로그 게시물에서 딩글딘은 정부의 자금 제공자와의 이러한 계약이 어떤 형태인지 설명한다. 두 가지 변형이 있으며, 그 가운데 하나는 일종의 환급 모델인데, 그들은 돈을 어떻게 소비했는지를 입증해야 한다. 이것은 국무부와 국립과학재단의 자금이 작동하는 방식이다. 두 번째 모델은 합의된 조건을 기반으로 한다. 수행해야 할 특정한 과업을 후원자와 협상해야 하며 이에 따라 전체 지원금의 규모가 정해진다. 조건을 충족하면 고정 금액이 지급된다. 토르 프로젝트는 자유아시아방송과 스탠퍼드 연구소의 자금을 기반으로 하는 이 모델에서 더 큰 재정적 독립성을 가지고 있다. 실제 들어가는 비용이 과소평가되는 경우 조직은 그 차이를 감당해야 한다.

"정부가 우리에게 뭔가 사악한 일을 하게 하고, 그에 대해 재정적 후원을 하기 때문에 우리에게 접근하는 것이라는 두려움을 가진 사람들을 위해" 딩글딘은 지원금 신청이 어떻게 작동되는지 덧붙여 설명한다. 먼저 토르 프로젝트가 진행되는 지역에서 일반적으로 활동하는 재정적 후원자들을 주시한다. 그리고 당신이 하고 싶은 일과 그 비용이 얼마나 드는지에 대한 상세한 계획을 후원자들에게 가져가서 그들이 동의하기를 희망한다. "누군가가 다가와서 내가 Y 프로젝트에 대해 X 달러를 지원하겠다고 말하는 일은 결코 벌어지지 않을 것이다."

토르 프로젝트의 자금은 계약과 보조금에서 비롯되며 그중 일부는 매우 구체적인 개별 프로젝트와 관련이 있다. 재무 보고서는 자세한 것을 밝히지 않는다. 그러나 미국 비정부 조직인 전자 프라이버시 정보센터(Electronic Privacy Information Center: EPIC)는 토르 후원자인 주 방송위원회가 토르 프로젝트에 공여한 자금의 세부 목록을 공개하도록 강제했다. 미국의 정부와 기관은 비밀로 분류되지 않는 문서의 경우 요청이 있다면 당국이 공개해야 한다는 미국 정보자유법에 근거하여, 전자 프라이버시 정보센터는 정부가 토르에 지원한 예산을 공개하도록 압박한 것이다. BBG가 버티면서 답변 기한을 넘겼지만 EPIC는 간신히 자신의 요청을 관철할 수 있었다. 당국은 2013년 9월 토르 프로젝트의 작동 방식과 후원자의 지원 관행을 일별할 수 있게 해주는 75페이지의 PDF 문서를 공개했다.

이 문서에 따르면 2012년의 경우는 다음과 같은 비용이 산출될 수 있었다. 토르 브라우저를 개선하기 위해 두 사람이 고용되었고 하드웨어를 구입하는 비용으로 21만 5000달러가 지출된다. 토르 프로젝트는 이상적인 경우 소기업 사업주에 의해 제공되고 북미, 유럽, 아시아, 아프리카와 남미 등 전 세계에 분포하는 125개의 새롭고 강력한 토르 노드를 확보하고자 한다. 이를 위한 비용은 22만 5000달러다. 또한 75개의 브리지 서버가 추가로 구비되어, 인터넷 검열 시 노드가 차단될 경우에도 토르에 접근할 수 있도록 한다. 비용은 13만 5000달러에 달한다.

토르 프로젝트 창립 이래로 세 후원처, 즉 주 방송위원회, 국무부와 국방부가 직접 또는 '창구' 보조금을 통해 자금을 지원했다. 다른 곳들로부터의 더 적은 후원도 있었다. 2011년 스웨덴 개발원조기관인 시다(Sida)는 28만 달러를 기부했다. 그러나 이러한 대체 자금원은 일반적으로 사소한 역할을 했다.

미국 해외 송금자로부터의 자금

토르 프로젝트에 대해 가장 큰 목소리로 비평하는 언론인 야샤 레빈(Yasha Levine)은 후원자 중에 특히 주 방송위원회에 관심이 있다. 방송위원회는 토르 프로젝트 설립 이후 매우 일찍 계획에 참여했고 2007년에서 2014년 사이에 토르에 직접 또는 자회사를 통해 520만 달러를 지원했으며, 레빈이 조사한 바에 의하면 모든 개별 지급이 실제로 토르 프로젝트의 재무 보고서에 나타난 것은 아니라고 한다.

이 기관은 토르 자금 조달의 딜레마를 가장 생생하게 보여준다. 레빈의 설명에 따르면, 주 방송위원회(BBG)는 냉전 초기 단계에 만들어졌으며 이름이 때에 따라 바뀌었다. 이 기관은 새로 설립된 CIA의 일부로서 공산주의 정부와 다른 적들과 맞서는 '심리전'을 담당했다. 이 기관은 다양한 라디오 방송국과 신문, 잡지, 연구소를 설립하여 각 대상 국가의 여론에 영향을 미치며 미국 정부의 이익을 위한 힘의 변화를 촉진하고자 했다. 예를 들어 자유유럽방송(Radio Free Europe)과 라디오 리버레이션(Radio Liberation)은 '철의 장막'의 동쪽 국가들을 위한 콘텐츠를 제작했으며 특히 자유아시아방송은 중국을 주목했다. 라디오 쿠바(Radio Cuba)와 미국의 소리(Voice of America)도 있었다.

레빈에 따르면 1970년에 CIA는 이 해외 정보기관과 논쟁의 여지가 있는 작전들, 그리고 더 나은 세상을 위한 대변자를 자처하는 라디오 방송국들 사이의 관련성이 알려지면서 공식적으로 이 해외 미디어 운영을 철회했다. 그 대신에 의회가 이 프로젝트에 자금을 지원했다. 그 후 미국 정부는 이 기관을 레빈이 말하는 것처럼 "연방정부가 지원하는 대규모 선전 기계"로 만들었다.

CIA가 시작한 다양한 개별 프로젝트의 이름은 계속 바뀌었다. 1999년 빌 클린턴(Bill Clinton) 대통령은 이런 프로젝트들을 일종의 지주회사인 주 방송위원회의 산하에 두고 재조직했다. 오늘날 BBG는 더 이상 CIA의 비공개 자금을 지원받지 않지만 '소프트파워' 행위자로서의 역할은 거의 바뀌지 않았다고 레빈은 말한다. BBG와 그 부서들은 미국의 이해와 상충되는 것으로 여겨지는 해외 국가와 정치 운동에 대한 심리적이고 선전에 기반을 둔 전쟁에 여전히 관여하고 있다.

레빈에 따르면 BBG는 군대와 특히 보수적인 '네오콘(Neo-Cons)'에 의해 운영된다. 그리고 오늘날에도 여전히 미디어 네트워크가 있다. 자유유럽방송과 라디오 리버티(Radio Liberty)는 러시아 사람들과 우크라이나, 세르비아, 조지아, 아르메니아와 같은 일부 구소련 국가들에게 12개 이상의 언어로 방송한다. 라디오 쿠바, 이란을 대상으로 하는 라디오 파르다(Radio Farda), 이라크, 레바논, 리비아, 모로코, 수단을 대상으로 하는 라디오 사와(Radio Sawa), 중국, 북한, 라오스와 베트남을 목표로 하는 자유아시아방송이 있다.

레빈이 설명했듯이 BBG는 기술 지원을 위해 활동을 확대했다. 레빈의 조사에 따르면 2007년에서 2014년 사이에 토르 프로젝트로 유입된 500만 달러 이상은 BBG 자회사인 국제방송국(IBB: International Broadcasting Bureau)을 통해 직접적으로, 그리고 다른 자회사인 자유아시아방송을 통해 간접적으로 지불되었다. 2013년부터는 새롭게 발족한, 자유아시아방송의 자회사인 오픈 테크놀로지 펀드(Open Technology Fund)를 통해서도 지원받는다.

그 자신의 표현에 따르면 이 오픈 테크놀로지 펀드는 "미국 의회가 포기한 인터넷 자유에 대한 전 세계적 의무를 이행"하는 임무를 수행한다. 이 프로젝트는 토르 프로젝트 외에도 유사한 딜레마가 있는 다른 오픈소스 프로젝트에 자금을 지원한다. 그들은 정부 감시와 검열에 대항하는 효과적인 무기 역할을 하지만 스노든 이후 과도한 감시열로 잘 알려진 미국 정부로부터 재정적 지원을 받는다. 오픈 위스퍼 시스템(Open Whisper Systems)은 230만 명이 사용하며 암호화된 텍스트와 음성 애플리케이션을 사용할 수 있고, 하이퍼 익명 모바일 메신저인 텍스트시큐어(TextSecure)와 시그널(Signal) 그리고 널리 사용되는 왓츠앱(WhatsApp)에서 사용된다. 30만 달러는 위키리크스와 같은 내부고발자 플랫폼을 구축하는 데 사용할 수 있는 소프트웨어 솔루션인 글로벌리크스(GlobaLeaks)에 지원되었다. 토르 프로젝트는 2013~2016년에 약 310만 달러를 지원받았다(최신 수치는 오픈 테크놀로지 펀드 웹사이트에서 이미 확인 가능하다). 토르 소프트웨어에서 중요한 역할을 하는 가디언 프로젝트(Guardian Project)는 현재 약 90만 달러에 달하는 재정적 지원을 받았다. 영국 신문 ≪가디언≫과는 아무 관련이 없는 이 프로젝트는 안드로이드 모바일 운영 체제용 토르 앱을 포함하여 다양한 익명화 애플리

케이션을 프로그래밍한다. 이러한 자금 지원 외에 '법률 연구소(Legal Lab)'
는 법률 질문에 대한 무료 지원을 제공하며 오픈 테크놀로지 펀드의 지원을
받는 프로젝트들은 해당 펀드가 운영하는 클라우드 인프라를 애플리케이션
을 통해 사용할 수 있다.

역설적인 상황

비정상적인 상황이 전개되고 있는데, 그 모순이 토르 프로젝트에서 가장
두드러지게 드러난다. 토르 소프트웨어는 국가의 감시 욕망을 최악의 적으
로 간주하며, 정체를 알 수 없는 무정부주의자들인 토르 팬들은 이를 감시
의 욕망을 불태우는 미국 국가안보국의 외피에 구멍을 내는 가시로 간주한
다. 그러나 토르 직원의 급여는 국가안보국이 속한 정부의 자금으로부터 거
의 독점적이며 간접적인 방식으로 지불되고 있다.

레빈은 이런 상황에 대해 위선적인 것이라고 여겨 독설을 퍼붓는다. 독일
시사 잡지 《콘크레트(Konkret)》와의 인터뷰에서 그는 다음과 같이 질문한
다. "정부는 왜 이것에 자금을 지원하는가? 어떻게 토르 프로젝트에서 일하
는 사람들이 6자리 숫자나 되는 급여를 받으며, 정부에 대항하는 급진적 반
대자라고 주장할 수 있다는 말인가?" 정부의 관점에서 그는 외교정책적인
경쟁, 특히 소련 붕괴 이후의 새롭고 심각한 적국인 중국과의 외교적 경쟁
에서 토르가 '소프트파워 무기'로 사용된다고 여긴다. "그래서 자유아시아방
송은 특히 인터넷에서 다시 생명력을 얻었다. 그러나 중국은 이러한 웹사이
트의 IP 주소를 매우 간단히 차단할 수 있다. 미국 정부는 중국의 이런 검열
을 피할 수 있는 기술이 필요했다. 그리고 토르는 최고의 솔루션이었다. 이
것은 미국인들이 중국의 방화벽을 깨고 넘어설 수 있게 하는 일종의 지렛대
였다." 실제로 중국은 검열을 통해 토르 노드도 막을 수 있고 중국에서는 토
르 사용 시도가 순식간에 당국의 주목을 끌어 권장되지 않기 때문에 이런

효과는 실제로는 매우 제한적으로만 작동한다. 따라서 실제 목적은 전 세계의 패권 세력들이 디지털 무기 경쟁을 벌이게 하여 '비용을 발생시키는 전략'에 가깝다.

레빈은 토르 비평가들 사이에서 논의되는 '꿀단지' 가설도 언급한다. 이가설은 정부 기관들이 대규모 감시 자원을 동원하여 토르 사용자들을 노출시킬 수 있다는 가정을 기반으로 한다. 그것이 모형 실험들에서 달성되었다고 주장하는 학문적 연구 결과가 일정한 간격을 두고 나오고 있다. 이에 대한 토르 프로젝트의 답변은 대개 블로그 게시물로 올라오는데, 이것이 현실에서 찾기 어려운 이상적인 조건에서 이루어진 제한적인 실험이라는 사실을 지적하며 그러한 결과의 의미에 의문을 제기한다. 6개월 이내에 토르 사용자의 80%를 식별할 수 있다는 한 연구 결과는 커다란 파장을 불러일으켰다. 그것이 특히 폭발력이 있었던 것은 그 연구가 토르의 발명가이자 지금도 해군연구소에서 여전히 일하는 폴 시버슨으로부터 나온 것이었기 때문이다.

'꿀단지' 가설에 따르면 토르는 의사소통을 비밀로 유지해야 할 충분한 이유가 있는 모든 사람들을 끌어들이는 '꿀단지'일 수 있다. 그런 다음 단일 소프트웨어인 토르를 해독하기만 하면 특히 매력적인 감시 대상으로서 미리 필터링된 그룹에 접근할 수 있다. 레빈은 2016년 11월 ≪콘크레트≫와의 인터뷰에서 그것이 정부가 토르에 재정을 지원하는 이유에 대한 충분한 설명이 되는지는 분명하지 않다고 밝혔다. 그것은 토르를 이용하는 수많은 범죄가 있었음에도 토르가 아직 폐쇄되지 않은 이유를 이해할 수 있게 한다.

이들은 모두 추측이며, 그 타당성을 두고 논쟁이 있을 수 있다. 그러나 분명한 설명이 필요하며 자체 신뢰성에 흠집을 내는 이런 사태를 토르 프로젝트는 어떻게 다루고 있는가? 최대한 포괄적으로 디지털 커뮤니케이션을 읽고 분석할 수 있는 감시 프로그램에 대해 거대한 자원을 쏟아붓고 있는 국가가 동시에 그런 감시가 불가능하다고 주장하는 소프트웨어에 자금을 지원한다는 것인가?

토르 지휘부는 이것이 미국 정부와 비영리 토르 프로젝트 사이에서 자금 지원이 가능하고 문제가 되지 않도록 이해관계가 기적적으로 중첩된 결과라고 생각하는가? 그들은 실제로는 국가의 이익에 반하는 기술을 국가가 후원하게 함으로써 국가를 속이고 있다고 생각하며 몰래 웃고 있는가?

토르 프로젝트 대변인과 이야기를 나눈 이후에도 자금 조달(과 여러 다른 주제들)에 대한 토르 프로젝트의 관리에 제기되는 의문은 여전히 해결되지 않은 채 남아 있다. 토르 프로젝트가 정부 자금을 어느 정도로 문제라고 보고 있는지 질문했을 때, 대변인은 놀랍게도 몰정치적이면서 모호한 방식으로 대답했다. "국가적 지원을 신뢰할 수 없는 이유는, 예산 삭감에 의해 지원금과 보조금이 줄어들 수 있기 때문이다. 우리의 목표는 재정적으로 더 지속 가능하고 정부 기금에 덜 의존하는 것이 되어야 한다."

토르 프로젝트를 이끌어 가는 사람들이 이전에 다른 곳에서 이 주제에 대해 언급한 바 있다. 앤드루 루먼 토르 프로젝트 대표이사는, 2013년 ≪워싱턴 포스트≫ 기자가 발견한 토르 사용자에게 보낸 이메일에서 토르를 지원하는 미국과 스웨덴 정부의 일부 기관은 인터넷상의 프라이버시와 익명성이라는 가치에 관심이 있으며 행정부의 이러한 모순된 행동은 가능한 것이라고 주장했다. "정부라는 것을 단 하나의 사고방식을 가진 통일된 단체라고 가정하면 안 된다." 그리고 로저 딩글딘은 국방부 기금이란 특정한 조달 계약이라기보다는 연구 보조금에 가깝다고 ≪워싱턴 포스트≫ 기자에게 말했다. 미국 정부는 토르 프로젝트에서 "제품을 구매"하는 것이 아니며, "일반적으로 더 나은 익명성, 더 나은 성능, 확장성과 검열 방지를 위한 연구와 개발을 지원하는 것이다. 우리는 모든 일을 공개적으로 수행한다." 그는 또한 정부가 토르 프로젝트에 소프트웨어 데이터와 프로세스에 접근할 수 있는 백도어를 제공하도록 요청한 적이 없다고 덧붙였다. 어쨌든 정부는 토르 프로젝트가 그러한 요청에 적극적으로 저항할 것임을 알고 있다.

외부로부터의 분류는 어렵다. 토르 프로젝트와 후원자 사이에 의심스럽고 구체적인 대가나 부정한 거래가 있었는지는 알려지지 않았으며 심각한 징후도 없다. 2013년에 주 방송위원회의 전자프라이버시정보센터가 시행한 문서의 공개는 자금을 조달한 개별 프로젝트에 대한 자세한 설명을 제공했지만 다른 두 가지 문제에 대해서는 언급하지 않았다. 이 비정부 단체는 또한 BBG에 의해 운영될 수 있는 토르 노드 또는 BBG에 의한 토르 소프트웨어의 수정과 관련된 문서를 요청했다. 그런 질의에 대해 조사를 담당한 BBG 간부는 두 주제에 대한 문서가 발견되지 않았다고 발표했다.

정부와 행정 기관에는 여러 부서가 있으며, 이들이 사실 근본적으로 서로 상이한 관심사를 추구할 수 있다는 것을 배제할 수는 없다. 한편으로는 국가의 어떤 기관은 정보기관으로부터 가장 포괄적인 정보를 모호한 수단으로라도 얻어내고자 노력한다. 다른 한편으로, 인터넷 프라이버시 가치와 세상의 선(善)을 믿는 공무원이 있다. 이들의 장점과 단점을 따져본다면 정부 편에서는 장점이 더 많을 수 있다. 그렇다. 토르는 한편으로는 NSA, 여타의 당국과 정보기관들의 통신 감청 업무를 어렵게 한다. 다른 한편으로, 토르 프로젝트와 같은 조직을 지원하는 것은 많은 모순이 있음에도 불구하고 미국이 개인의 자유를 위한 권리와 민주주의를 지원한다는 좋은 이미지를 줄 수 있다. 전 세계 사람들이 인터넷 검열에도 불구하고 페이스북과 같은 서비스를 이용할 수 있다면, 토르를 지원한다는 것은 전략적으로 이익이 되는 일이다. 실리콘 밸리(Silicon Valley)에서 대규모 인터넷 서비스를 제공하는 기업들은 한편으로는 사용자에게 실용적인 도구를 제공하고, 다른 한편으로는 수많은 이용자들에 대한 수많은 데이터를 수집하여 미국 국가안보국의 눈과 귀 역할을 한다.

아마도 정부는 단순히 실용적인 접근방식을 취하고 있는 듯하며 현재 상황은 그들에게 돌아가는 이익이 더 크다. 다른 발전이 이루어지기 전에 우선 자국의 자금으로 발전을 지원하는 것이 좋다. 실제로 초창기에는 인터넷 트래픽의 익명화를 위해 경쟁을 붙여보는 접근방식이 있었다. 토르가 여전히 프로토타입이었던 1998년 초, 제로 날리지(Zero Knowledge)라는 이름의 캐나다 회사는 '프리덤 네트워크(Freedom Network)'를 시작했다. 토르 발명자 폴 시버슨이 토르의 초기 연대기에서 서술하고 있는 것처럼 이 기술은 어니언 라우팅과 많은 공통점이 있었다. 하지만 이 회사는 단지 유료 사용자만 접근할 수 있게 하는, 다분히 상업적인 기업이었다. 2000년 드레스덴 공과 대학에서 개발된 Jap(Java Anon Proxy)는 온라인으로 연결되었으며 토르 어니언(Tor-Onion)의 원리와는 방법적인 측면에서 매우 달랐지만 마찬가지로 통신 파트너의 신원을 위장하는 접근방식을 추구했다. 프리덤 네트워크는 사용자가 너무 적었으며, 서비스의 수익성이 저조하여 2001년에 운영이 중단되었다. 그리고 학문적 용도로 운영되던 Jap은 2000년대 독립 네트워크로 사실상 이용이 중단되었다. 토르는 초기에 직원을 고용하고 나중에 정부 자원으로 자금을 조달한 것이 분명한 역할을 했다. I2P 또는 프리넷(Freenet)과 같은 기술로 경쟁하는 다크넷도 있다. 하지만 이들은 .onion보다 대중의 주목을 덜 받는다(부록 참조). 많은 비영리 네트워크 프로젝트들이 토르 프로젝트와 같은 확고한 재무 기반의 결여로 어려움을 겪고 있다.

정부와 토르 프로젝트와의 비뚤어진 거래가 없다 하더라도, 토르가 세계에서 가장 중요한 익명화 네트워크가 되었다는 점에서 현재 상황은 여전히 미국 정부에 유리하다. 정부에는 토르 소프트웨어의 기술적 기반과 관련하여 상당한 전문성이 있다. 토르 소프트웨어가 국가 기관에서, 말하자면 '내부'에서 개발되었기 때문이다. 당신은 최소한 지원금 확대와 관련하여 토르 프로젝트 직원에게 접근할 수 있다. 또한 개별 프로젝트를 위한 정규 응용 프로그램을 통해 문제점들과 향후 개발에 대한 정보를 정기적으로 무료로 제공받게 된다.

커뮤니티의 목소리

　토르 프로젝트 관리로부터 조직의 자금 지원에 이르기까지 토르 측의 공식적인 입장 표명이 없으므로 토르 주변과 시민사회로부터 더 많은 '토론'이 있어야 한다. 양파친구들협회의 모리츠 바르틀은 자금 조달 상황에 대해 비판적으로 질문하는 것이 매우 중요하다고 생각하지만 단지 '선과 악'이라는 이분법적 사고에는 우려를 표한다. "자금 지원 프로그램에 책임이 있는 미국 행정부에서 일하는 사람들은 사실상 어떠한 간계도 없이 다른 국가의 인터넷에 대한 무료 액세스를 지원하고 자유로운 사회를 촉진할 책임이 있다는 입장이다. 당사자들은 토르가 무엇이고, 상황이 얼마나 모순적인지 알고 있다. 그리하여 그들은 그들의 참여가 토르에 반대하는 다른 당국의 노력에 역행한다는 것도 알고 있다." 예를 들어 토르를 지원하는 자유아시아방송의 주무관청인 주 방송위원회는 주로 외국 채널의 콘텐츠에 접근할 수 있게 하는 것과 관련되는 미디어 기관이다. 토르 프로젝트를 지원하는 관계가 큰 틀에서 전략적으로 이점을 가질 수 있다는 사실은 부수적으로 다른 정부 기관이 간섭하지 않는 이유를 해명해 준다.

　또한 오픈소스 기술에 대한 다른 지원 가능성은 거의 없다는 점을 알아야 한다. 유럽에서는 정부 자금이 전통적으로 대규모 연구 프로젝트에 분산되어 있으며, 신청 과정에 시간이 많이 걸리므로 소규모 조직은 거의 참여할 수 없다. 반면에 미국에서는 정부가 관료적 기준을 낮추어 소규모 예산으로 돈을 분배한다. 유럽연합 내에서도 논의가 있었지만 아직 아무런 성과도 얻지 못했다.

　택티컬 테크의 마렉 투스진스키는 소프트웨어 툴의 자금을 조달하는 일이 얼마나 어려운지 강조한다. "토르와 같은 기구에 대한 자금 지원이 특히 유럽연합에서 더욱 다양해지기 위해 지원에 대한 더 많은 청구 옵션이 있으면 좋을 것이나, 사실 그렇지 않은 것이 현실이다." 잠재적인 자금 출처를 더 이상 다양화할 수 없다면, 당신이 해야 할 일은 기구가 무엇을 하고 있는지, 얼마나 신뢰할 수 있는지를 정확히 보는 것이다. 비상업적 기구의 경우 미국 기금의 수요가 지배적이지만, 특히 토르의 경우처럼 프로그램 코드가 개방 소스로 공개적으로 제공되는 경우 문제가 될 이유는 없다. 게다가 그것은 단순히 정치적 결정일 뿐이다. "토르는 돈의 출처에 대해 개방적이다. 그 출처가 마음에 들지 않으면 단순히 이용하지 않으면 된다."

좌파에 정치적 작업을 위한 도구를 제공하는 미디어 집단 시스템리는 그 모호성을 지적한다. "미국은 다른 모든 국가와 마찬가지로, 다양하고 모순된 관심이 뒤섞인 이질적 구조로 구성되어 있는데, 종종 한 부처의 내부에서도 그렇다. 예를 들어 국방부의 여러 부서는 일부에서는 안전한 익명의 소프트웨어를 개발하는 데 관심이 있고 다른 부서에서는 그 가치를 폄하하고자 할 수 있다."

토르 조직에 대한 시스템리의 신뢰는 매우 높으며 미 국무부 자금이 토르의 명예를 실추시킨다고 믿지는 않는다. 음모론은 말도 안 되는 것으로 간주하고, 심지어 정부 출처의 돈을 받는다는 것보다 인터넷의 보안과 익명성의 문제를 더 심각한 위협으로 여긴다. 마지막으로 그들은 토르 프로젝트가 매년 재무에 대한 투명한 보고서를 발행하지만 다른 많은 프로젝트에서는 그렇지 않다고 지적한다. 전반적으로, 그들은 여전히 광범위한 자금 기반을 갖는 것이 더 합리적이라고 생각한다. "많은 NGO, 당사자, 협회 및 개인 등이 프로젝트에 후원하는 것은 토르에 대해 논쟁의 여지가 없이 좋은 것이다. 이는 프로젝트에 더 많은 행동의 자유, 독립성, 보안을 보장하며 개별 '주요 후원자'의 잠재적 영향에 덜 취약하게 만들 것이다."

토르 프로젝트에서 민감한 부분

토르 프로젝트는 연례 재무보고서를 발표하는 것 외에도 토르가 처한 딜레마를 다소 모순되는 방식으로 취급한다는 것이 눈에 띈다. 그것을 지적하는 사람은 때때로 어려움을 겪는다. 2013년 가을 토르 프로젝트 블로그의 한 익명 사용자는 주 방송위원회에 대해 전자 프라이버시 정보센터가 요청한 정보의 자유 문제에 대한 주목을 끌어냈다. 딩글딘은 화가 나서 가명으로 대답했다. 그는 "나는 평소 EPIC의 팬이지만, 그것은 정말 어리석은 일이다"라고 썼다. BBG는 그저 새로운 노드로 토르 네트워크의 용량을 확장할 수 있도록 토르 프로젝트를 지원했을 뿐이다. 그러나 분명히 그것은 EPIC를 위해 이루어진 것은 아니다. 이런 이야기를 한 딩글딘은 계속해서 불평한다. 만약 BBG의 답변이 결국 그 기관이 자체적으로 토르 노드를 운영하지 않는다는 것을 보여주는 것이라면, 그러한 답변은 아마도 쓸모없는 일일 것이다. 그런 답변이 그저 EPIC의 '음모 이론'을 계속하여 부추길 것이기 때문이다.

토르 프로젝트가 재정적으로 정부에 의존하는 문제를 오랜 시간 동안 지속적으로 탐문하여 문제점을 지적하는 기사를 작성한 저널리스트 야샤 레빈은 훨씬 더 많은 타격을 받았다. 몇 달 후에 그는 단문 메시지 서비스인 트위터에서 주로 행해진 자신에 대한 추잡스러운 캠페인에 대해 불평을 토로했다. 토르 개발자는 그를 '반칙자 야샤(Yasha the Foul)' 또는 '바보 중의 바보(Fucktard's fucktard)'라고 묘사했다. 당시 유명한 토르 직원 야콥 아펠바움(Jacob Appelbaum)은 레빈의 기사를 '헛소리 덩어리'라고 했다. 아펠바움이 트위터에서 기사의 내용에 대해 논쟁하도록 요청을 받았을 때, 그는 레빈에게 부정직한 동기가 있다고 비난했다. "나는 말도 안 되는 문제를 쫓아다니는 바보들과 다툴 시간이 없다. 완전한 시간 낭비 아닌가."

격렬한 역풍은 토르 프로젝트와 가까웠던 조직에서도 나왔다. 어떤 네트워크 활동가는 레빈을 '고독한 음모 이론가'라고 불렀다. 민권 단체인 미국 시민자유연맹(American Civil Liberties Union)의 어떤 직원은 훨씬 더 야비한 표현으로 냉소적인 글을 썼다. "토르는 시온의 장로들이 개발한 것으로 보이고 @ioerror(컴퓨터에 발생하는 모든 오류)는 9월 11일에 책임이 있는 것으로 보인다." 'ioerror'는 야콥 아펠바움의 트위터 필명이며, '시온 장로 의정서(Protokolle der Weisen von Zion)'는 20세기 초 러시아에서 제국 내 유대인에 대해 적대적인 분위기를 조성하기 위해 작성된 위조된 가짜 문서다.

버지니아 커먼웰스 대학교의 매체학 교수 데이비드 컬럼비아(David Golumbia)는 자신을 가장 놀라게 한 것은 레빈의 주장에 대한 강력한 반응이라고 주장했다. 실제로 높이 평가되고 존경받을 만한 대중적인 인물이 의심스러운 공격에 휩쓸리곤 한다. 레빈의 온건한 주장과 팩트에 근거한 연구에 대한 공격들은 타당한 논조와 사실에 기반한 입증이 결여되어 있었다.

레빈은 그것을 공명정대하게 받아들였고, 다음과 같이 썼다. 하나의 기사가 그토록 적대적인 반응을 불러일으킨다는 것은 경험상 그런 기사를 쓴 쪽이 올바르다는 것을 의미하는 증거가 된다. 그는 토르 프로젝트 외부의 사람들조차도 그를 심하게 공격한 이유는 간단하다고 말했다. 그들도 비슷한 상황에서 움직이고 있기 때문에 들킨 것처럼 느꼈으리라는 것이다. 예컨대 전자프런티어재단의 한 간부는 BBG 자회사인 오픈테크놀로지펀드의 자문위원회에 직위를 갖고 있었는데, 그녀는 레빈의 기사에 대해 비교적 조심스러운 어조로 관련성을 인정했다. 그리고 레빈이 CIA로부터 자금을 지원받았다고 공격했던 또 다른 비평가는 자신의 암호화 스타트업을 위해 정부 펀드인 오픈테크놀로지펀드로부터 돈을 받았다.

비영리 네트워크와 소중한 돈

레빈의 기사 또는 개인적인 통찰력에 대한 반응을 보자. 2015년 2월 스페인 발렌시아에서 열린 토르 커뮤니티 회의에서 자금 조달 상황의 변화에 대해 논의했다. 증가하는 공개 논의와 내부 논의에 대응하여, 토르 조직은 기존의 의존성을 줄이기 위해 대안적인 출처로부터 더 많은 자금을 얻고자 한다. 내부 사정에 정통한 IT 뉴스 매체인 데일리닷닷컴(Dailydot.com)에 따르면, 자금의 문제는 항상 우선순위가 높다고 한다. 향후 미국 정부 자금이 예산의 50%에 이르는 것이 목표로 설정되었다.

비영리 프로젝트의 자금을 온라인으로 조달하는 것은 그 자체로 하나의 역사이며 토르 프로젝트의 경우와 마찬가지로 함정은 있다. 사용자로부터 충분한 개인 후원금을 모을 수 없는 경우(성공하는 일이 드물다) 누가 오픈소스 소프트웨어 제작을 위해 자금을 제공할 수 있는가? 많은 재정적 능력을 가진 후원자가 있다면, 이념적인 이유를 들어 후원을 거절하는 것이 가능할 것인가?

경우에 따라 이러한 프로젝트는 대학의 연구 프로젝트로 수행된다. 예를 들어 독일의 드레스덴 대학교에서 개발한 익명 네트워크 자바 아논 프록시(Java Anon Proxy: JAP)는 이러한 맥락에서 만들어졌다. 비상업적 네트워크 프로젝트 중 일부는 누군가에게서 자금을 지원받지 않아도 대부분 목표에 이른다. 예를 들어, 좌파 뉴스 플랫폼 인디미디어는 자발적인(익명의) 자원봉사자가 운영하고 감독한다.

그러나 특히 소프트웨어 프로젝트에서는 이것이 항상 가능한 것은 아니다. 서버 운영에는 비용이 들며, 보다 까다로운 프로젝트를 수행하려면 최소한 소프트웨어를 안정적으로 그리고 정기적으로 유지·관리하여 오류 없이 안전하게 실행하고 새로운 기술 개발을 따라갈 수 있는 기본 직원이 필요하다. 이것은 항상 순전히 자발적으로 수행되는 것은 아니기 때문에 많은 온라인 비영리 단체가 자금을 어떻게 모을 수 있는지에 대한 성가신 질문을 스스로에게 제기해야 한다. 그리고 그것이 항상 갈등 없이 이루어지는 것은 아니다.

남아프리카공화국에서 개발되어 인터넷에서 많은 블로그와 뉴스 사이트의 기반이 되고 있는 워드프레스(Wordpress) 소프트웨어는 하이브리드 비즈니스 모델을 기반으로 한다. 소프트웨어 배후에는 워드프레스 파운데이션

(Wordpress Foundation)이라는 기반이 있다. 이곳은 워드프레스 개발자가 주식회사 오토매틱(Automattic Inc.)에서 분리시킨 것이다. 이 회사는 주로 블로그 플랫폼 워드프레스닷컴(Wordpress.com)을 통해 수익을 창출하는데, 이곳의 블로그들은, 무료로 운영되는 광고를 게재하지만, 유료 프리미엄 모델 또한 제공한다. 회사의 직원 500명 이상이 급료를 받으며 무료로 사용 가능한 워드프레스 소프트웨어를 개발하는 일을 한다. 다양한 대안적 PC 운영체제의 기초인 리눅스(Linux)는 비영리 컨소시엄을 기반으로 하며, 이 비영리 컨소시엄은 주로 약 200개 회원사의 기여금을 통해 자금을 조달한다. 회사 규모에 따라 5000~50만 달러 범위에서 기여금을 부담한다.

비영리 단체 중에서 많은 자금을 모으고 있으며, 토르 브라우저의 기반이 되기도 하는 인터넷 브라우저 파이어폭스를 운영하는 모질라 재단(Mozilla Foundation)은 이익을 목표로 운영하지는 않지만 그 이익을 모(母)재단으로 돌리는 상업적 자회사를 두고 있다. 예컨대 파이어폭스 브라우저에서 기본 검색 엔진이 될 수 있는 권리를 경매함으로써 엄청난 수익을 올린다. 이러한 판촉을 통한 거래는 항상 대형 공급자를 홍보하기 때문에 문제가 되는 경향이 있다. 오랫동안 구글은 표준 검색 엔진이었으며 2012년부터 2014년까지 매년 2억 8000만 달러를 지불했다. 그것은 아주 미묘한 문제였다. 당시 지배적인 기술 회사인 마이크로소프트는 인터넷 익스플로러라는 브라우저를 통해 유사 독점권을 행사했다. 파이어폭스 프로젝트는 브라우저 시장에서의 독점권을 한 회사가 행사하는 것을 막기 위해 시작되었다. 그리고 모질라는 구글이 시장에서 유사 독점적 위치를 유지하고 전 세계로 확장해 나가도록 도왔다. 어느덧 구글과의 계약이 만료되었고, 계약은 연장되지 않았다. 드디어 새로운 계약이 체결되었다. 러시아에서는 그 나라의 검색 엔진인 얀덱스(Yandex)가 사전에 정해졌고, 중국에서는 바이두(Baidu), 그리고 미국에서는 야후(Yahoo)가 표준 검색 엔진이다. 이에 따라 야후는 1년에 3억 7500만 달러를 모질라에 지불하고 있다. 모질라는 1000명 이상의 직원이 재단과 자회사에서 일하고 있다.

온라인 백과사전 위키피디아의 배후 조직인 위키미디어에서는 많은 개인으로부터의 후원금을 통해 기금을 가장 효과적으로 조달한다. 기금의 많은 부분은 매년 말에 모금 캠페인을 통해 모인다. 모금하려는 목표 금액에 도달할 때까지 위키피디아 그리고 사이트 가이드 위키미디어 커먼스(Wikimedia Commons)와 같은 작은 자매 프로젝트들에 눈에 잘 띄는 배너 광고를 보여준다. 이런 식으로 글로벌 모기업 위키미디어 재단은 2016년에 7700만 달러를 모금했으며 그중 일부는 전 세계에 배포되었다. 자체 후원 캠페인을 수행하는 소수의 지역 '지부' 중 하나인 위키미디어 독일 협회는 독일에서 몇 주 만에 40만 명 이상의 개인 후원자로부터 900만 유로 가까이 모금했다. 위키미디어 재단은 280명의 직원을 고용할 수 있으며, 독일 위키미디어의 직원 수는 약 70명이다. 언제나 감탄스러운 것은 핵심 업무에 실제로 필요한 것보다 훨씬 많은 돈을 사용할 수 있다는 사실이다. 비상업적 프로젝트들이 의심스러운 정부 출처 이외의 곳에서 자금을 지원받는 것은 적어도 불가능한 일은 아니다. 토르 프로젝트의 연간 예산 260만 달러는 관리가 비교적 용이하다.

발렌시아에서 열린 토르 회의에서 데일리닷(Dailydot)이 당시 토르 간부인 캐런 라일리(Karen Reilly)가 들은 대로 다양한 옵션에 대해 토론했다. 예를 들어 유럽연합과 같은 다른 정부의 예산을 받기 위해 정치 로비를 시도할 수 있는가를 논의했다. 그러나 최고의 자금원은 많은 작은 후원금 그리고 부유한 개인의 더 큰 후원금이다. 개인 후원의 중요성은 2014년에 이미 크게 증대되었으며, 2015년에도 더 커질 것이다. 앞으로 토르 브라우저를 다운로드할 때마다(2014년에 1억 2000만 번) 기부 요청이 이루어질 것이다.

2015년 말, 토르 프로젝트의 첫 번째 크라우드 펀딩 캠페인이 진행되었다. 7주 만에 5000명의 개인 후원자에게서 20만 달러가 조금 넘게 모금되었다. torproject.org에는 일회성 또는 정기 후원을 요청하는 기금 조성 전용 페이지가 있다. 23달러를 후원하는 사람은 답례의 선물로 토르 스티커 팩을 받게 되며, 75달러를 후원하면 티셔츠를, 100달러를 기부하면 아티스트가 디자인한 한정판 포스터를 받게 된다.

다크넷과의 불화: 나쁜 글자 D

지속적으로 개선된 '어니언 라우팅' 메커니즘은 콘텐츠를 익명으로 제공하는 기초를 마련한다. 토르 프로젝트는 다크넷의 '숨겨진 서비스들'을 보다 안전하고 다양하게 사용할 수 있도록 특별한 노력을 기울인다. 그러나 그것이 생각했던 것과는 상당히 다르게 사용된다는 사실과 관련해서 토르 프로젝트 책임자들은 다소 무력하다. 그들은 토르가 불법적인 또는 실제로 나쁜 용도로 사용된다는 사실에 대해 최대한 침묵하고자 한다.

Torproject.org에서 토르의 목표 집단을 서술하는 방법을 살펴보자. '개요(Overview)'의 하위 페이지에서 '누가 토르를 이용하는가?'라는 질문에 이 소프트웨어는 애초에 군사적 맥락에서 개발되었으며, 특히 정부 기관의 통신 보호가 우선적인 목적이었다고 나온다. 그러나 오늘날 토르는 군대, 언론, 수사기관, 사회운동과 기타 여러 분야에서 광범위하게 사용된다.

일부 '토르 유형'은 여기서 소개되지 않았지만 과학적 연구들에서 보여주듯이 적어도 전혀 관련이 없는 것은 아니다. 그들은 일반 네트워크에서 불법 활동을 추구하고 토르 브라우저를 통해 자신을 노출되지 않도록 보호하려는 사용자 또는 .onion 아래의 매우 전문적이고 불법적인 쇼핑가에서 마약을 사고파는 사용자들이다. 또한 조사 당국의 접근을 피하여 착취당하는 어린이의 사진을 보려는 사람들도 있다. 앞에 언급한 토르 이용 이외에도 "연필에서 휴대전화에 이르기까지 모든 기술과 마찬가지로 익명성이라는 것도 좋게 이용될 수도 있고 나쁘게 오용될 수도 있다"라고 할 때 애매하게 암시되는 또 다른 세계가 있는 것이다.

한마디로 토르 프로젝트는 불화를 겪고 있는 것처럼 보인다. 토르 직원과 자원 봉사자를 당황스럽게 만드는 가장 확실한 질문이 있다. 토르가 불법적이고 매우 불쾌한 일에 사용되고 있는지, 또는 .onion에 대해 '다크넷'이라는 단어가 사용되고 있는지 질문하는 일이다.

일반적으로 이런 불만은 이해할 만하다. 미디어는 토르의 불법적인 면모들을 부각하는 경향이 있고, 선정적인 머리기사를 올리고자 하며, 수많은 중간 지대를 가진 .onion과 토르 소프트웨어의 복잡성을 공정하게 다루지 않고 이야기를 만들어 최대한 이용하고자 한다. 종종 그들은 서로를 베껴 쓰고, 사이버 범죄의 대부분이 관리 가능한 .onion 다크넷이 아니라 일반적인 웹에서 발생한다는 점은 거의 언급하지 않는다. 사실은 .com이나 .net상에서 비밀번호로 보호된 포럼들, .to처럼 태평양의 섬처럼 목적과 상관없는 확장자명을 갖는 포털들, 또는 비공개 페이스북 그룹과 같은 곳에서 사이버 범죄가 더 많이 발생한다.

2013년 10월 토르 프로젝트는 시애틀에 기반을 둔 PR 회사인 톰슨 커뮤니케이션(Thomson Communications)과 계약을 맺었다. 목표는 토르 프로젝트와 온라인 익명성에 대해 말하는 데 사용되는 개념을 바꾸는 것이었다. 몇 달 동안 직원과 토르 자원 봉사자들은 '다크넷', '다크웹' 또는 '숨겨진 서비스' 대신 어떤 용어를 사용할 수 있는지 논의했다. 현재 용어의 문제는 '다크'와 '숨겨진'과 같은 단어의 부정적인 여운이었다고 여겨졌다. 반면에 .onion이라는 단어는 제대로 발음하기 어려우며 직관적이지 않다. 위키 페이지에는 다른 언어 사용 체제에 대한 의견들이 있다. '어니언 사이트'(.onion 사이트)는 .onion 아래의 웹 콘텐츠, 즉 토르 브라우저를 사용하여 불러낼 수 있는 웹 콘텐츠를 가리킬 수 있으며 때로는 '다크웹'이라고도 불린다. 반면에 '어니언 스페이스(Onionspace)'는 웹 콘텐츠를 담고 있는지의 여부와 상관없이 모든 오퍼 전체를 대변할 수 있다. "내 사이트는 다크웹에 있다"라고 말하는 대신 "내 사이트는 어니언 스페이스에 있다"라고 말할 수 있다.

그러나 현재까지 이런 맥락에서 계획했던 것처럼 미디어와의 '선제적인' 협업에 대해 주목할 만한 것은 거의 없다. 토르 프로젝트는 자체적으로 다소 제한적인 소통 정책을 가지고 있는 것 같다. 토르 프로젝트의 커뮤니케이션 정책이 PR 에이전시인 톰슨 커뮤니케이션이 미디어에 대해 조언한 결과라고 가정한다면, 아마도 '다크넷'에 대한 중요한 질문과 논쟁할 만한 가치가 있는 모순의 문제를 전략적으로 제외하라는 조언을 받았을 것으로 추측할 수 있다.

토르에서 성차별 스캔들

2016년 6월 언론 보도는 토르 프로젝트에 초점이 맞춰져 있었다. 그러나 언론의 관심은 다크넷에 대한 다른 선정적인 이야기와는 거의 관련이 없었다. 떠들썩했던 사건과 관련해 야콥 아펠바움이 해고되었으며, 토르의 두 번째 간판이던 로저 딩글딘이 이어서 해고되었다. 짧은 시간에 아펠바움은 해커 서클에서 환영받지 못하는 사람(Persona non grata)이 되었다. 오늘날까지 토르 커뮤니티는 정확히 무슨 일이 일어났는지에 대해 의견이 나뉘어 있다.

초여름에 발생한 그 사건들은 외부인에게는 하나의 블랙박스처럼 보였다. 2016년 6월 2일, 토르 프로젝트의 대표이사인 샤리 스틸은 조직의 사내 블로그에 다음과 같이 발표했다. "오랫동안 네트워크에서 활동한 활동가, 보안 연구가와 개발자인 야콥 아펠바움은 5월 25일 토르 프로젝트에서 자신의 직함을 내려놓았다." 하루가 지난 후, 하나의 사이트가 온라인으로 연결되었는데, 그것은 미디어를 뒤흔들었다. 야콥아펠바움닷넷(jacobappel baum.net)에서 개발자에 대한 중대한 고발이 이루어진다. 고발장에는 "안녕하세요! 우리는 야콥 아펠바움에 의해 희롱, 지적 도용, 굴욕, 성적·정서적·신체적 착취를 받은 사람들의 집단이다"라고 기록되어 있었다. 이어서 '제이크'(야콥의 별칭)는 "자신이 원하는 것을 얻기 위해 사회적 자본, 영향력,

힘을 통해 사람들을 조종하는 것"을 즐긴다는 서술이 포함되었다. 그것은 아펠바움에 의한 괴롭힘, 배제와 위협뿐만 아니라 성폭행에 관한 것이다. 아펠바움은 옆에 있는 여자가 자고 있는 동안 그녀의 바지에 손을 넣었다. 또 다른 여성은 파티에서 의식을 잃었는데, 그녀가 깨어났을 때 아펠바움이 자신과 성관계를 하고 있음을 알게 되었다. 독일에서는 이것이 "저항할 수 없는 사람에 대한 성적 착취"로 간주되며 강간으로 처벌된다.

누가 웹사이트를 개설했는지는 오늘날까지 명확하지는 않다. 그러나 2주 후에 가명의 정체를 밝힌 블로그 게시물이 나타났는데, 그들은 두 명의 젊은 토르 프로그래머였다. 두 사람 중 한 명은 6개월 동안 아펠바움에게 희생된 이들의 진술을 수집했다고 기록하고 있다. 독일 해커 협회 카오스 컴퓨터 클럽은 6월 17일에 응답하고, 간략한 메시지 서비스인 트위터를 통해 앞으로 아펠바움과 함께 일하는 것을 원하지 않는다고 했다. 7월 13일에 토르 프로젝트에 직원 교체가 있을 것이라고 보고되었다. 조직의 감독위원회인 '위원회(Board)'는 사임하고 완전히 새로운 사람들로 대체될 것이었다. 7월 27일, 조직 관리 블로그에 토르 대표 관리인 샤리 스틸의 긴 메시지가 올라온다. 외부 조사관의 내부 조사가 완료되었으며, 토르 프로젝트 내부 및 외부의 많은 사람들이 아펠바움에 의해 어떻게 모욕을 당하고 위협을 받았는지 보고했고, 일부는 "원치 않는, 성적으로 공격적인 행동"을 당했다고 했다. 조사 과정에서 다른 두 사람이 토르 프로젝트에서 부적절한 행동을 이유로 쫓겨났다. 이에 따라 토르 프로젝트는 괴롭힘을 막기 위한 가이드라인을 발표하고 고발을 처리하기 위한 절차를 규정했으며, 토르 커뮤니티 내에서 분쟁을 책임지는 자문위원회도 설립되었다. 그러나 해당 메시지에서는 더 이상 강간 혐의에 대해서는 언급되지 않는다.

그 이후 다음 몇 개월 동안 정확히 무슨 일이 있었는지를 재구성하려는 시도들이 있었다. "야콥 아펠바움, 그는 무엇을 행했는가?"라는 제목으로 자세한 기사가 2016년 8월에 《차이트(Zeit)》에 게재되었다. 베를린 기자의 또 다른 기사가 그해 10월 영국 ≪가디언≫에서, 12월에는 독일의 일간지 ≪타츠≫에서 이어졌다. ≪타츠≫ 기사의 제목은 "야콥 아펠바움 사건: 정의에 대하여"다. 그것은 토르 자체와 마찬가지로 양파와 유사한데, 껍질이 하나씩 제거된 후에야 중심이 드러난다.

아펠바움은 해킹 분야의 록 스타로 묘사되며 디지털 반체제 인사 줄리언 어산지(Julian Assange)와 에드워드 스노든과 대등한 명성을 누렸다. 위키리크스 설립자 어산지와의 긴밀한 관계 때문에 미국 정부에 의해 박해를 받는다고 느낀 아펠바움은 베를린으로 이주했고 독일에서 특별한 명성을 얻었다. 그는 베를린에서 빠르게 자리를 잡았고, 토르 프로젝트 외에도 그의 능력을 필요로 하는 곳이 많았다. 무엇보다도 그는 독일 총리의 휴대전화가 미국의 비밀 기관인 국가안보국에 의해 도청되었다는 사실을 ≪슈피겔≫ 잡지에 폭로했다. 그는 대형 무대에서 토르와 온라인 감시에 대해 강연하는 것으로 유명하며, 섹스 파티에 참여하고, 그런 파티를 스스로 기획했으며, 그런 곳에는 그룹 섹스와 술, 그리고 마약이 있었다.

크고 괴상한 안경, 갈색의 웨이브 머리와 소년 같은 얼굴을 가진 30대 중반의 이 남성은 언제나 논란을 몰고 다녔다. 그는 카리스마를 자랑하며 매혹적인 남성으로 인정받았다. 다른 사람들은 그를 오만하고 타인의 감정을 존중하지 않고 경계를 위반하는 사람으로 설명한다. 거기에는 또한 그에 대한 불쾌감이 있다. 다른 많은 사람들이 토르 배후에서 프로그래밍을 하는 동안, 아펠바움은 항상 명성을 쓸어 담는 사람이었다. 아펠바움의 성적 경계 위반에 대한 고발들은 아마도 오랫동안 미해결 상태에 있던 것 같다.

베를린에서 발행되는 일간신문 ≪타츠≫와 ≪가디언≫ 기자 아나 카테린 롤(Anna Catherin Loll)의 탐사 기사는 범죄 스릴러처럼 읽힌다. 2015년 봄 토르 경영진에 들어온 아펠바움에 대한 첫 고발은 해당 토르 직원이 좌절을 느끼고 포기하여 퇴사했기 때문에 거의 효과가 없었지만, 아펠바움은 회사에 남았고 "이야기의 다음 단계로 소문이 퍼져나갔다". 2015년 9월 베를린에서 식사 모임이 있었는데, 아펠바움이 스스로 물러나지 않을 경우 어떻게 그를 내보내고 이 일을 처리할 수 있는지의 방법에 관한 논의가 있었다. 대략 그때부터 사람들은 스스로 피해를 입지 않기 위해 아펠바움을 멀리하고 해킹 업계 사람들로부터 '조언'을 받았다. 연말에는 "강간범(Vergewaltiger)"이라는 말이 돌고 있었다. ≪가디언≫의 탐사기사는 또한 호텔에서 열린 컨퍼런스에서 반아펠바움 캠페인에 중요한 역할을 한 듯한 개발자를 만났다는 익명의 증인을 인용한다. 그녀는 한 그룹 모임에서 컴퓨터 앞에 앉아 독일 법률을 인용하고 독일에서 허위로 진술하면 어떤 처벌을 받는지 질문했다. 그리고 그녀는 말했다. "지옥이 필요하다면, 이것이 바로 지옥일 것이다."

한 쪽은 강간 혐의, 다른 쪽은 중상모략의 가능성이 있어 소송의 여지가 충분했음에도 어느 쪽도 법정에 가지 않았다는 것은 놀랍다. 아펠바움은 자신의 실수를 인정하지만 대부분의 심각한 고발 내용을 부인했다. 아펠바움은 주간지 ≪차이트≫ 기자인 라스 바이스브로트(Lars Weisbrod)와 크리스티안 푹스(Christian Fuchs)와 오랜 대화를 나눈 뒤에 공식적인 진술을 내놓았다. 그는 지도자로서 실패하고 많은 실수를 저질렀으며 그에 대한 모든 책임을 질 것이다. "나는 사람들의 프라이버시를 침해했고 저속한 농담을 했으며 노골적인 말을 부적절한 순간에 사용했다." 그러나 강간 혐의는 '픽션'이라고 했다. 웹사이트가 등장한 지 2주 후 블로그 게시물을 작성한 토르 개발자 중 한 명은 자신은 무정부주의자로서 전통적인 법 집행 시스템(현행 법 체계)에 제소할 생각이 없다고 말한다. 그것이 양측 모두에게 지속적으로 폭력을 가하기 때문이다. ≪차이트≫ 기자의 질문에, 그녀는 아펠바움을 투옥하거나 위자료를 원하는 것이 아니라고 했다. 그녀가 바라는 유일한 것은 아펠바움이 성 차별적인 행동을 중단하는 것이다.

많은 것이 밝혀지지 않아 불분명한 상태에 있다. 여러 측면에서 아펠바움에 대한 심각한 의혹이 있으며, 수년간 한 폭압적인 남자가 성폭행을 하거나 괴롭히거나 심지어 아무런 방해 없이 사람들을 때릴 수 있었다는 인상을 준다. 다른 많은 사람들은 그가 인신공격 행동과 투명성의 결여로 불의를 행한다고 불평한다. 또한 독일의 일간지 ≪타츠≫ 기자에 의하면 카오스 컴퓨터 클럽 사람들은 클럽이 얼마나 신속하게 아펠바움과 거리를 두었는가에 대해 유감스럽게 생각하는 사람들이 있다고 한다. 어떤 다른 사람은 왜 내부 토론에서 아펠바움이 운이 나빴는지에 대한 가능한 설명을 제공한다. "사람들은 사실 그의 편에 섰어야 했어요. 하지만 아무도 감히 그렇게 하지 않았죠. 그는 그래서 개자식이 된 거예요."

토르 프로젝트 책임자들은 결국 놀랍게 반응했다. '암호 무정부주의자'로서의 아이디어들이 종종 많은 것, 즉 평판과 직업 및 직위에 대한 접근과 관련되는 해킹 분야와 해킹 프로젝트 분야는 대개 남성이 지배적이다. 여성이 현재 토르 프로젝트의 대표이사라는 사실이 이런 진실을 덮어서는 안 된다. 그리고 남성이 일반적으로 권력의 자리를 차지하는 분야에서는 여성에 대한 성폭행을 다루는 것은 때때로 어려운 과정이다. 사건은 종종 법적으로 확인되지 않으며 남성 동맹(Manner-Klungel)에 의해 고발이 심각하게 다루어지지 않기도 한다. 그럼에도 불구하고 토르 조직은 예상과는 매우 다르게 행동했다. 아펠바움은 오늘날 더 이상 조직에서 일하지 않지만, 두 개발자는 여전히 일한다.

8

당국의 투쟁
경찰이 다크넷에서 하는 일과 경찰이 다크넷에서 힘을 쓰지 못하는 이유

    이것은 양쪽 모두 자신이 유리하다고 생각하는 끝없는 '고양이와 쥐' 게임이다. 토르와 비트코인과 같은 익명화 기술 덕분에 사람들은 다크넷의 전문화된 시장에서 안전하다고 느낄 수 있다. 그러나 경찰은 더 이상 그렇지 않다고 말한다. 경찰은 네트워크의 무법 공간과 타협하는 것을 원치 않으며, 기술적 장벽에도 불구하고 적용 가능한 법률을 관철시키고자 한다.

    2015년 2월, 라이프치히의 골리스(Gohlis) 지구에 있는 눈에 띄지 않는 아파트 건물 앞에서 수갑이 채워졌다. 경찰은 '샤이니 플레이크스'를 급습하여 체포하고 송치하는 데 성공한 것이다. 약 5만 유로의 현금과 300킬로그램 이상의 마약물이 압수되었다. 20세가 채 되지 않은 다크넷 판매자는 모든 종류의 중독제를 대범하게 팔았으며, 자신이 안전하다고 느낀 결과 약간의 부주의를 저질렀기 때문에 경찰이 그를 추적할 수 있었다. 그를 체포한 후 경찰은 불법적인 사업에서 안전하다고 느낄 수 있는 사람은 없으며 다크넷 안에서도 범죄자를 추적하고 있다는 메시지를 보내고자 했다.

헤센주의 사이버 범죄 수사 역량

다크넷 분야는 최근 몇 년간 점점 더 전문화되었다. 신분 위조, 뉴스와 금융의 흐름을 위장하는 분야에 상당한 전문 지식을 발전시켰다. 이런 노하우는 튜토리얼을 통해 초보자들에게 제공된다. 국가는 다크넷의 전문적인 자원 증가에 대응하기 위해 노력하고 있다. 한편, 연방범죄수사청, 지방범죄수사청과 그들과 함께 일하는 검찰청에는 사이버 범죄 부서가 있으며 고도로 전문화된 IT 전문가를 매년 늘려나가고 있다.

다크넷상의 불법 활동을 탐지하기 위한 가장 중요한 장소 가운데 하나는 헤센주에 있는 작은 도시인 기센(Giessen)에 있다. 사이버범죄 퇴치 중앙사무국(ZIT)은 프랑크푸르트암마인에 있는 대검찰청의 한 부서이며 기센에 분소를 두고 있다. ZIT는 비스바덴과 헤센에 기반을 둔 연방범죄수사청과 지리적으로 가깝기 때문에 긴밀한 파트너가 되지만, 대부분 전국에서 벌어지는 사건들을 맡아 처리한다. 수사의 초기 단계에서는 가해자가 어디에 있는지 불분명하다. "독일에서 선적됨"이라는 메모는 독일연방공화국 어딘가에서 누군가가 마약, 약품 또는 위조지폐를 발송하고 있음을 알려준다. 수많은 다크넷 사건들을 담당했던 검사인 베냐민 크라우제 박사에 의하면 ZIT가 그런 사건들을 넘겨받게 된다고 한다. "범죄가 최초로 발생한 현장의 원칙을 따른다면 모든 지역의 검사는 다음과 같이 말할 수 있다. '우리는 책임이 없으며, 그것은 몇 년 전의 일이다.' 연방범죄수사청은 사건을 넘겨받는 것을 거절하지 않는 ZIT가 존재한다는 사실을 매우 기쁘게 생각한다." ZIT는 가해자가 확인될 때까지 책임을 진다고 선언한다. 그런 다음 사건들을 각 연방주의 특별 검찰청에 넘겨준다.

연방 당국과 여러 지방정부 당국 간에 명확한 일처리 분업이 이루어진다. 연방범죄수사청 직원, 지방범죄수사청 또는 세관은 원래 음험한 거래를 파헤치는 업무를 수행한다. 그들은 독일연방공화국과 관련된 불법적인 오퍼를 찾아내고, 관련된 사람들의 프로필과 그들의 연결망에 대한 다이어그램을 만든다. 그들은 장물을 보내고 위장 구매를 하는 데 사용되는 우편함을 관찰한다. 독일의 법률 용어로 말하자면 검찰은 수사에 책임이 있으며 '소송의 주인'이다. 그들은 계획된 수사 조치가 합법적인지 여부와 수집된 증거가 법원에 소송을 제기하기에 충분한 것인지 평가한다. 연방 검사와 함께 지역을 초월하는 사건을 다루는 국가 검사는 테러와 같이 국가적인 위험을 초래할 것으로 간주되는 몇 가지 문제에 대해서만 책임이 있다. 사이버 범죄의 '일반적인' 사건의 경우 ZIT는 연방범죄수사청의 상담자 역할을 한다. 헤센의 주무 당국은 다른 지방의 특별 기관과 다르다고 크라우제는 말한다. 대부분 국가 검사는 고발이 있는 사안을 추적한다. 반면에 ZIT는 관련 연방범죄수사청 부서와 함께 특정한 범죄 행위를 조사하고 아동포르노의 디지털 배포, 마약물 또는 무기 거래에 중점을 두는 등 우선순위를 설정한다.

크라우제는 ZIT의 활동에는 세 개의 계열이 있다고 설명한다. 하나는 아동포르노와 성적 학대다. 둘째는 불법 상품 그리고 서비스 거래를 다루는데, 이를테면 마약, 위조화폐와 무기가 거래되는 다양한 종류의 음침한 상거래를 포함한다. 세 번째 계열은 '고전적인' 사이버 범죄다. 암호화 공격, 데이터 도난 또는 컴퓨터 하이재킹과 원격 제어를 통한 시스템 조작이다. ZIT는 불과 몇 년 전만 해도 100개 미만의 사건을 처리했지만 2016년에는 2000건을 처리했다. 그러나 크라우제는 일반 인터넷 사건과 다크넷 사건을 구분하지는 않는다. 다만 그는 전년도에 그가 일하는 관청에서 70~80명이 다크넷에서의 무기 거래와 관련된 범죄를 담당한 것으로 추정한다.

다크넷 대 클리어넷

크라우제는 그의 관청에서 다크넷과 클리어넷 사건의 구분은 이루어지지 않았다고 밝히면서, 그것이 업무에 중요한 의미가 있는 것은 아니라고 한다. 그것은 검찰로부터의 매우 놀랄 만한 진술이다. 인터넷 활동가들은 당국과 정치가 다크넷을 아동포르노, 마약과 위험한 무기로 가득찬 악의 피난처로 규정하는 경향에 대해 불평한다.

반면 크라우제는 일반적인 악마화에 대해 귀를 기울이지 않는다. 그는 이런 식으로 말한다. "다크넷 자체가 불법적이거나 처음부터 의심을 불러일으키는 어떤 것이라고 말하고 싶지 않다. 우리는 그것을 법률적으로 표현하고 싶다. 전문적인 형법 집행자로서 나는 다크넷은 암호화된 커뮤니케이션의 기회 그 이상도 그 이하도 아니라고 생각한다." 다크넷은 인생의 모든 것과 같이 합법적인 목적과 동시에 불법적인 목적으로 사용될 수 있는 커뮤니케이션 수단이다. 토르 네트워크를 통해 접근할 수 있는 다크넷은 사이버 범죄와 관련하여 항상 사용되는 여러 채널들 중 하나다. 아동포르노 또는 신용카드 데이터, 마약과 무기 등의 거래는 대부분의 경우 일반 인터넷, 페이스북과 특히 암호로 보호되는 포럼에서 일어난다. 이런 포럼은 가끔은 작은 섬나라의 본래적 목적을 벗어난 확장자명 아래 존재한다.

사실 페이스북에는 수백 명의 사용자가 있는 비공개 그룹이 있으며, 여기에는 약물과 의약품에 대한 오퍼들이 게시되며 때로는 모조품, 무기 또는 가짜 운전면허가 제공된다. 이와 관련하여 눈에 띄는 진지한 조사는 없다. 그러나 여전히 디지털 틈새시장인 토르 다크넷의 소박한 크기와 매월 20억 명이 이용하는 거대한, 청색의 사회적 네트워크를 비교할 수 있다. 페이스북이라는 이 '블루넷(Bluenet)'에서 전체 다크넷에서 일어나는 것보다 더 많은 불법 비즈니스가 일어나고 수행되고 있다고 가정하는 것은 합리적이다.

2016년 독일의 주요 범죄 사건 중에서 '지하경제'의 포럼 5개가 포함되어 있었고, 69개의 아파트와 회사 건물이 국제적으로 수색되었으며, 9명의 혐의자들이 긴급 체포되었다. 연방범죄수사청과 ZIT가 공동으로 내보낸 보도자료에 언급된 것처럼 "무기, 마약(예컨대 헤로인, 코카인, 대마초, 암페타민, 엑스터시), 위조화폐, 위조된 공적 신분증(예컨대 독일, 네덜란드, 이탈리아의 개인 신분증) 그리고 불법 취득한 데이터(예컨대 신용카드와 온라인 뱅킹 데이터, 다양한 인터넷 서비스에 대한 '해킹된' 입장권)" 등 모든 것들이 통째로 거래된다. 또한 "악성 프로그램 또는 디도스(DDoS) 공격으로 컴퓨터를 감염시키는 것과 같은 범죄 서비스, 범죄를 저지르는 방법에 대한 지침(튜토리얼)과 불법 스트리밍 서비스"도 포함되었다. 그럼에도 대단히 불법적인 플랫폼은 다중 암호화된 인터넷 확장명 .onion이 아니라 도난당한 데이터가 거래되는 페이킹닷시시(Faking.cc)와 같은 고전적 인터넷의 '일반' 시스템에 속한 사이트에 있었다.

다크넷과는 달리 이런 사이트는 기술적으로 주소를 삭제하는 것이 가능하지만 모든 확장자명이 경찰에 똑같이 협조하는 것이 아니며, 삭제 요청은 보통은 아무런 소득 없이 끝나기 때문에 이것은 실제보다 이론에 불과하다. 예컨대 널리 사용되는 불법 스트리밍 플랫폼 Kinox.to 또는 Movie4k.to의 경우에는 거의 조사를 받지 않고 존재하는 것으로 보이며, 남태평양에 있는 왕국인 통가(Tonga)의, 실제 목적을 벗어난 확장자명을 기반으로 한다. 그리고 도난당한 신용카드 데이터 거래 플랫폼 중 '시장 리더'인 Rescator.cc는 호주에 속하는 코코스 제도를 확장자명으로 하는 주소지를 갖고 있다. 모든 포털은 간단한 구글 검색으로도 찾을 수 있다.

불법 포럼과 상점은 종종 클리어넷과 다크넷에 동일하게 존재한다. 합법적 네트워크 경제에서는 '멀티채널 마케팅'에 대해 언급한다. 크라우제는 불법 디지털 활동이 항상 다크넷에서 발생하는 것은 아닌 두 가지 이유를 본다. 한편으로는 적절한 노하우로 클리어넷에서도 비슷한 수준의 보안을 달성할 수 있다. 크라우제는 클라우드플레어(Cloudflare)와 같은 위장 서비스를 통해 토르 다크넷에서처럼 서버의 실제 저장 위치를 쉽게 숨길 수 있다고 말한다. 따라서 궁극적으로 토르를 사용하느냐 아니면 클라우드페어를 사용하느냐 여부는 중요하지 않다. 반면에 순수하게 실질적인 면을 고려해 본다면 클리어넷이 더 유리하다고 볼 수 있다. "다크넷에서 가해자는 자유로운 인터넷에서처럼 대규모 고객 영역에 도달할 수 없다. 그것이 아마도 기업가형 범죄자들에게는 주된 이유일 것이다.”

디지털 세계에서 어려운 수사들

이 두 가지 이유의 경우 모두 다른 수사보다 더 까다롭다. 경찰과 검찰청의 도구에는 중요한 것이 빠져 있으며, 이에 대해 크라우제는 “기술적인 방법으로 범죄 혐의자의 신원을 식별하기 어렵다. 원격통신 감시, 단순한 서버 압수수색 또는 상품 목록과 고객 자료 요청과 같은 표준적인 기술 수사는 불가능하다”고 말한다. 일반적인 수사에서는 적당한 비용으로 IP 주소를 파악하고, 배후에 있는 인물을 식별하고, 서버를 확인할 수 있다. 익명화 기술을 사용한다면 이 중 어떤 것도 가능하지 않다.

또 다른 수사의 핵심 도구, 즉 재무 흐름을 감시하거나 추적하는 것은 어렵거나 불가능한 경우도 있다. 비정상적인 거래에 일반 은행 계좌를 사용하는 경우 해당 금융 기관은 표준적인 형식을 준용하여 협력하도록 요청받을 수 있다. 다크넷에서 예비 통화인 비트코인을 사용하는 경우 금융기관의 협력은 불가능한 일이다. 그리고 자체 조사를 통해서 얻을 수 있는 것이 많지가 않다. 모든 비트코인 거래는 블록체인이라는 대규모 분산 현금출납부에 기록되지만, 해당 익명 계정은 숫자로만 구성되고 그 배후에 있는 신원에 대한 정보는 포함되지 않는다. 이론적으로 블록체인에서 거래를 추적하는 것이 가능하기는 하고 약간의 운이 따른다면 부주의한 개인의 거래를 찾아낼 수 있겠지만, 이는 매우 번거롭고 대부분의 경우 희망적이지 않다고 크라우제는 말한다. 따라서 최소한 표준적인 수사에서 비트코인은 신원 확인이 되지 않는 경향이 있다.

따라서 한 가지 남아 있는 것은 비밀 조사를 통해, 특히 위장된 구매 행위를 통해 경찰관이 마약이나 무기를 사고 싶어 하는 척하면서 정밀한 수사를 진행하는 것이다. 거래자가 부주의하게 자신의 신분을 드러내거나 또는 적어도 이어지는 수사를 위한 단서를 제공하리라 기대하는 것이다. 독일 경찰의 경우 수사의 한계가 넓지 않다. 예컨대 경찰이 수사할 목적으로 약물을 구입하는 것은 허용되지만, 다크넷에서 물건을 제공하고 발송하는 것은 처벌을 받는다. 아동포르노의 경우도 비슷하게 다루어진다. 수사 당국은 착취당하는 아동의 유포되는 사진을 관청의 특수 차단된 컴퓨터에 다운로드하여 증거를 확보하고, 학대가 발생한 장소와 시간에 대한 증거를 찾고, 한편으로는 피해자의, 그리고 다른 한편으로는 업로더의 신원을 확인하기 위해 이를 사용할 수 있다. 반면 위장을 완벽하게 하기 위해 스스로 사진을 제공하는 것은 법적으로 금지되어 있다.

이러한 법적 장벽은 공개되어 있어 범죄자들이 이를 활용하고 있다고 크라우제는 말한다. 토르 다크넷이 발명되기 이미 오래전에 경찰이 암호로 보호되는 포럼에 몰래 들어갈 수 있다는 것이 밝혀진 후 '순수성 테스트'라고 하는 우회 방법이 아동포르노 현장에 퍼졌다. 그러한 포럼에 입장하기 위해서는 '관심 있는 당사자들'이 종종 사진을 업로드해야 한다는 것이다. 이런 이면에 있는 아이디어는 스스로 범죄를 저지른 경우에만 포럼에 입장할 수 있다는 것이다. 물론 수사관들은 그런 범죄를 저지를 수는 없는 노릇이다. 무기 거래와 관련하여 크라우제는 비슷한 접근법을 알고 있다. 잠재적인 구매자는 무기 부품과 탄약이 '깨끗한' 상태임을 입증하도록 요구하는 관행이 있다. 그러한 제한 조건을 다루는 것은 언제나 창의성의 문제다. 그러나 범죄는 금기사항이다.

수사 당국이 누군가를 식별하는 데 성공하면 그들은 다크넷 거래의 사회적 네트워크를 통해 사전 작업을 하고자 시도한다. 형법 46조 b항의 공범 증인(감형을 보장받고 공범자에게 불리한 증언을 하는 공범)에 대한 규정에 따르면, 체포된 공범은 당국에 협력하여 다크넷 계정에 대한 출입 데이터를 제공함으로써 예상되는 형벌을 감형받을 수 있다. 그런 다음 이러한 계정을 일정한 기간 동안 활성화시켜 놓고 운영하는데, 이는 이러한 계정들이 오랫 동안 활성화되어 있었고 일반적으로 신뢰를 받고 있기 때문이다. 예컨대 뮌헨 출신의 급진적인 극우파 총잡이에게 무기를 공급한 마부르크(Marburg)의 판매자의 경우에도 이런 방법을 사용했다. 프랑크푸르트 ZIT는 해당 판매자로부터 총을 구입한 두 구매자의 계정을 확보했다. 수사관은 판매자에게 총을 더 제공할 수 있는지 물었다. 그리고 명의상의 구매자와 판매자는 이미 서로를 알고 있었기 때문에 무기 인계를 위한 만남에 별다른 문제는 없었다. 그러고는 그는 붙잡혔다.

결과: 액세스 성공

모든 기술적이며 법적인 장벽에도 불구하고 경찰과 검찰은 성공적인 결과들을 내놓고, 정기적으로 언론에도 자료를 제공한다. 대부분 다크넷에서의 마약 밀매에 대한 것이지만 최근 무기 거래와 위조화폐 거래에 대한 체포 조치가 있었다.

2015년 11월에 8개의 연방 주에서 위폐를 사고팔았던 총 15명을 급습했다. 2016년 6월에는 소규모 경찰 특공대가 슈바인푸르트 대학교 강의실에서 기계전자공학을 전공하는 학생을 체포했다. 그는 무기 거래를 했다는 의심을 받고 있었다. 지금까지 가장 큰 수확은 '다크넷의 왕자'였다. 라이프치히 출신의 마약상인 그는 주간지 ≪슈피겔≫ 기사에서 '샤이니 플레이크스'라는 이름으로 불렸다. 웨이터가 되는 직업 교육을 중단한 그 청년은 높은 수준의 IT 기술과 야심으로 사업을 시작했는데, 그의 사업이 불법이 아니었더라면 성공적인 스타트업 창업가로서 주목을 받았을 것이다.

단기간에 그는 최고의 독일 다크넷 마약 딜러로 명성을 쌓았고 2년 동안 거의 1톤에 이르는 900kg의 각성제를 판매했다. 그의 아파트에서 발견된 320킬로그램의 마약은 약 400만 유로의 시장 가치를 가지고 있었다. 마약은 부모의 아파트에 있는 그의 방 선반에 깨끗한 상태로 놓여 있었다. 그가 올린 매출은 한 달에 20만 유로로 추산되었다.

한 배송 기사가 한 달에 한 번 네덜란드에서 물품을 가져 왔다. 가능한 한 디지털 흔적을 적게 남기기 위해 청년은 14개의 휴대폰을 사용하여 의사소통을 했다. 그는 정직하지 못한 수입을 공식적으로 등록된 웹 디자인 사업의 매출액으로 위장했다. 샤이니 플레이크스는 세 가지 다른 다크넷 시장에 상품을 제공하는 동시에 오픈 네트워크에 자신의 매장을 운영했다. 그는 변덕스럽고 거만한 사람으로 여겨졌다. 구매 후 불만을 제기하는 사람은 트롤(troll: 고의로 화를 돋우거나 도발적인 글을 내보내는 인터넷 이용자)이나 바보로 즉각적으로 모욕당했다. 그러나 그의 서비스는 여전히 높게 평가되었다. 그는 신속하게 배달했고 그의 '질료'는 고품질이었다. 불법적인 영업을 하던 젊은 사업가는 자신이 안전하다는 생각을 확신했다.

어느 시점이 되고 때는 무르익었다. 2014년 2월 26일 오후에 경찰이 강타했다. 그는 매주 그랬던 것처럼 7개의 작은 상자에 약 60킬로그램의 마약을 배달해 왔던 배달업자와 주차장에서 만났다. 그가 그의 '어린이 방'으로 가는 도중에 기동 특무 부대가 먼저 그 배달업자를 덮쳤고, 얼마 후 작센주의 지방범죄수사청(LKA)의 특별 명령이 부모의 집 현관문을 열게 했다. 경찰은 현금과 엄청난 양의 장물 외에도 컴퓨터에서 '중요한 로그인(important_logins.txt)'이라는 파일을 발견했다. 이것은 직격타였다. 당시 지배적인 시장인 아고라와 에볼루션 그리고 일부 비트코인 거래소의 거래 계정에 대한 액세스 데이터가 포함되었기 때문이다. 또한 1만 4000개의 데이터 기록이 포함된 배송 목록을 찾았다.

이 책이 출판되기 직전에 경찰이 지난 몇 년간의 모든 성공을 능가하는 급습에 성공했다는 사실이 알려졌다. 2년 이상 방해받지 않고 존재하면서 다크넷 시장을 확실하게 주도하는 리더가 된 알파베이(Alphabay) 시장이 압류된 것이다. 창립자와 운영자는 태국에서 호화로운 삶을 감당할 수 있는

25세의 캐나다인이었다. 2017년 7월 5일 태국 경찰은 미국 당국의 지원 요청으로 그를 체포했다. 태국 경찰은 몇 대의 고급 자동차와 부동산, 800만 달러 가치의 비트코인과 기타 가상화폐를 압수했다. 운영자는 결국 태국에서 구금 중에 자살했다.

배송에서 핵심적인 문제

경찰은 다크넷 거래의 취약한 지점, 즉 익명의 디지털 공간과 아날로그 세계가 맞닥뜨리는 지점에서 범죄자의 흔적을 발견했다. 어둠의 상거래에서 거래되는 대부분의 제품은 비트와 바이트로 구성된 파일이 아니라 물리적인 상품이기 때문에 디지털 방식으로 거래를 시작하고 비트코인을 사용하여 지불할 수 있다. 그러나 마약, 의약품 또는 위조화폐는 실제 사람들이 실제 장소에서 보내고 목적지에서 받아야 한다. 운송은 일반적으로 독일 체신부를 활용하여 이루어진다. 독일 체신부는 비자발적으로 암거래 인프라의 일부가 되는 셈이다.

소량의 약물은 신중하게 포장되어 봉투에 넣어 보내진다. 섬세한 제품을 안전하게 위장하는 '스텔스'는 질 좋은 서비스의 특성으로 간주되며 시장에 대한 사용자 피드백에 포함된다. 판매자들은 이 요소를 매우 중요하게 생각한다. 그들은 냄새가 나지 않게 제품을 포장하고 종종 편지를 의심스럽지 않은 회사 우편처럼 보이게 하는 트릭을 사용한다. 더 작은 배송의 경우 편지는 일반 우편함에 투입된다.

주소를 선택할 때 수신자는 자신이 감당할 위험의 정도를 결정한다. 소량의 가벼운 약이 위험하지 않다는 생각이 들면 편지를 실제 주소로 보내게 한다. 보다 신중한 동시대인에게는 다크넷 가이드에 일종의 '모범 사례'로 통용되는 다양한 옵션이 있다. '드랍스(Drops)'는 현장 용어로 안전한 수신 지점으로 통용된다. '하우스드랍스(Hausdrops)'는 예컨대 실제 주소에서 가짜 이름이 그의 집 초인종에 붙어 있는 경우를 말한다. 또는 다가구 주택 건물에서 사용하지 않는 편지통에 가상의 이름표를 붙일 수도 있다. 우체국에서 작거나 큰 편지를 거기에 투입하면 이후에 빼낼 수 있다. 가짜 계정으로 생성된 우편함은 불법 제품을 받는 데 널리 사용된다. 또한 약 30유로의 저렴한 가격으로, 도용되거나 위조된 우편함을 다크넷에서 구매하거나 대여할 수 있다. 배송물이 클수록 더 어려워진다. 대마초는 개인의 소비를 위해 그램 단위로 보내지 않고, 재판매의 경우 킬로그램 단위로 배송된다. 이런 상품은 단순히 큰 봉투에는 맞지 않으며 무기와 같은 경우도 그렇다. 그런 다음 경로는 일반적으로 독일 체신부 포장소로 이동한다. 의심스러운 우편물이 이러한 장소 중 하나에 계속 나타나는 것이 눈에 띄면 절차가 까다로워질 수 있다. 이런 취약점은 샤이니 플레이크스에게 치명적이었다.

그 젊은이의 평범한 실수가 눈에 띄었다. 그는 매일 처리해야 하는 발송물의 수가 많아 소포에 잘못된 스탬프를 찍는 실수를 범했다. 그러한 경우 항상 그렇듯이 우체국은 기재된 발신자에게 반송하고자 했는데, 그 발신자 주소는 허위였다. 우체국은 소포를 뜯었고, 소포는 라이프치히 경찰에 넘겨졌다. 2014년 초부터 그러한 발송이 여러 번 나타났다. 경찰은 포장 경로를 추적하여 마침내 포장소를 확인했다. 이 포장소는 2개월 동안 카메라로 감시되었다. 불법으로 영업하는 젊은 사업가는 1월에 2번, 2월에 3번 나타났고, 포장소에 계속해서 소포를 넣었다. 경찰은 샤이니 플레이크스를 체포했다.

범행자들은 실제로 작은 실수를 종종 범한다. 샤이니 플레이크스가 사용하는 우편함을 정기적으로 바꾸지 않은 것은 경솔한 일이었다. 또한 이미 그가 당국의 감시하에 있다는 증거가 있었다. 경찰은 감시 기간 동안 반복적으로 발송물을 가로챘다. 그러나 샤이니는 플랫폼에서 배송 누락 또는 지연에 대한 불만을 경고 신호로 간주하지 않았으며 근거 없는 불평으로 치부했다. 2016년 2월에 소규모로 돈을 인쇄하는 공장을 적발한 사건에서도, 20대 초반인 두 명의 남자 범인의 부주의로 바이에른주 지방범죄수사청이 그들의 흔적을 확보했다. 그들이 임대했던 차고에서 나온 쓰레기봉투에서 50 유로 지폐의 쪼가리가 발견되었던 것이다.

미국 검찰의 기소장에 의하면, 알파베이 창업자로 지목된 사람의 주의 부족으로 그의 이메일 주소 pimp_alex_91@hotmail.com이 노출되었다. 처음에 그것은 새로운 알파베이 사용자들이 수신한 메시지에 포함되었다. 청년은 또한 자신의 페이팔 계정에 해당 주소를 할당하고, 몇 년 전에 기술 포럼에서 실제 이름과 함께 사용했다. 현재까지 가장 성공적인 다크넷 '사업가'는 익명성의 기본 규칙을 위반했다. 그는 자신의 실제 정체성과 다크넷 정체성 사이를 연결해 둔 것이다.

다크넷에서의 기술적 수사가 무위로 돌아간다면, 그렇다면 언젠가 발생할 실수에 대한 추적이 기본적으로 유일한 길이라며 검찰청 크라우제 박사는 다음과 같이 말한다. "범인들은 아마도 어딘가에서 자신에 대해 뭔가를 흘릴 수도 있을 것이다. 또는 보안 조치에 소홀해지고 피곤해 하며 느슨해진다. 또는 더 효율적이고자 하며, 매번 사서함이나 우편함을 변경하지도 않는다. 우리는 그것에 착안해야 하며 실수를 이용해야 한다." 다시 말해서 이것은 사이버 범죄의 특성과도 관련이 없다고 그는 덧붙여 말한다. 수사가 언제나 실수를 찾아내는 것인 이유는 완벽한 범죄는 거의 없기 때문이다. 모든 보안 카메라를 망가뜨리고, 도난당한 자동차와 도난당한 번호판을 가지고 모든 것을 완벽하게 진행한 은행 강도의 경우에도 남아 있는 한 가지는 그들이 궁극적인 목적을 이루기까지 저지를 수 있는 크고 작은 실수를 찾아내는 것이다.

유형론, 옆집의 친절한 멍청이

크라우제는 다른 상황에서 사람들이 행동하는 유형에 분명한 차이가 있음을 인지한다. 고전적인 범죄와 비교할 때 생각을 달리해야 한다. 고전적인 범죄 경력은 대개 청소년 범죄로 시작된다. 그런 다음 '경력'이 쌓이고 어느 시점에서 성인의 나이에 심각한 범죄에 이른다. 다크넷에서 불법 활동을 하는 사람들은 일반적으로 현실 세계에서는 그렇게 하지 않는다. 사람들은 정보 기술과 관련성을 갖고 범죄에 빠져드는데, 인정을 받기 위해 또는 당연히 돈에 유혹되어 범죄자가 된다. 어느 순간 그들은 마약을 대규모로 거래하거나, 고도로 전문적인 컴퓨터 사기꾼이 된다. 범죄 경력은 출발부터 엄청난 형량과 함께 '시작'된다. 당신이 생각하는 것처럼 종종 이들은 전형적인 "범죄자 유형"이 아니다. 크라우제는 축구 방송을 매월 저렴한 가격으로, 즉 저작권법을 위반하여 제공함으로써 불법 스트리밍 플랫폼에서 많은 돈을 벌었던 "선량한 유형인 19세의 사위"를 기억한다.

연방범죄수사청은 또한 디지털 지하세계의 가능성으로부터 혜택을 받는 새로운 유형의 범죄자에 대해 정기적으로 고발을 제기하고 있다. 대부분 IT 관련 분야에서 많은 젊은이들은 서로를 알지 못해도 효율적으로 일한다. 또한 그들은 '서비스로서의 사이버 범죄' 모델의 장점을 활용하여 기술적 진입 문턱을 낮춘다. 모든 유형의 사이버 범죄에 대한 튜토리얼은 해당 상거래 장소 또는 포럼에서 찾을 수 있으며, 다양한 불법 프로젝트를 위한 도구와 서비스를 구매하거나 대여할 수 있다. 그것은 중간에서 가로챈 우편함이나 소프트웨어일 수 있으며, 그 소프트웨어는 협박할 목적으로 다른 사람들의 컴퓨터를 일시적으로 폐쇄시킬 수 있다.

크라우제는 불법 활동과 수익성의 효과적 측면에서 온라인 범죄는 오프라인 범죄와 평행을 이루고 있다고 생각한다. 두 가지 경우 모두 매우 변동이 심하다. "범인 중 몇몇은 직업이 없는 사람이었고, 몇몇은 풀타임으로 일했으며, 아주 많은 수입을 올리거나 아니면 그다지 괜찮은 수입을 거두지 못했다. 같은 정도로 우리는 온라인 범죄에서도 합법적인 풀타임 직업을 가졌거나 부업으로 일하는 범인들을 접하게 된다."

불법 사업이 취미의 성격인지 아닌지, 샤이니 플레이크스의 경우와 같이 대규모로 운영되는지에 관계없이 항상 한 가지 사항이 적용된다. 경찰은 관련자들을 붙잡았고, 크라우제와 같은 검사는 그들을 법정에 세웠고, 국가는 단호하게 법을 집행했다.

2016년 2월 슈바인푸르트 대학교의 강의실에서 체포된 26세의 학생은 전쟁무기법과 무기법 위반으로 4년 3개월 형을 선고받았다. 그는 2013년 1월부터 2015년 1월까지 12개의 장식용 기관단총과 기타 무기를 구입·개조하여 다크넷을 통해 재판매했다. 청년은 슈바인푸르트 중심부에서 소포 상자를 이용해 유럽 전역의 주소로 배송했고, 영국 경찰이 소포를 가로챈 후 슈바인푸르트 당국이 가짜 구매를 통해 추적했다. 하이델베르크 지방법원은 한 무기 딜러에게 5년 6개월의 형을 선고했는데, 그는 교육받은 안경사였으며, 자동 또는 반자동 무기를 거래했다. 2015년 말 라이프치히 출신 다크넷 약물 거상 샤이니 플레이크스에게는 7년 형이 선고되었다. 그는 운이 좋게도 청소년 법에 의거하여 유죄 판결을 받게 되었다. 전문가의 감정서에 의하면 그는 높은 지적 능력에도 불구하고 정서적으로 성숙하지 못했음이 입증되었다.

또한 그는 당국이 발견하지 못했던 수입품 관세로 작센 정부에 300만 유로를 빚지고 있으며, 경우에 따라서는 당국이 아직 발견되지 않은 비트코인 계정으로 그를 감옥으로 보낼 수 있다.

법 집행은 대부분 대어(大漁), 이상적으로는 불법 플랫폼 운영자 또는 적어도 판매자에 중점을 둔다. 그러나 당국이 압수할 때 구매와 배송 목록을 얻을 수 있을 정도로 운이 좋으면 이들은 이를 통해서도 수사할 수 있을 것이다. 샤이니 플레이크스가 체포된 후 몇 달이 지났을 때 그에게서 단순히 구매한 사람들도 경찰로부터 편지를 받았다. 거래시장에서 "우리는 여기 안전하게 잘 있다"는 자의식에 대하여, 국가는 언제나 반복하여 "우리는 너희들 모두를 잡고 말 것이다"라며 도전하고 있다.

해커로서의 국가

그런데 경찰이 조사를 어떻게 진행하는지는 항상 명확한 것은 아니다. 현장에는 수사관이 토르 다크넷의 익명성을 뚫고 추적할 수 있을지도 모른다는 루머가 있다. 어쨌든 이런 것을 나타내는 소문과 징후가 있다.

소프트웨어 오류나 알려진 취약한 네트워크 취약점의 악용이 사용자를 노출시킬 것이라고 주장하는 학술적 연구 결과에 커뮤니티는 계속해서 놀란다. 그리고 비밀 기관이 토르 노드를 어느 정도까지 작동시켜 다크넷의 인프라에 침투하려고 하는지에 대한 추측이 있다. 오늘날까지 가장 대규모로 이루어진 국제적 접근은 '오니머스 작전(Operation Onymous)'으로 2014년 11월에 공개되었다. 유로폴의 유럽 사이버범죄 센터(European Cyber-crime Center: EC3)가 이끄는 17개국의 여러 당국이 공동으로 조치를 취하고 미국에서 여러 관청이 참여하여 27개의 불법 웹 상점에 속하는 410개의 숨겨진 .onion 사이트와 포럼이 폐쇄되었다. 이들은 마약, 위조화폐, 위조문서와 도난당한 신용카드 데이터 등 모든 품목을 취급했다. 수사는 6개월간 지속되었고 17명이 체포되었다. 무엇보다도 실크로드 2.0(Silk Road 2.0)이 폐쇄되었고 의심되는 운영자 '데프콘(Defcon)'이 체포되었다.

실크로드를 따서 '실크로드'라는 이름을 가진, 원래 다크넷 기관의 복제판인 이 시장이 폐쇄된 방식은 이제 분명해졌는데, 이는 치명적인 오류를 이용한 비밀 조사를 통해 가능했다. 운영자는 자신을 추적할 수 있는 이메일 주소를 통해 사용된 서버를 어떤 지점에서 등록함으로써 경솔하게 자신을 드러냈다. 그러나 무엇보다도 당국은 상점에서 중요한 직원의 계정을 넘겨받았다. 그들은 실크로드 2의 내부 서클에 정보원을 배치했다. 그러나 당국이 많은 다른 페이지 배후의 인물들과 현장에 실제로 얼마나 정확하게 도달했는지는 아무도 모른다. 다크넷 사용자를 대규모로 탈익명화할 수 있는가? 토르 프로젝트 스스로도 놀랐다. 그리고 행정 당국은 승리를 맛보았다. 보도자료에서 유럽 사이버범죄 센터의 책임자인 트뢸스 외르팅(Troels Oerting)은 다음과 같이 말했다. "이번에는 범죄자들이 오랫동안 레이더 바깥에 있다고 착각한 토르 다크넷의 서비스들을 타격했다. 우리는 그들이 보이지 않는 것도 아니고, 안전하게 접근하는 것도 아니라는 것을 보여줄 수 있다." 범죄자들은 숨을 수 없었으며 수사관들은 계속해서 작업을 진행하고 있다고 말한다. 그러나 조사 방법이 정확히 어떤 것인지는 밝혀지지 않았다. 유로폴 간부인 외르팅은 그 이유를 다음과 같이 설명한다. "이것은 우리가 지키고 싶은 것이다. 우리는 계속해서 이 일을 수행해야 하기 때문에 어떻게 진행되는지 세상에 알려줄 수 없는 것이다."

그리고 토르가 오랫동안 침투당했다는 추측에 대해 독일 검찰은 어떻게 설명하는가? 크라우제 박사는 아니라고 말하며 심지어 국가가 직접 토르 노드들을 운영하는 경우에도 그렇다고 말한다. 토르 네트워크 사용 지침에는 불법적인 목적인 경우 모든 것이 감시될 수 있고 이중 보안 수단이 권장된다는 경고가 포함되어 있다. 토르 외에도 모든 다크넷 범죄자는 VPN(가상 사설 네트워크)을 통한 익명화를 사용했다. 트래픽은 먼저 많은 VPN 제공업체 중 하나로 전달된다. 이 VPN 제공업체는 대개 법 집행이 취약한 관할 지역에 있으며 그런 다음 거기에서 토르와 연결된다. 이 이중의 익명화로 토르는 다시 익명의 장소가 된다.

검사의 소원

크라우제는 기술뿐만 아니라 법적 장벽 때문에 어려움을 겪고 있다. 그는 오늘날의 요구사항을 더 잘 충족시키는 더 현대적인 법을 원한다. 아파트를 수색할 때 범죄 수칙을 예를 들어보자. 당국이 어떻게 진행할 수 있고, 언제 주택을 수색할 수 있으며, 무엇보다도 언제 통신을 감청할 수 있는지에 대한 규정은, 1877년부터 개별 기준이 오늘날까지 거의 변하지 않은 형사소송법이다. 검사의 과업은 과거의 어떤 부적합한 표준이 오늘날 어떤 방식으로 다소간 적합할 수 있는지에 관해 검토하는 것이다. 예를 들어, 그는 '우편물 압류'에 관한 형사소송법 99조에 대해 언급했는데, 기본 내용은 역마차 시대 이후로 동일하게 유지되고 있다고 한다. 소셜 네트워크나 메신저 서비스에서 전자 메일이나 메시지를 압류하여 수색하는 규범이 없기 때문에 다음과 같은 질문을 해야 한다. 왓츠앱(WhatsApp) 서비스는 추상적이며 일반적인 우편물 압류 또는 원격 통신 감시 규범의 적용을 받는가?

그가 구체적으로 무엇을 원하는지 물었을 때, 그는 디지털 공간의 사각지대에 대해 불평하는 많은 사람들과 마찬가지로 대답했다. 문제는 종단 간 암호화 통신이라는 것이다. 두 개의 커뮤니케이션 종단 사이에서 조각 하나를 잡아내야 한다는 것이다. 토르만이 아니라 왓츠앱도 이러한 방식으로 암호화된다. 법 집행 당국의 주요 관심사는 이에 대한 해결책을 찾는 것이다. 따라서 암호화하기 전에 데이터 흐름을 변환하는 각각의 최종 장치에서 '이에 대한 소프트웨어'를 유출시키는 것, 예컨대 이른바 국가 트로이 목마와 같은 것이 해결책인 것처럼 보인다. "이에 대한 기술적 접근은 있지만 실제적인 규정은 없다. 이를 위해 강력한 법적인 규정의 정비가 이루어질 것을 기대한다."

9

전망
디스토피아 인터넷에서 다크넷의 유토피아를 향하여

디지털 지하세계로의 여행은 여기서 끝난다. 우리는 실제로 간단한 아이디어가 어떻게 거의 완벽한 익명성을 가능하게 하는지를 알게 되었다. 그것은 중간 차단막이 있는 노드 네트워크를 이용한 데이터 트래픽 전송을 통해서 가능해진다. 우리는 미군이 이를 위한 기술적 기반을 어떻게 개발했는지를 보았고, 이후 국가의 안보를 담당하는 기관의 적대자로 여겨지지만 미국 정부와 완전히 분리되지 않은 시민사회 프로젝트가 탄생한 것을 알게 되었다. 그리고 우리는 다크넷만큼이나 역설적인 토르 프로젝트 조직을 알게 되었다.

우리는 이 다크넷이 수많은 모순 속에서 어떻게 사용되는지 연구했다. 무엇보다도 이 무정부주의적 우주에 본질적으로 대형 쇼핑몰이 존재한다는 사실에 놀라게 되었으며, 디지털 지하세계가 아마존이나 잘란도와 기묘할 정도로 비슷하다는 것을 알게 되었다. 마지막으로, 수사관들이 다크넷에서 국가의 권한을 집행하기 위해 어떤 노력을 하고 있는지 그들의 설명을 들어

보았다.

토르 다크넷이 여전히 충분히 개발되지 않았고 온전하게 '정착'되지도 않았다는 것은 분명한 사실이다. 불법 시장이 .onion에 대해 가장 큰 관심을 갖는 것은, 그것 없이는 많은 일이 일어나지 않을 것이기 때문이다.

디지털 지하세계의 미래에 대한 많은 약속이 없다면 이 책은 출간되지 않았을 것이다. 사람들은 기껏해야 다크넷의 잠재력이 실제로 나타날 때의 모습만 추측할 수 있을 뿐이다. 다크넷은 아마도 앞으로는 훨씬 더 광범위하고 감시에서 자유로운 공간이 될 것이다. 그러나 언젠가 이 틈새시장은 그 이상의 무엇이 될 수도 있다. 오늘날의 인터넷보다 더욱 진지하고, 더 다양하고, 덜 상업적인 대안이 될 수도 있고, 더 좋고 공정한 미래의 세계를 조립하는 글로벌 공장이 될 수도 있지 않을까?

디스토피아 인터넷, 우리는 어둠의 시대에 살고 있는가?

미래를 살펴보기 전에, 우리는 현재의 다크넷이 아니라 매일 사용하는 일반적인 인터넷을 다시 살펴봐야 한다.

우리는 어두운 시기에 살고 있으며, 이는 다크넷의 잘못이 아니다. 한때 큰 사회적 희망이었던 인터넷은 국가와 기업의 힘과 통제 가능성을 강화하고 데이터 권력을 몇몇 지점에 집중시키는 억압적인 도구가 되었다.

세계의 많은 지역에서, 즉 중국이나 사우디아라비아와 같은 국가에서는 자유로운 인터넷에 대한 논의가 거의 없다. 서방 세계에서도 상황이 좋은 것은 아니다. 수백만의 웹 주소, 프로그램과 플랫폼이 있지만, 디지털 생활의 가장 중요한 영역에 공급자가 집중되어 있다. 이는 아날로그 경제에서는 상상할 수조차 없다.

서구의 많은 국가에서 구글은 검색 엔진으로서 거의 독점적인 지위에 있다. PC 운영체제 시장은 마이크로소프트와 애플이라는 두 마차가 이끄는

팀으로 구성되며 모바일 운영체제는 구글과 애플이 분점하고 있다. 인터넷 브라우저 시장은 구글과 마이크로소프트 제품이 80%를 차지한다. 구글에는 주요 비디오 포털인 유튜브, 이메일 제공 서비스인 지메일과 대규모 광고 네트워크도 포함되어 있다. 마이크로소프트 유니버스에는 윈도우 운영체제 외에도 널리 사용되는 마이크로소프트 오피스 소프트웨어 패키지, 전자 메일 프로그램 아웃룩(Outlook)과 세계 최대의 비즈니스 네트워크 링크드인(LinkedIn)이 포함되어 있다. 거의 20억 명이 매달 페이스북을 사용하고 있으며, 한때는 모바일 스마트폰 메신저인 왓츠앱과 인기 있는 사진 네트워크 인스타그램(Instagram)이 이 청색과 백색의 네트워크 거인(ㅌㅅ)의 경쟁자로 여겨졌지만 결국은 매각되어 그 일부를 이루고 있다. 인터넷의 5대 기업에는 아마존이 포함되는데, 여러 국가에서 아마존의 매출액은 차하위 로컬 웹 상점 경쟁업체의 판매액을 몇 배나 초과한다. 대규모 글로벌 인터넷 상점은 또한 가장 많이 사용되는 클라우드 서비스를 운영하며, 수천 개의 인터넷 회사가 이 서비스에 데이터와 프로세스를 맡기고 있다.

특히 구글, 애플, 페이스북, 마이크로소프트와 아마존 서버에는 전 세계 절반이 사용하는 데이터가 집중되어 있다. 누가 무엇을 찾고, 어떤 페이지를 클릭하고 '좋아요'를 누르는가? 소셜 네트워크에서 어떤 친구들을 사귀고 있으며 어떤 음악을 듣고 어떤 책을 읽는가? 보다 복잡한 '빅데이터' 방법을 사용하면 엄청나게 혼란스러운 이러한 데이터를 실제로 평가할 수 있다.

희망으로 가득했던 인터넷은 프랑스의 철학자 미셸 푸코(Michel Foucault)가 설명한 것처럼 '파놉티콘'과 비슷한 것이 되었다. 즉, 감시자가 거의 모두를 관찰하는 것은 아니지만, 시스템 안에 있는 모든 사람들의 모든 활동을 모니터링하는 것이 가능한 구조가 된 것이다.

감시 시나리오

여러 유형의 감시가 있다. 이들 대부분은 대안들을 생각하기 어려운 각각의 기능 논리에 완벽하게 들어맞는다.

스파이 도구로서의 브라우저

우리는 이미 인터넷 브라우저의 감시 가능성을 알고 있다. 웹사이트를 방문하면 브라우저는 인터넷 서비스 제공업체와 방문했던 웹사이트를 알게 된다. 플러그인(웹 브라우저의 일부로서 쉽게 설치되고 사용될 수 있는 프로그램)은 예컨대, 요청이 있을 경우 웹사이트의 광고를 차단하는 작은 프로그램들을 제공한다. 그것들은 브라우저의 일부이기 때문에 사용자가 방문하는 페이지를 알고 있다. 그리고 쿠키는 우리가 서핑할 때 웹사이트와 광고 네트워크가 우리를 반복해서 인식할 수 있게 한다.

독일 텔레콤(Telekom)과 같은 인터넷 서비스 제공업체는 각각의 인터넷 세션에 할당한 실제 ID와 IP 주소를 알고 있다. 브라우저, 플러그인과 방문한 웹사이트는 IP 주소만 알고 있다. 학술적인 연구에 따르면 여러 데이터 출처의 지적인 조합을 통해 사용자의 정체성에 대한 결론을 도출할 수 있다. 그리고 당국은 IP 주소를 인터넷 서비스 제공업체로부터 받은 실제 이름으로 직접 '전환'하도록 할 수 있다.

크고 작은 것들의 프로필 저장소

우리들의 프로필에 관한 또 다른 데이터 수집은 소셜 네트워크, 이메일 서비스 또는 웹 상점에 기록되는 우리의 프로필을 기반으로 시작된다. 다른 방식으로 서비스를 사용할 수 없거나 제한된 범위에서만 사용될 경우에 이러한 프로필들이 작성된다. 이런 웹사이트들은 쿠키를 사용하여 추적할 필요가 없다. 우리가 로그인하자마자 식별 가능하도록 우리를 내어주기 때문이다.

이런 회사들의 크고 작은 프로필 저장소에 매일 우리가 누구와 친구관계에 있거나 사회적 관계에 있는지[페이스북, 왓츠앱, 싱(Xing)과 모든 이메일 서비스], 무엇에 관심이 있는지(구글), 우리가 읽는 책(아마존), 우리가 사는 다른 물건들(잘란도, 이베이, Otto.de), 또 언제 어디로 휴가를 가는지(에어비앤비 또는 Booking.com) 등의 자료가 저장된다.

컴퓨터 운영체제: 디지털 라이프의 두뇌

운영체제는 기술 제품의 중심이며 모든 것의 기반이 되는 거대한 소프트웨어 패키지다. 이들은 우리가 각각의 기기에서 무엇을 하는지 인식하는 경향을 보인다. 예컨대 인터넷 서핑, 이메일 작성, DVD 시청, 게임 또는 컴퓨터로 일기 쓰기 등 우리가 수행하는 모든 작업을 인식한다. 대부분의 사람들은 마이크로소프트의 윈도우 운영체제나 경쟁사인 애플의 운영체제를 사용하는데, 이들의 소프트웨어는 영업 비밀이다. 그렇기 때문에 아무도 정확하게 소프트웨어가 하는 일이 무엇인지, 그것이 어떤 데이터를 각 회사의 서버로 전송하는지, 그리고 정보기관들을 위한 어떤 '백도어'가 있는지 외부에서 판단하기는 어렵다.

모바일 세상: 속도를 감시하다

휴대전화는 우리의 일상과 더욱 밀접하게 연결되고 있다. 전화나 SMS를 받을 수 있는 것은 항상 현재의 위치를 포함하는 모바일 네트워크의 셀(cell)에 등록되어 있기 때문이다. 이것은 다른 세부적인 동선 프로필과 전화를 걸거나 SMS를 보내는 사람에 대한 정보를 생성한다. 이 데이터 수집은 모바일 인터넷 도입 이전에도 가능했다. 그러나 스마트폰의 인기가 높아지면서, 이러한 실용적인 소형 기기는 전화를 걸 수 있을 뿐만 아니라 고성능 컴퓨터이기도 하기 때문에 상황은 더욱 첨예해졌다.

이런 스마트폰도 운영체제를 기반으로 작동하며 두 공급업체가 시장을 결정한다. 구글이 지배하는 안드로이드(Android) 시스템과 이에 대응하는 애플의 아이오에스(iOS)다. 스마트폰이나 태블릿이 인터넷 사용에서 점점 더 많은 비중을 차지하고 있기 때문에 모바일 운영체제는 전화 데이터에 대한 정보뿐만 아니라 우리의 전체 디지털 라이프의 경향을 알고 있다. 또한 집이나 사무실의 PC나 노트북과 달리 스마트폰은 거의 항상 휴대한다. 따라서 모바일 운영체제는 우리가 무엇을 하고 있는지, 어디에 있는지, 누구를 알고 있고 누구와 디지털 통신을 하는지 알 수 있다.

악성 코드를 통한 감청

지금까지 기술한 시나리오들에 따르면 데이터는 기본적으로 생성되며 '피동적인' 대량 감시가 가능하다. 만약 국가 기구가 사람을 감시 목표로 삼는다면, 여전히 다른 방법이 있다. 피해자가 알지 못하게 장치 안으로 악성 코드를 심는 것이다. 이러한 트로이 목마는 예를 들면 이메일을 통해 목표로 하는 기기에 심을 수 있다. 이런 것들은 무해한 첨부 파일을 열거나 조작된 웹사이트에 대한 링크를 따라갈 때 설치된다. 컴퓨터가 어떤 국가의 트로이 목마에 감염된 경우 기기의 모든 내용을 읽을 수 있으며, 모든 활동을 기록하여 외부 당사자에게 전송할 수 있다. 특히 대규모 네트워크 기업의 데이터에 액세스할 수 없는 권위주의적 국가에 트로이 목마는 종합적인 감시를 가능하게 하는 대안적인 방법을 제공한다. 독일 당국은 국가의 정탐 소프트웨어를 비장의 수단으로 보유하고는 있지만, 독일연방헌법재판소가 극히 제한적으로 사용하도록 규정하고 있다.

데이터 파워: 어떻게 악용될 수 있을까

지식은 힘이다. 그리고 전 세계 인터넷 인구의 절반에 해당하는 사용량 데이터에 접근할 수 있고 많은 다른 원천, 기기, 오퍼로부터 정보를 수집할 수 있다면 많은 권력을 가진 것이다. 즉 우리가 어디에 있는지, 어디에 살고 있는지, 친구가 누구인지, 어떤 정치적 관심사, 어떤 성적 취향을 갖고 있는 지, 신체적으로나 정신적으로 얼마나 건강하고 아픈지, 어떤 종교와 관련이 있는지, 어떤 책, 음악, 영화를 보는지 등 우리에 관해 모든 것을 아는 것은 권력인 것이다.

대규모 네트워크 회사는 맞춤형 제품을 제공하거나 광고를 내기 위해 데이터를 평가할 수 있다. 나중에 사용하기 위해 21세기의 자원이라고 불리기도 하는 데이터를 재판매할 수 있다. 적어도 에드워드 스노든이 정보기관의 내부자로서 폭로한 이후로 정부가 이런 데이터에 얼마나 많은 관심을 가지는지 알려지게 되었다. 공개된 문서는 전 세계의 데이터에 접근하고 그것을 평가하고 사용하기 위해 미국의 국가안보국이 많은 노력을 하고 있다는 것을 보여주었다. 이 용감한 내부고발자는 또한 대규모 네트워크 회사가 자발적으로 또는 강제적으로 그들이 보유한 데이터를 사용할 수 있도록 내준다는 사실을 보여주었다. 다른 나라에서도 그와 비교할 만한 노력을 하고 있다. 영국에서는 정보기관 GCHQ가 비슷한 야심 찬 프로그램을 진행하고 있으며, 러시아에서는 인터넷 제공업체가 모든 데이터 패키지를 국내 정보기관인 FSB로 넘겨야 한다. 그리고 독일연방공화국의 정보기관들도 대량 감시를 위한 자체 역량을 구축하려고 노력하고 있으며, 우호국의 정보기관과 긴밀히 협력하고 있다는 것은 잘 알려져 있다.

감시 활동에 대해 우리가 알고 있는 대부분은 스노든과 같은 사람들의 유출에서 비롯된다. 서방 민주주의 국가와 그와는 거리가 먼 독재 국가에서 정보기관의 활동이 얼마나 광범위한지는 확실하지 않다. 그러나 이미 알려진 사실들은 인터넷이 전체주의적 특성을 띠고 있음을 보여준다. 국가는 원하기만 하면 모든 사람의 삶에서 가장 사적이고 상세한 정보에 온전히 접근할 수 있다. 가장 유명한 디스토피아 소설, 즉 조지 오웰의 『1984』에 나오는 이야기는 이제 현실이 되었다.

그리고 기술적 개발은 계속될 것이다. '스마트 홈(Smart Home)'을 매개로 디지털 기술은 많은 장점과 더불어 점점 더 많은 일상생활 영역에 침투하고 있지만, 또한 가능한 '부작용'도 있다. 텔레비전이 '스마트'해지면서 우리의 음성 지시를 듣고 마이크와 카메라를 사용하고 또한 우리의 생활 소리도 듣는다. 스마트도어는 우리가 접근하는 즉시 저절로 열릴 것이며 우리가 집에 있는지 없는지를 항상 기록할 것이다.

정부는 또한 남용 가능성에 대한 문제의식도 없이 점점 더 많은 데이터를 강력하게 원하고 있다. 독일 경찰은 독일 철도청과 함께 얼굴을 자동으로 인식하는 '스마트' 카메라에 대한 테스트를 진행하고 있으며, "데이터 저장"은 휴대전화 위치 데이터, 전화번호 및 인터넷 사용에 이용되는 데이터를 통신 회사가 몇 주 동안 자동으로 강제 저장하게 한다. 그리고 2018년부터 연방범죄수사청은 독일을 오가는 모든 항공편에 대한 모든 승객의 데이터 기록을 무료로 받는다. 이러한 조치는 최근 몇 년 동안에 추가되었다. 이것은 종종 테러 또는 일반 범죄와의 싸움에서 필요한 답변으로 설명된다. 역설적 논리로, 테러는 폭력으로 자유 사회를 공격하는데, 이에 대한 정부의 해법은 사회적 자유를 단번에 하나의 조치로 제한하는 것이다.

많은 국가에서 데이터의 오용이 분명히 존재하고, 이는 매일 때로는 잔인하게 발생한다. 누가 인기 없는 블로그 기사에 책임이 있는지를 밝혀내는 IP 주소, 금지된 데모에 참가한 자를 알려주는 스마트폰 위치 데이터, 소셜 네트워크에 올린 부적절한 코멘트 등으로, 예컨대 사우디아라비아, 러시아 또는 중국과 같은 국가에서는 직장을 잃거나 감옥형에 처해질 수 있다.

우리에게는 아무런 위험이 없는가? 독일의 많은 사람들은 디지털 감시에 대한 경고에 다음과 같이 응답한다. 발생하는 일에 대하여 숨길 것은 없다. 그리고 우리는 법치국가에서 살고 있다는 것이다. 네트워크 활동가들은 종종 이것을 순진하다고 조롱하고 무시한다. 물론 뮌헨 출신의 여교사 또는 막데부르크 출신 타일 제조공의 정치적이거나 평범한 또는 난처한 것이 디지털 방식으로 공개되는 것에 대해 아마 누구도 관심이 없으리라는 것은 어느 정도 적절한 얘기일 것이다. 총리실이나 연방 헌법재판소에 음침한 방은 아마 없을 것이다. 즉, 이들 관공서 사무실에서 신원이 불분명한 사람들이 로그 기록, 연락처 목록과 개인의 이메일을 무차별적으로 혹은 제멋대로 들춰보는 일은 없을 것이다.

그러나 한 가지는 분명하다. 데이터는 권력이며, 권력은 잘못 사용될 수 있다. 특히 독일연방공화국은 국가가 테러를 범했던 과거를 갖고 있다. 나치가 많은 동성애자, 신티족과 로마족(집시족), 공산주의자, 장애인 또는 소위 반사회적 인물들과 많은 유대인 집단을 수감하고 죽일 수 있기 위해서는 집단이나 정체성에 대한 정보와 지식이 전제 조건이 되었다. 옛 동독의 국가안보국(슈타지)은 거의 무법지대에서 개인 커뮤니케이션과 네트워크를 감시했다. 반정부세력의 의도를 알아내고 아무도 모르게 압박하기 위함이었다. 그리고 나치의 핑크 리스트는 초기 독일연방공화국의 아데나워 시대에도 동성애자를 공직에서 제외하기 위해 주도면밀하게 유지되었다.

오늘날 이런 리스트, 네트워크 프로필과 데이터베이스는 페이스북, 소셜 네트워크, 구글의 검색어, 스마트폰 데이터 그리고 인터넷 온라인 상의 클릭(예컨대 좋아요 클릭)과 메시지를 통해 훨씬 쉽게 만들 수 있다.

현실은 사회가 기울어져 전복될 수 있음을 보여준다. 민주주의와 인권의 유효성과 같은 역사적 투쟁을 통해 얻어낸 쟁취물들은 자명한 것이 아니다. 도널드 트럼프(Donald Trump)와 같은 정치인이 언젠가 더 이상 사회로부터 많은 저항을 받지 않게 된다면 무슨 일이 벌어질 것인가? 만약 권위주의적이며 감시하려는 충동과 우파 권력으로의 이동이 유럽에서 계속된다면? 그러면 데이터에 기반한 지식 권력은 어떤 인권과 어떤 인구 집단을 대상으로 삼게 될 것인가? 기술 자체는 결코 해(害)가 되는 것이 아니다. 엄밀히 말하자면 기술의 희생자는 케이블에 걸려 넘어져 우연히 코를 다치게 되는 사람뿐이다. 항상 다른 사람들을 제한하고 제재하고 투옥하는 사람들이 있다. 하지만 이것은 아마도 완전히 새로운 권위주의의 발전을 부채질하는 기술의 전체주의적 잠재력일 수도 있을 것이다. 기술의 개발이 처음부터 그것을 가능하게 하기 때문이다.

무엇을 해야 하는가?

실제로 이러한 위험에 대한 사회적 해법이 있다. 오퍼와 플랫폼이 더 이상 소수의 회사에 집중되지 않도록 하는 해법이다. 그리고 이와 같은 것은 시장의 힘으로 이루어질 가능성이 거의 없기 때문에 정치적 동기를 필요로 한다. 운영체제나 검색 엔진과 같은 기본 인프라에 대해 공개적으로 자금을 조달하는 균형추를 만들기 위한 목표도 고려할 수 있다.

정부와 정보기관이 방대한 양의 데이터를 취하여 활용하는 것을 금지하고, 회사가 신중하게 데이터를 사용하도록 강제하는 규칙이 필요하다. 이러한 법률을 시행하고 정보기관과 당국의 법 위반을 효과적으로 제재하려면 법원이 필요하다. 아마도 데이터 최소화에 대한 기본법이 도움이 될 것인데, 이 법은 국가가 항상 모든 새로 수집된 데이터의 남용 가능성과 새로운 조치들의 실제 사회적 이익이 무엇인지 검토하도록 강제하는 법이다.

이러한 법률이 존재하고, IT 기술에 대한 전문성을 가진 책임 있는 법원, 그리고 용기 있는 미디어가 있다면 우리를 보호할 수 있을 것이다. 그러나 이것에만 의존할 수는 없다. 디지털 저항을 위한 기술적 해법도 필요하다.

익명 소프트웨어인 토르와 다크넷이 그러한 해결책이 될 수 있는가?

토르는 몇몇의 경우에 도움이 된다. 네트워크의 특수한 구조 덕분에 인터넷 서비스 제공업체는 항상 사용자가 이용하는 첫 번째 토르 노드만 볼 수 있으며, 액세스한 웹사이트는 볼 수 없다. 목적지 페이지는 암호화된 토르 경로를 따라 마지막 노드만 볼 수 있으며 IP 주소를 볼 수는 없다. 쿠키는 토르 브라우저에서 허용된다. 그것들은 세션이 지속되는 시간 동안 유지되지만 다음 브라우저를 시작할 때 사라진다. 그러나 휴대전화로 지속적인 현재의 위치정보를 수집하는 일에 대해 토르는 거의 아무런 일도 하지 못한다. 또한 운영체제, 컴퓨터의 스파이 소프트웨어와 로그인 서비스를 프로파일링하여 가능해지는 감시에 대해 토르가 할 수 있는 일은 거의 없다. 토르 브라우저의 보급이 증가하여 많은 국가에서 더 많은 사람들이 페이스북을 사용하게 되면 이 소셜 네트워크의 데이터 권력은 훨씬 더 커질 것이다.

토르는 그럼에도 현재 데이터 밀집도가 적은 디지털 세계를 위한 가장 중요한 초석이다. 이 소프트웨어는 디지털 삶에서 부분적으로 익명의 활동을 가능하게 하고, 다크넷은 이 익명화를 강화한다.

해법으로서의 다크넷?

토르 다크넷이 갖고 있는 장점을 기억하자. 토르 브라우저를 사용하는 경우에만 콘텐츠가 보이기 때문에 사용자의 익명성은 기본적으로 보장되고 익명화되도록 강제된다. 데이터 생성에 대한 기술적 방해는 데이터의 오용에 대한 최선의 보호이며, 아마도 유일하게 효과가 있는 보호가 될 것이다. .onion을 사용하면 전송된 콘텐츠에 접근하거나 그것을 조작하기가 더 어렵다. 또한 .onion을 기반으로 파일 교환 프로그램인 어니언셰어 또는 다양한 다크넷 메신저와 같은 완전히 새로운 익명 서비스가 가능하다. .onion 아래의 주소는 삭제하거나 차단할 수 없으며, 다크넷은 저장 공간을 숨기므로 문제가 되는 페이지를 거의 추적할 수 없다.

토르 프로젝트 조직에 따르면 매일 약 200만 명이 토르 소프트웨어를 사용한다. 이들 중 20%는 미국에서, 러시아에서 12%, 그리고 독일에서는 11%가 접속한다. 얼마나 많은 사람들이 토르 브라우저로 일반 네트워크에서 익명으로 서핑을 하는지뿐 아니라 실제로 다크넷에 가는지에 대한 통계는 아직도 분명하지 않다. 토르 프로젝트는 그러한 숫자를 제시하지 않는다. 토르 데이터 트래픽의 3.4%가 다크넷을 이용한다고 조사되어 공개된 바 있다. 다크넷 트래픽 점유율을 사용자 점유율로 단정하는 것은 온전하지는 않지만 이러한 접근은 최소한 상황의 규모에 대한 대략적인 암시를 제공한다. 전 세계적으로 매일 약 7만 명이 다크넷을 사용하고 있고, 독일연방공화국에서 약 6000명의 사용자가 있다. 전 세계 인터넷 커뮤니티와 비교할 때 아주 적은 수치다. 전 세계의 인터넷 커뮤니티 사용자는 약 37억 명으로 추정된다.

다크넷의 크기를 살펴보는 것도 마찬가지로 균형 잡힌 관점을 제공한다. 토르 프로젝트에 따르면 2017년 중반에 약 5만 개의 .onion 주소가 있었다. 이것은 1600만 개의 .de 확장자명을 가진 웹 주소와 새로운 인터넷 확장자명인 .berlin에 비해 적은 숫자다. .berlin은 약 6만 개의 개별 주소를 갖고 있다. 또한 모든 .onion에서 웹 콘텐츠를 갖는다는 것이 가능하지 않음은 분명하다. 영국 왕립 런던대학교의 두 연구원은 다크넷의 규모를 측정하는 연구에서 2015년 초 약 5000개의 실제 .onion 웹사이트를 발견했으며 그중 절반만이 자신의 콘텐츠를 갖고 있었다고 밝혔다. 2017년 초의 연구에서 싱가포르와 미국의 연구원들은 7000개의 활성화된 주소를 발견했다. 다크넷의 규모와 사용자의 규모는 디지털 지하세계에 대한 미디어의 흥분에 비하면 극히 미미한 수준이다. 다크넷이 인터넷에 대한 희망적인 대안이 될 수 있는가?

닷어니언의 의미에 대한 의심

토르 네트워크의 확산이 부진한 것은 아마도 여전히 불완전한 기술 때문일까? 토르 네트워크가 적용받는 규제들을 살펴보면 여러 단점들이 보인다. 우선 토르 브라우저는 기존 브라우저보다 훨씬 느리다. 이것은 텍스트가 많은 블로그와 포럼에서는 거의 드러나지 않는다. 웹사이트가 여러 가지 이미지 요소, 광고 배너들 또는 비디오 콘텐츠로 구성되면 .onion의 경우에는 사실 매력이 없어진다. 또한 16자로 구성되는 다크넷 주소의 특성 때문에 콘텐츠 제공자에게도 .onion의 매력은 제한적이다. 토르 소프트웨어를 부분적으로 개선하면 길이는 앞으로 54자로 늘어난다고 한다. 그러면 네트워크의 보안이야 향상되겠지만 결과적으로 그런 주소를 기억하기는 더욱 어려울 것이다.

런던 킹스 칼리지에서 다크넷의 가치를 측정하는 연구를 수행한 정치 과학자인 토머스 리드(Thomas Rid)는 .onion이 실제로 어떤 의미가 있는지 질문한다. "합법적인 온라인숍, 학교 웹사이트 또는 전자 메일 서비스의 운영자로서 .onion 웹사이트는 어떤 역할을 하는가?" 일반적인 네트워크는 대부분 그 목적을 충족시킨다. 독재 정치에 저항하는 반대자들이 정치적으로 민감한 블로그를 만들려면 정부가 액세스할 수 없는 해외 어딘가에 콘텐츠를 저장해 두면 된다. 리드는 동일한 이름의 브라우저를 사용하는 것으로 토르 익명화 소프트웨어의 장점이 효과를 거둘 수 있기에 .onion과 같은 장소가 반드시 필요한 것은 아니라고 생각한다. 그러나 그는 다음과 같은 단점을 지적하고 있다. 다크넷 사이트의 잠재 고객은 IT에 정통한 소수의 사람들로 제한된다는 것이다.

토머스 리드는 현재의 .onion이 .onion project와 익명화 이념에 폐를 끼치고 있는 것은 아닌지 의심한다. 왜냐하면 많은 사람들에게 토르와 다크넷은 별반의 차이가 없기 때문이다. ".onion 기술은 불법의, 사악한, 아주 나

뻔 등의 평판을 갖고 있다. .onion 다크넷이 토르와 같은 암호화 기술의 명성을 손상시키는 것은 문제다. 한 가정의 아버지가 토르 브라우저를 설치한다고 가정해 보자. 아버지는 익명성이 중요하다고 생각하여 자녀들을 보호하고자 한다. 아버지는 여러 개요 목록들 가운데 다크넷에 대한 설명을 읽고 '제기랄, 이것을 클릭하면 안 되겠다'라고 스스로에게 말한다." 그는 작은 컴퓨터에서 토르 노드를 테스트한 것을 기억한다. 어떤 나쁜 콘텐츠가 전달될 수 있는지를 생각하면서 갑자기 불편함을 느끼는 것이다.

어떤 경우에 주소를 삭제할 수 없는지에 대한 논쟁은 계속되고 있다고 리드는 설명한다. 현재로서는 기술적으로 불가능하다지만 기술은 필요에 상응하도록 바뀔 수 있다. 토르 커뮤니티의 많은 사람들은 그들이 수동으로 개입하면 시스템 작동이 중지될 것이라고 생각하기 때문에 그런 가능성을 달갑게 생각하지 않는다. 그는 트위터처럼 단문 메시지 서비스와 같은 모델을 논의할 가치가 있는 것으로 여전히 생각하고 있다. 많은 사람들이 해당 콘텐츠를 착취물로 보고하고, 토르 프로젝트가 점검 과정에서 동일한 결론에 도달하면, 필요에 따라 그런 콘텐츠들은 삭제될 것이다.

2016년 가을 IT 잡지 ≪iX≫의 주최로 토머스 리드와 가진 첫 대화에서 그는 다크넷과 .onion 아래의 히든 서비스에 대해 분명히 회의적으로 보고 있었다. 그러나 반년 후, 그의 생각이 변하게 된 것은 미국에서의 정치적 변화, 즉 선출된 대통령이 법치 국가와 민주적 개념을 의문시하는 정치적 변화가 발생했기 때문이었다. 기본적인 의구심은 여전히 남아 있지만 리드는 정치적 가치평가가 어느 날 갑자기 바뀌는 게 가능하다고 여기게 되었다.

"여기서 중요한 기본 정치적 가정, 즉 다음과 같은 가정을 명시적으로 설명해 보자. 먼 미래에 확신에 차 있고 안정적인 자유민주주의가 있을 것이다. 그런 체제하에서 사람들은 편협한 권력이 금지하고 싶어 했을 것 같은 콘텐츠를 공개한다. 이런 가정을 한다면 자유 정치 운동의 플랫폼으로서 숨겨진 서비스가 절대적인 것은 아니다. 아이슬란드, 스위스, 독일 또는 미국에서 그런 일을 할 때 왜 숨겨진 서비스가 있어야 할까. 불행히도 우리는 자유주의 질서가 권위주의 체제로 바뀌는 역사의 많은 예를 알고 있다. 특히 독일에서 그랬다. 모든 자유민주주의가 아니라 정치적으로 가장 강력한 권한을 전복시켜야 한다. 따라서 바깥세상이 정말로 암울해진다면, 다크넷은 정치적 계몽의 중요한 발원지가 될 수 있다."

다크넷 발전을 위한 전제조건들

토르 다크넷 기술이 애초에 의도된 목적으로 거의 사용되지 않기 때문에 현재 상태에서 토머스 리드는 확신을 가질 수 없다. 위대한 약속과는 달리, 다크넷에는 무엇보다도 마약과 기타 불법 제품에 대한 시장이 있다. 기껏해야 접근 방식에서 정말 흥미로운 다크넷에 대해 말할 수 있을 뿐이다. 그게 정말로 다일까? 일반적인 인터넷의 현재가 이토록 황량하다면, 독재 정권 아래에서 자유를 사랑하는 사람들의 블로그들, 권력 남용에 관한 문서들, 대안적인 온라인 커뮤니티, 도대체 이들은 어디에 있는가?

.onion이 혹시 애초의 개발 목적을 이룬다면 그 다음에 무슨 일이 발생할 것인가 면밀하게 생각해 보자. 디지털화된 세상에서 종종 그렇듯, 다크넷은 양면적 측면이 있는 시장의 악명 높은 딜레마에 직면해 있다. .onion이 너무 매력적이어서 사용자가 이 새로운 디지털 장소에 관심을 갖게 되기 위해서는 다른 네트워크에는 존재하지 않는 충분히 흥미로운 오퍼들이 필요하다. 그 대신에 전제조건은, 사람들의 수고를 낭비하지 않는 콘텐츠와 서비스를 제공할 수 있는 충분히 많은 수의 사람들이다. 많은 디지털 프로젝트가 이 문턱을 넘지 못하고 실패한다. .onion은 어떻게 이 도약을 할 수 있을까?

우선 더 먼 거리에 위치하는 웹 프로젝트가 다크넷 주소를 획득하고, 적어도 .onion에서 더 많은 합법적 사용을 창출하는 것이 도움이 될 수 있다.

예를 들어 비정부 조직, 협회 또는 디지털 방식의 열린 정당 등의 웹사이트가 될 수 있다. 그런 다음 더 나은 지원과 탐색 서비스가 필요해지기 때문에 다크넷 검색 엔진의 질이 향상되고 더 나은 선별된 링크 목록이 작성되어야 한다. 이 목록은 더욱 최근의 정보이며 더 이상 사악한 일에 대한 참조를 포함하지 않는다. 다크넷의 블로그나 다른 특수 매체도 역동성을 제공할 수 있다. 주요 사이트인 Deepdotweb.com은 불법 다크넷 상거래를 위한 일종의 산업 매체에 가깝다. 그리고 일반적으로 블로그, 포럼, 위키와 뉴스 미디어와 같은 불법 시장 이외의, 가능하면 다크넷 전용의 콘텐츠가 더 많이 필요하다. 스타트업 언어로 말해보자면 '킬러 애플리케이션'이 필요할 수도 있다. 즉 시장에서 성공을 확신할 수 있기에 다크넷에 유리한 빠른 역동성이 생성될 수 있다.

물론 .onion의 수용은 소프트웨어에 달려 있다. 토르가 더 빨라지고 일반 웹브라우저의 속도에 거의 도달하면 .onion은 다른 인터넷 확장 프로그램과 동등한 수준의 대안이 될 수 있다.

그러나 광범위한 토르 다크넷 수용에는 더 많은 장애물이 있다. 양파친구들협회의 모리츠 바르틀은, 자신의 정체성을 숨기는 것을 우선으로 삼지 않을 경우 .onion 페이지를 설치하는 것은 배경에 약간의 IT 지식이 있다면 매우 평범한 일이라고 말한다. 그럼에도 불구하고 일반적인 기술적 장애물도 다크넷에서 어느 정도의 역할을 수행해야 한다. 일반적인 네트워크에는 다양한 기술적 지식수준을 아우르는 오퍼들이 있다. 도움을 받으면 몇 번의 클릭만으로 웹 주소를 얻을 수 있으며 서버 위치를 예약할 수 있고 페이지 작성을 위한 소프트웨어를 설치할 수 있다. 다크넷에도 그러한 도움 서비스가 필요할 것이다. 그리고 .onion이 정말로 매력 있는 장소가 되려면 오랫동안 사용되어 온 개념을 재고해야 한다. .onion 주소의 암호 문자열을 사람이 읽을 수 있는 다크넷 주소로 변환하는 이름 지정 시스템으로, 즉 보통 인터넷의 숫자 기반 IP 주소를 berlin.de 또는 wikipedia.org와 같이 이해할 수 있는 도메인으로 시스템을 바꾸는 것을 고려해야 한다.

미래의 다크넷 시나리오

훌륭한 기술이지만 현실적으로 큰 의미가 없는 경우와 기술적으로 빈약하지만 중요한 의미를 만들어낸 경우가 있다. .onion은 잘 고안되고 유용한 편이다. 그러나 언제나 성공 또는 실패를 결정하는 몇 가지 사항이 있다. 성공하려면 관심을 끄는 '상품'이 필요하다. 많은 약점이 있는 .onion의 경우가 그렇다. 그것을 발전시키고 그것을 알리는 사람들이 필요하다. 다크넷용 콘텐츠를 만드는 사람은 여전히 소수에 불과하며 토르 프로젝트는 .onion을 자랑스럽게 생각하기보다 다소 부끄러워하는 것 같다. 다른 일반적인 사회적 조건도 중요한 역할을 한다. 인터넷의 디스토피아적 현실을 살펴보면 그러한 기술의 시대가 무르익은 것은 확실하다. 그러나 지금까지 소수의 사람들만이 토르에 관심이 있었고 다크넷에 대해서는 관심이 더욱 적었다. 그 이유는 아직까지는 개인에게 구체적으로 위험이 나타나지 않았기 때문이다. 어쩌면 새로운 위기가 익명의 다크넷에서 갑자기 실행될 수도 있을 것이다. 아마도 그것은 데이터를 지배하는 권력이 추상적 가능성에 불과한 것이 아니라 매일 개인에게 해를 끼칠 수 있음을 보여주는 스노든 리크스(Snowden-Leaks)의 폭발력에 의해 새로이 드러났을 수 있다.

향후 발전에 대한 추론적 예측을 하는 대신 다양한 시나리오를 개발하고 .onion 다크넷이 10년 동안 어떻게 될 수 있을지를 고려해 보고자 한다.

시나리오 1: 옛날 옛적에 …… 다크넷

첫 번째 시나리오는 매우 비관적이다. 아무도 더 이상 토르 다크넷에 대해 이야기하지 않는다. .onion은 이전에 VHS의 경쟁 업체였던 베타맥스

(Betamax), 디지털 평행 세계 세컨드 라이프(Second Life) 또는 대체 모바일 운영체제 파이어폭스 오에스(Firefox OS)와 같이 대중의 인식에서 사라진 일련의 아주 흥미로운 기술과 제안의 일부다.

언론은 다크넷에서 벌어지는 불법 사업에 관한 똑같은 이야기를 반복하는 데 지치게 되었으며, 그렇지 않으면 뉴스에 실을 가치가 있는 일이 거의 진전되지 않았을 것이다. 마약 시장의 사용자들이 이주했으며, 그들은 스마트폰과 비공개 페이스북 또는 왓츠앱 그룹을 위한 특별 교환 앱을 사용하여 훨씬 더 편리하고 광범위하게 주문할 수 있음을 알게 되었다. 범죄자들은 또한 .onion이 이론적으로는 그 목적상 훌륭한 기술이지만 고객들이 적절한 규모로 따르지 않는다는 것을 알게 되었다. 다른 초기 사용자들도 내부 고발자를 위한 시큐어드롭 메일 박스가 있는 미디어와 다크넷을 대체하는 액세스 도어가 있는 대부분의 다른 사이트로 떠났다. 아무도 병행하여 다크넷 사이트를 이용하지 않으며, 기술적인 지원 노력은 다크넷이 아닌 다른 곳에서 더 많이 이루어지는 것 같다.

쇠퇴의 분위기를 걱정하여 마침내 페이스북도 다크넷에 머무는 것을 포기했다. 이전에 토르 기술을 옹호하던 페이스북이 떠난 후, 이 기술을 의미 있게 보는 사람은 아무도 없다. 결국 토르 프로젝트는 .onion에서 지속적으로 작업하는 것을 멈추었다. 팀에서 공개 투표를 한 결과, 조직의 희소한 자원을 다크넷으로 인한 이점보다 이미지 손상이 더 큰 토르 브라우저에 쓰지 않는 편이 더 낫다는 결론에 이르렀다. .onion 기술은 계속 존재하고는 있다. 그러나 더 이상 개선되지 않기 때문에 오류가 발생하기 쉬워 열렬한 팬들조차도 더 이상 권장하지 않는다.

시나리오 2: 작동하는 틈새시장들

다크넷이 주류로 퍼져나갔는지에 대해서는 말할 수 없지만 작동하는 일부 틈새시장이 .onion 아래에서 발전했으며, 이는 특히 마약 밀매 분야에서 확고하게 자리 잡았다. 거래의 약 절반은 여전히 거리에서 전통적인 방식으로 이루어지고 나머지는 '온라인'을 이용한다. 소비자들은 불법 환경과 직접 접촉하지 않는 토르 네트워크의 장점에 대해 이야기한다. 공원에서 집으로 가는 길에 경찰에 의해 조사를 받을 위험이 없으며 구매 리뷰 시스템이 개선되어 평균적으로 더 높은 품질을 보장한다.

의약품 분야에서도 기능적인 틈새시장이 등장했다. 반품 불가인 라이프 스타일 의약품이 판매되지만, 포괄적이고 사회적 재정 지원을 받는 의료시스템이 없는 국가에서는 암 또는 HIV 치료와 같은 '엄격한' 의약품도 판매된다. 이들은 다른 국가에서 불법적으로 수입된 복제약이거나 국가 보건 시스템에서 빼돌려진 의약품으로 일반 약국보다 훨씬 저렴하게 다크넷에서 제공된다.

의료계는 다크넷 거래에 대한 평가에서 상반된 견해를 보인다. 대부분의 제품이 실제로 효과적이고 통제된 방식으로 제조되기 때문에, 특정 상황들에서는 의학적 관점에서 이 '대안적인' 유통 채널에 대한 반대 의견이 거의 없다. 이것은 세계의 빈곤한 지역 그리고 많은 사람들이 건강 보험에 가입하지 않아 의사가 처방한 의약품을 배급받을 수 없는 국가에서 특히 유효한 견해다. 많은 사람들이 합법적으로 유통되는 약에 대한 비용을 감당할 수 없지만, 다크넷의 상당히 낮은 가격에 의해 이러한 사회적 불합리에 대한 비관습적인 교정이 이루어진다.

또한 자발적인 조정이 더욱 진전되었다. 일부 대학교 클리닉에서는 익명의 약물 검사 외에도 정품 그리고 무해성에 대한 시험을 마친 의약품 샘플을 제공한다. 더 큰 시장은 거래자가 정기적인 테스트를 통과할 수 있는 경우에만 의약품 거래를 허용한다. 의료 감독 없는 자가 치료의 유해한 영향을 최소화하기 위해 다크넷에는 상담 시간이 있다. 약물의 오용을 우려할 만한 이유가 있을 때 대응할 수 있도록 경보 시스템도 개발되었다.

일부 다크넷 서비스도 중요한 성과를 얻어낼 수 있었다. 소수의 인터넷 사용자만이 각각의 프로그램을 알고 있지만 특정 직업에서는 그것들이 표준으로 사용된다. 모든 주요 미디어와 많은 일간지는 토르 소프트웨어 시큐어드롭을 통해 일반 네트워크에서는 접속할 수 없고 .onion에서만 사용할 수 있는 내부고발자 사서함을 설치했다. 이들이 매일 빈번하게 사용되지는 않지만, 더 크고 작은 정치적으로 폭발적인 폭로들이 이런 식으로 반복적으로 공개된다. 민감한 문서를 다루는 모든 사람들—변호사, 언론인 또는 인권 단체의 사람들—은 특정한 활동을 위해 어니언셰어와 같은 다크넷 도구를 사용하여 파일을 보내거나 안전하게 채팅한다.

시나리오 3: 상업적인 포옹

세 번째 시나리오에서 .onion은 실제로 주류가 되지만 암호 무정부주의자 토르 커뮤니티가 상상했던 것은 아니다. 합법적인 네트워크 경제는 다크넷에서 비즈니스가 얼마나 훌륭하게 수행될 수 있는가를 발견했다. 그것은 모두 '초기에 악의적으로 관찰되었던 다크넷 커뮤니티'를 특히 매력적인 타깃으로 삼은, 즉 젊고 교육 수준이 높고 IT에 정통하고 도시적이며 혁신에 개방되어 있어 솔직하고 구매력이 있는 매력적인 대상 그룹으로 묘사한 시장 조사 연구로 시작되었다. 그들은 다크넷의 대안 아이디어와 정서적으로 연결되어 있다고 느끼기 때문에 디지털 지하세계에 뛰어드는 모든 회사에 대해 일반적인 호의를 가지고 있다. 그들은 '하이엔드 멀티플리케이터(High-End-Multiplikator)'라고 불리며, 새로운 상품과 네트워크 오퍼를 트렌드로 전환시킬 가능성이 있다.

컨설팅 업계는 이 새로운 '분야'가 얼마나 유리하고 전망이 좋은지를 처음으로 발견했다. '소셜미디어 상담'이라는 이름으로 신속하게 새로운 명함이 인쇄되었고, '다크넷 마케팅'에 대한 강의와 어드바이스로 좋은 보수를 받게 되었다. 대기업 컨설팅 회사의 대표자들과 많은 자영업자들이 대기업과 기업 협회의 회의실을 순례했으며 다크넷에서 큰돈을 벌 수 있는 가능성에 대하여 설교했다.

대형 미디어들은 웹 콘텐츠를 .onion 사이트에서도 병행하여 제공하기 시작했다. 그들이 익명화 기술과 관련이 있다고 생각한 것이 아니라 광고 논리 때문이었다. 그들은 다크넷 사용자를 특히 열정적인 광고 타깃 그룹으로 분류하여 고가의 전자 기기, 기술로 작동되는 완구, 게임과 신생 기업을 위한 맞춤형 광고를 내보냈다. 그들은 제품에 대한 바이럴 광고를 다크넷에서 유포하도록 권장했다. 페이스북은 다크넷에 광고를 내면 훨씬 높은 가격을 부를 수 있다는 사실을 처음으로 알게 되었다. 글로벌 광고 네트워크를 갖춘 구글도 그 뒤를 이었다. 이 대기업은 처음 몇 년 동안 토르 브라우저를 통한 검색을 거부했다. 그러나 수익성 있는 텍스트 광고가 포함된 세계 최대 검색엔진은 이제 .onion 주소를 갖게 되었고, 확장된 서비스에 고전적인 네트워크와 다크넷을 혼합할 수 있게 되었다.

구글과 페이스북에 이 분야를 모두 맡기지 않으려고 다른 사이트들도 다크넷으로 따라갔다. 비즈니스 네트워크 싱(Xing)은 .onion에 주소를 갖고 있으며 인터넷 제공업체 Web.de와 티온라인(T-online), 여행자를 중개하는 포털인 에어비앤비(Airbnb) 그리고 Booking.com도 그렇게 하고 있다. 이러한 서비스는 로그인을 해야만 사용할 수 있기 때문에 토르가 일반적인 브라우저보다 적은 정보를 제공하는 것은 비즈니스를 크게 방해하지 않는다. 슈피겔 온라인, ≪타츠≫와 빌트닷디이(bild.de)처럼 광고 수입에 의존하는 온라인 포털을 운영하는 미디어들도 다크넷으로 이동했다. 토르는 일반적인 데이터 수집 방법을 사용할 수는 없지만 다크넷은 이를 상쇄할 수 있는 장점이 있다. 광고를 꺼지게 하는 차단막을 설치하겠다는 생각을 아무도 할 수 없었던 이유는 많은 온라인 미디어들의 광고 수입을 떨어뜨릴 것이라고 생각했기 때문이었다. 크롬의 확장 프로그램 애드블로커(Adblocker)는 작은 소프트웨어를 확장하여 브라우저에 통합된다. 그러나 토르에서는 이러한 외부 소프트웨어가 모든 데이터 트래픽을 기록하고 이를 제3자에게 전달할 수 있기 때문에 브라우저 확장을 설치하는 일은 기피된다.

일반 네트워크에서는 광고 게시자와 광고 차단자 사이에 끝없는 경쟁이 있었다. 타깃의 주제별 레이아웃과 IT에 익숙한 정도에 따라 사용자의 20~60%는 광고를 보지 않을 수 있었다. 일부 미디어는 광고를 차단하는 사용자를 단순히 차단하기 시작했지만 만족스러운 해결책이 아니었다. .onion 주소는 광고 차단에 대한 가장 효과적인 대책으로 입증되었다. 높은 광고 차단율로 인해 어려움을 겪던 일부 IT 그리고 기술 포털은 완전히 .onion으로 이동하여 더 이상 이전의 웹 주소를 사용할 수 없다. '쌍방향 광고 협회(Interactive Advertising Bureau)'는 풍자적인 태도로 토르 프로젝트에 특별한 상을 수여했으며, 토르 조직은 이에 대해 격렬한 불만을 쏟아내며 거부한 바 있다.

또한 다크넷에서 비트코인 계정을 갖는 것이 디지털 경제에 유리하다는 것이 입증되었다. 많은 애플리케이션과 웹사이트는 비트코인 기반의 완전히 새로운 소액 결제 시스템을 내장하고 있다. 이는 특정 기능을 사용하기 위해 그리고 '프리미엄 콘텐츠'를 이용하기 위해 필요한 시스템이다. 이는 인터넷상의 고전적인 지불 서비스 제공업자에게는 너무 번거로운 일이지만, 암호화된 화폐의 도움을 받는 비트코인은 수백만 개의 개별 부분으로 나눌 수 있어 그 기능은 매우 훌륭하게 작동한다. 비트코인 이용의 확산은 고전적이고 불법화된 다크넷 시장 외에도 기술적인 기기들, 의류와 고급화된 제품들을 다크넷을 통한 합법적인 거래로 이끌었다. 잘란도의 한 관리자가 비전을 갖고 베를린 웹숍 그룹을 위해 다크넷 상점을 개설한 일은 정신 나간 사람의 부질없는 짓으로 여겨졌다. 그러나 다크넷 상품계류센터는 아디다스, 삼성, 리바이스의 고가 브랜드 제품을 판매하며 빠르게 성장했다.

다크넷의 합법적 디지털 경제에 대한 열광은 분명 부작용이 있다. 토르 프로젝트는 더 이상 정부 자금에 의존한다는 비난을 받지 않는다. 광고비와 디지털 경제 부문에서 페이스북, 구글 등 여러 회사의 후원금을 통해 토르 예산은 배가되었다. 토르 소프트웨어를 개선하고 다크넷을 가능한 한 기술적으로 개선하기 위해 고액의 급료를 받는 직원들이 IT 부서에 배치된다.

초창기의 네트워크 활동가들은 이러한 발전에 열광하지 않는다. 언제나 평판이 좋지 않은 다크넷은 바로 그런 이유 때문에 아주 흥미로운 곳이었지만 이제는 다른 인터넷과 마찬가지로 두루 황량하게 상업화된 장소가 되었다. 상업적인 제품 개발 능력과 마케팅 능력은 흥미롭고 비상업적인 .onion 오퍼들을 소외시켰다. 기술 블로그와 주요 네트워크 운동가 컨퍼런스의 논평란에는 종종 "이것은 우리가 꿈꾸던 다크넷 혁명이 아니다"라는 말이 나온다.

시나리오 4: 다크넷이라는 이름의 유토피아

이러한 발전과 함께 다크넷은 그 자체로 하나의 캐리커처가 되었다. 다른 무엇을 생각할 수 있는가? 다크넷이라는 이름의 유토피아는 어떤 모습인가?

디지털 유토피아는 희귀하다. 인터넷의 출현을 목격한 사람들은 진화하는 인터넷에 대해 걸었던 큰 희망을 기억한다. 그곳은 '오래된' 세계의 낡은 규칙을 무력화시킬 수 있는, 지배적인 권력이 없는 공간이 되어야 한다. 그곳에서는 출신지, 언어, 성별 그리고 계급과 같은 것들이 소용이 없고, 모든 것들이 글로벌 세상에서 함께 만나고, 공동으로 세상을 개선할 수 있어야 한다.

오늘날 인터넷의 디스토피아적 모습을 생각하면 말문이 막힐 법하다. 디지털 기술은 현재의 권력관계를 제거하지 못하고, 오히려 강화했다. 기껏해야 감시에 대한 방어와 네트워크 회사의 강력한 힘에 대한 보호에 초점이 맞춰질 뿐이다. 그러므로 우리는 다크넷의 유토피아가 구체적으로 어떤 모습일 것인가에 대해 생각해야 한다.

대항 인터넷으로서의 다크넷

언뜻 보기에 이 유토피아는 토르 다크넷에 대해 그려져 온 캐리커처와 비슷하다. 토르 다크넷은 .onion이라는 특별한 네트워크 확장자 주소를 갖고 있으며, 상업화되지 않는 훌륭한 공간이며, 오늘날 우리에게 잘 알려진 네트워크처럼 볼품없거나 증오로 가득하지 않다는 것이다. 특별한 어떤 일을 원할 경우에 사람들은 다크넷으로 간다. 다크넷을 가치가 넘치는 디지털 기술의 대안으로 만든 몇 가지 기술 개발이 있었다.

100% 익명성과 0% 검열

토르는 이미 높은 수준의 익명성과 검열에 대한 보호 기능을 제공한다. 그러나 둘 다 제한이 있는 경우에만 적용된다. 글로벌 패시브 공격이라는 네트워크에 대한 강력한 공격은 해결할 수 없는 문제로 간주된다. 일반 인터넷 인터페이스의 데이터 트래픽을 감청하는 정보기관은 정상적인 인터넷과 만나는 지점에서 토르 트래픽이 대량으로 발생하고 있다고 보고한다. 그들은 이들 트래픽을 평가하고 패턴 인식 방법을 사용하여 어떤 데이터가 어떤 사용자에게 귀속되는지 재구성할 수 있다(부록 참조). 또한 토르는 세계의 일부 지역에서는 사용하는 것이 쉽지 않다. 자유로운 통신을 차단하려는 정부는 IP 주소가 알려진 7300개의 토르 노드에 대한 접근을 차단한다. 이에 대한 대응으로 '브리지(bridge)'라는 비밀 노드가 있으며, 이 IP 주소는 사용자가 요청할 경우에만 알려준다. 그러나 이것이 항상 도움이 되는 것은 아니다. 거대한 검열 기구를 갖춘 중국 정부는 종종 이러한 특수한 노드를 찾아 접속을 차단할 수 있다.

이 유토피아에서 토르 프로젝트는 정보기관이나 검열 당국과의 기술 장비 경쟁에서 승리하기 위해 트릭을 사용하는 데 성공했다. 예를 들어, 각 토르 사용량 외에도 가상의 데이터 트래픽을 대량으로 생성하여 가장 스마트한 평가 프로그램조차도 사용 가능한 패턴과 ID에 대한 근거를 더 이상 찾을 수 없다. 토르는 나머지 인터넷의 데이터 패킷에 매우 영리하게 숨겨져 있어 감시 체제가 둘 중에서 하나만 선택하게 한다. 즉, 국가는 모든 인터넷 사용에서 격리되어 점점 더 네트워크화되는 세계에서 일상과 경제생활에 해로운 영향을 미치게 되거나, 아니면 토르가 자유로운 인터넷에 접근할 수 있게 한다는 사실에 순응하게 된다. 그 이후로 중국과 사우디아라비아, 이란, 심지어 북한에서도 큰 장애물이 없이, 그리고 금지된 의사소통 중에 노출될 위험이 없이, 실제로 커뮤니케이션이 가능해졌다. 일반 네트워크에서 웹사이트에 액세스할 수 없는 경우 전문화된 .onion 검색엔진을 통해 해당 웹사이트의 다크넷 버전을 찾을 수 있다.

초심으로 돌아가기

변화를 거의 일으키지 않는 고전적인 디지털 세계의 경제적 역학관계는 더 이상 다크넷에 적용되지 않는다. 근본적으로 다른 방식으로 기능하는 새로운 오퍼들이 나타난다. 구글 대신 여러 가지로 훌륭한 다크넷 검색엔진이 있다. 초기에 .onion에 있었지만 데이터 부족 때문에 사랑을 받지 못했던 페이스북 대신에 다크넷 군중은 다른 여러 소셜 네트워크에 산재하고 있다. 이것은 다양한 오퍼를 통해 별문제 없이 서로 소통할 수 있게 만들었다. 반면에 아마존은 다크넷에서 거의 매출을 올리지 못한다. 그 대신에 합법적인 다크넷 상거래 세계는 중심적인 센터 없이 개발되었으며, 여기서 거래자와 직거래가 맺어지고 진행되어 처리된다.

온라인 백과사전 위키피디아 모델을 기반으로 한 다양한 협업 프로젝트가 등장했으며, 더 복잡한 프로젝트는 비트코인 기반의 소액 결제 시스템에 의해 자금이 지원된다. .onion 아래에서도 관련된 시장 점유율을 확보하려는 몇 번의 시도가 실패한 후 대형 네트워크 회사들은 이곳을 포기했다. 데이터의 절제 그리고 투명성과 같은 기본 원칙을 지키는 대안적인 장소로서 다크넷은 스스로를 입증하고 있다. 데이터를 과도하게 활용하려는 포털은 단순하게 무시된다. 다크넷에서 오픈소스 이념의 원칙에 따라 코드, 즉 소프트웨어의 청사진을 공개하는 것은 좋은 일이다. 누구나 내부에서 무슨 일이 일어나고 있는지 정확하게 들여다볼 수 있다

콘텐츠를 위한 동력으로서의 다크넷

다크넷의 검색엔진은 실제로 표시할 것이 많다. 다크넷에 대해 항상 이야기되는 것은 사실이다. 재야의 반대 세력, 활동가, 내부고발자 등이 다크넷에 자리를 잡았다. 완전히 새롭고 자유로운 디지털 공간의 존재는 전 세계 사람들이 정치적 콘텐츠를 만들도록 독려했다. 인종 차별과 부패뿐만 아니라 국가 폭력이 다크넷에서 알려진다. 방글라데시의 섬유직 종사자들은 일상생활을 블로그에 묘사하고 사우디아라비아와 중국의 야당 인사들은 정치적 투쟁에 대해 이야기한다. 기업에 의한 생태적 범죄가 문서화되고, 제품이 해외에서 제조되는 조건이 이해될 수 있는 플랫폼들이 있다. 다크넷 위키, 신중하게 선별된 기능을 갖춘 검색엔진 그리고 감시 블로그는 새로운 다양성을 구성하는 데 도움이 된다.

기존 미디어의 다크넷 사서함과 위키리크스 스타일의 독립 플랫폼에서 문서가 매일 업로드되어 부패한 범죄자 엘리트들을 곤란하게 한다. 그런 포털에서는 여러 언어와 여러 주제가 있다. 광범위한 IT 지식이 없어도 비밀을 말할 때 높은 익명성을 유지할 수 있다. 따라서 모든 공보 업무는 다크넷에 정착할 확률이 높아서 정부와 회사 간의 계약, 부처와 당국의 파일, 상업

적인 계약과 법률 초안, 조세 피난처 계정 목록, 대규모 네트워크 회사의 알고리즘 등 모두 식별 가능하다. 끊임없이 증가하는 디지털 라이브러리는 누출된 정보로 가득 차 있으며, '권력자의 비밀 지식'과 같은 것은 거의 없다. 전 세계 또는 지역 차원에서 다소간의 혼란이나 부패, 인권 침해가 없는 곳은 없기에 어떤 장소에서든 디지털 권력자의 비밀 지식은 다크넷으로 흘러들어온다.

이로 인해 오늘날 상황과 반대되는 상황, 즉 공적으로 중요한 과정들이 최고로 투명한 최고의 사적 영역에 도달하게 된다.

다크넷의 글로벌 시민사회

전반적으로 네트워크로 연결되고 불만을 제기하고 이를 변경하는 방법을 논의하는 기능적인 글로벌 시민사회가 등장했다. 실시간 번역 기술이 너무 좋아져서 출신지와 언어가 더 이상 중요하지 않은 글로벌 교류가 이루어지고 있다. 정상적인 네트워크에서 삶에 해를 입히는 악의적인 증오 메시지는 더 이상 거의 접할 수 없다. 많은 사람들이 '그들의' 디지털 공간에 대해 책임감을 느낀다. 익명의 보호 아래 괴롭히고 모욕하는 사람은 익명성으로 얻는 유익을 빠르게 상실한다. 모순은 항상 너무 거대하고 지속적이다.

다크넷의 글로벌 시민사회는 오랫동안 불가능하다고 생각했던 것을 보여준다. 이 자기 조직은 디지털 공간에서 작동할 수 있다. 다양한 선거, 분쟁 해결 그리고 위임 절차가 실험되고 있다. 많은 사람들에게 놀랍게도 이러한 행위들은 실험적인 혼란에도 불구하고 작동한다. 협력의 기초는 공동으로 협의된 글로벌 다크넷 사회계약이다. 이것은 개인 정보 보호를 기본 규칙으로 정의하고 가능한 한 가장 높은 상태의 투명성과 서로에 대한 상호 존중을 목표로 설정한다. 국가 경계에 의해 세계에서 분리되고 피부색, 성별 또는 자본의 한계에 의해 계층으로 구성되었던 사람들은, 여기서는 동일한 목소리를 내며 나란히 서 있다.

그러한 발전을 위해 모든 경우에 항상 다크넷이 필요한 것은 아니다. .onion 기술은 다양한 디지털 현실에 대한 광범위한 요구를 실현시키는 촉매제가 되었다. 그리고 그런 실현이 이루어지는 것으로 이해되면서 많은 사람들이 뛰어들어 참여했다. 따라서 다크넷은 검열 그리고 감시로부터 피난처를 제공할 뿐만 아니라 일반 네트워크에서의 증오와 피상성을 피할 수 있는 완전한 대안 인터넷이 되었다.

또 다른 것이 더 가능한가? 다크넷 외부의 아날로그 세계도 이상과는 거리가 멀다. 자유, 평등 또는 어느 정도는 품위 있는 삶에 대한 권리와 같은 계몽적인 이상은 세계의 많은 지역에서 실현되지 않았다.

글로벌 차원에서 자원의 분배는 공평하지 않다. 배고픔에 시달리고 굶어죽어가는 사람들이 있는 반면, 다른 곳에서는 남아도는 음식이 폐기 처분된다. 노예와 다름없는 조건에서 일하는 섬유공장 사람들 덕분에 세계의 다른 지역에 사는 사람들은 값싼 티셔츠를 구입할 수 있다. 많은 국가에서 인종차별이 지배적이고, 독재자들은 선거를 조작하거나 자유로운 선거를 허용하지 않으며, 엘리트들은 가난한 나라의 자원으로 부유한 삶을 영위한다. 반대자들은 억압을 받으며 독단적으로 투옥된다.

심지어 서구 민주주의 국가에서도 모든 것이 완벽하지는 않다. 가장 부유한 나라에서도 다리 아래에서 잠을 자야 하는 사람들이 있다. 정부와 기업은 자국의 인본주의적 가치에 전념하고 있지만 해외에서는 종종 인권과 같은 것이 없는 것처럼 행동한다. 우리 국가들은 악한 체제들에 부끄러움도 없이 무기와 자본을 제공하고 있고, 우리 기업들은 가난한 나라에서 제품을 생산하면서 자연과 민생이 파괴되는 것을 내버려두고 있다.

독재자의 해킹

디지털 지하세계의 유토피아적인 발전을 요약해 보겠다. 다크넷은 진정으로 자유로운 의사소통과 실제로 전 세계 정보에 대한 접근을 가능하게 한다. 이것은 억압적인 정부를 가진 국가들에서 강한 반대 활동을 펴는 데 필요한 조건이다. 다크넷에는 광범위한 '유출 문화'가 있어 권력 남용 사건이 항상 공개되도록 한다. 그리고 세계적으로 활발한 네트워크로 연결된 시민사회가 있다.

다크넷은 현실의 시스템을 변경할 수 있는 잠재력을 보유하고 있는가? 또는 기술 분야에서 떠도는 얘기처럼, 아날로그 현실을 해킹하는 것인가? '해킹'은 일반적으로 디지털 시스템에 대한 공격을 의미한다. 더 넓은 정의로는, 해킹이란 기존 시스템의 제한을 정보와 창의성으로, 비관습적인 방식으로 제거하려는 시도를 말한다. 이러한 정의는 사회, 경제, 예술계 또는 언어에도 적용 가능하다.

다크넷과 토르 기술은 인터넷 해킹에도 성공했다. 그럼에도 고전적인 IP 주소 시스템은 계속 사용된다. 토르는 중첩된 전달 모델을 통해, 식별하고 검열할 수 있는 인터넷의 '기본 기능'이 더 이상 적용되지 않도록 한다. 다크넷은 항상 커뮤니케이션의 양쪽 당사자에 대한 완전한 익명성을 표준으로 제시하여 스스로의 원칙을 극단까지 밀어붙인다. 다크넷의 도움을 받는다면 다른 사회적 시스템과 그것의 권력관계를 깰 수 있을까?

독재국가의 모든 사람들이 모든 정보에 실질적으로 접근할 수 있고 박해에 대한 두려움 없이 자유롭게 토론할 수 있다면 어떨까? 나라의 부패와 고문, 선거 부정과 뇌물에 대해 자유롭게 토론할 수 있다면, 다크넷의 깨어 있는 대중이 글로벌 캠페인으로 민주화 노력을 지원한다면 어떨까? 다크넷이 독재를 전복시킬 수 있을까? 현실에서는 격변하는 권력의 진공을 틈타 다른 독재 정권만 등장하기 마련인데, 다크넷을 통해 상황이 달라질 수도 있다.

시민사회는 새로운 민주주의적 관계들을 조직할 수 있는 가능성을 다크넷에서 발견했다. 사회적 불만이 기본적으로 공개된다면, 그것은 서구 민주주의도 변화시킬 수 있을 것이다. 민주주의를 훼손하는 불법 정당 기부와 불법 로비는 다크넷에서의 유출과 토론으로 인해 해당 권역의 정부와 기업들에 알려지고 널리 전해질 수 있다. 가난한 나라에서 노예를 연상시키는 착취 조건 아래 제조된 제품이 지속적으로 판매될 수 있을까? 정부나 기업은 (여전히 인권과 같은 것은 없는 것처럼) 해외에서의 적극적인 행동을 허락받을 수 있을까?

이 유토피아에 탄생한 세계 시민사회는 진지한 정치 행위자로서의 글로벌 캠페인과 함께 나타난다. 다크넷은 반인터넷으로서의 아웃사이더 위치에서 아날로그 세계에서도 긍정적인 발전을 이끌고 있다. 그것은 현실을 '해킹한다'. 그리고 다크넷은 실제로 세상을 더 나은 곳으로 만드는 데 성공한다. 저항이 권위주의 정권을 휩쓸 것이고, 서구 국가들은 글로벌 차원에서 더욱 공정한 행동을 할 것을 요구받을 것이다.

두 번째 시도

우리는 모두 네 가지의 비관적인 것에서부터 낙관적인 것까지 시나리오를 설계했다. 그들은 얼마나 가능성이 있을까? 다크넷이 언젠가 대중의 인식에서 사라질 가능성을 배제할 수는 없다. 이것은 항상 일어날 수 있다. 그러나 암호화된 숨겨진 네트워크에 대한 아이디어는 세상에서 사라질 것 같지는 않으므로 이 경우 다른 다크넷 개념이 .onion을 대체할 것이다. 하지만 토르 다크넷이 사라지는 것보다 적어도 틈새시장에서 .onion이 계속 중요성을 가질 가능성이 높다. 하이퍼 익명 사서함은 내부고발자와 미디어 전문가에게 매우 실용적이며, 다크넷 의약품 거래에 대한 전문성과 인식은 계속 증가할 것이다. 사용자들의 적절한 수가 .onion 아래에 실질적으로 존재하고 있다면 어느 시점에서 합법적인 경제가 활성화될 가능성이 있다. 디지털 경제가 그저 너무 빠르고 적응성이 높아서 어디에서나 수익성 높은 비즈니스 모델을 개척하는 것은 아니다.

그리고 네 번째 낙관적인 시나리오는 어떠한가? 우리는 유토피아의 두 가지 단계를 알게 되었다. 첫 번째 단계에서 절박하게 개발된 .onion은 고전적인 디지털 세계에 문제를 일으키는 역동적인 인터넷이 되었다. 두 번째 단계에서, 그것은 또한 실제 세계에서 권력관계를 '해킹'한다. 자세히 살펴보면 이에 대해 많은 이야기를 할 수 있다. 그것은 기술의 실현 가능성으로 시작한다. 토르의 영리한 지성은 익명 네트워크에서 감시와 차단을 방지하는 새로운 트릭을 항상 찾을 것이다. 그러나 훌륭한 자원을 보유한 정부는 더욱 정교한 전략으로 토르의 모든 기술적 트릭에 대응할 것이다.

기술은 결코 진공 상태에서 작동하지 않는다. 정치는 특정 활동에 규칙을 부여하여 조정하거나 적어도 운동을 어렵게 만들기 위해 권력을 행사할 수 있으며, 경제는 어떤 운동에 영향력을 행사하여 고유의 성격을 상실하게 할 수 있다. 발전이라는 것은 처음에는 파괴적인 것처럼 보이지만 종종 지배적인 사회 구조에 의해 빠르게 받아들여진다.

기술이 세상을 더 좋게 변화시킬 수 있다는 희망은 과거에 여러 차례 실망으로 귀결되었다. 디지털 기술의 발전이 어떻게 세상을 보다 민주적이고 평화롭고 자유롭고 다양하게 만들 수 있는지에 대한 거창한 유토피아는 1990년대에 이미 전성기를 보냈다. 인터넷의 가능성에 대해 열광적인 이야기를 들었던 경험자라면, 더 이상 다크넷이 약속하는 희망을 쉽게 받아들이지 않을 것이다.

그러나 다크넷이 기여하는 중요한 것은, 그것이 비록 틈새시장이라 하더라도, 오늘날 사용되는 인터넷에 대한 디지털 방식의 대항 모델로 존재한다는 점이다. 아마도 앞으로의 발전은 우리를 더욱 놀라게 할 것이다. 다크넷은 더 나은 세상을 만들 수 있는 두 번째 기회가 될 수 있다. 결국 우리는 이미 경험한 것을 되돌아보고, 무엇이 잘못될 수 있고 어떤 일을 만들어가야 하는지 알 수 있기 때문에, 더 이상 더듬거리며 발전을 지연시킬 필요가 없다는 장점을 갖게 된다. 오늘날 많은 사람들에게 낯설게 보이지만, 다크넷의 도움을 받아 아마도 거대한 무언가를 탄생시킬 수 있을 것이다. 그것은 적어도 한 번은 시도해 볼 가치가 있는 것이다.

부록

인터뷰

"닷어니언은 1990년대 초 인터넷을 떠올리게 한다"

모리츠 바르틀은 양파친구들협회(Onion Friends Association)의 창립자이자 이사이며, 다양하고도 강력한 토르 노드를 운영한다. 여기에 .onion 다크넷의 상황과 익명화 소프트웨어 토르의 장단점에 대한 인터뷰를 싣는다.

현재 .onion 다크넷에 대하여 당신이 받은 인상은 무엇인가?

우리는 개발의 시작 단계에 있다. 더 흥미로운 콘텐츠가 확장자명 .onion 아래에 만들어지기를 바란다. .onion은 1990년대 초의 인터넷을 떠올리게 한다. 작동하는 검색엔진은 거의 없고, 탐색은 링크 목록을 통해 이루어지고, 링크의 80%는 작동하지 않으며, 디지털 공간은 단순히 실험 지대로 이용되고 있다.

.onion에서 다크넷 사이트가 제공하는 이점은 무엇인가?

첫째, 토르 브라우저를 통해서만 .onion에 도달할 수 있으므로 사용자를 보호한다. 둘째, 페이지를 삭제할 수 없다. 그리하여 전송된 페이지 내용을 조작할 가능성이 거의 없다. 사람들이 안정적인 .onion 주소를 방화벽을 넘어 기존의 고전적인 홈 네트워크에서 변경되는 IP 주소와 함께 운용할 수 있다는 점은 흥미롭다. 이것은 모든 기기와 연결할 수 있는 사물 인터넷(IOT)에서 유용할 수 있다.

토르는 수천 개의 인터넷 노드 네트워크를 기반으로 한다. 자신의 노드에 참여하는 것은 거추장스러운 일이 아닌가?

시간, 비용과 노력이 최소화되는 장점이 있다. 한 달에 50유로의 서버 임대비용을 지불하면 훌륭하게 활용할 수 있다. 업데이트를 해야 하지만, 자동으로 수행하도록 할 수 있다. 때때로 법 집행기관은 유저의 IP 주소를 문의한다. 그럴 때면 우리는 기술적으로 유저의 주소를 전혀 알 수 없다고 대답하면 그들은 질문을 거둔다.

토르는 중요성에 대하여 어떻게 평가하는가?

독일연방정부에서는 통신을 도청할 수 있는지에 대해서 헌법상의 보호 문제가 제기될 수 있다. 토르를 이용하는 사람들의 경우 삶과 죽음의 문제와 맞닿아 있는 경우도 있다. 더 많은 사람들이 토르를 사용할수록 개인의 위험성은 경감된다고 할 수 있다. 디지털 기술이 일상화된 생활 속에서 90%의 사람들이 토르 브라우저를 사용한다면, 실제로 정치적으로 위험에 직면한 유저들의 익명성은 확대된다.

토르는 어느 정도로 글로벌하게 활용 가능한가?

일부 국가에서는 토르를 차단하려는 시도가 있다. 검열과의 경쟁은 언제나 있다. 예를 들어, 중국 정부는 토르 노드 뒤에 숨겨진 채 연결될 수 있는 모든 IP 주소에 접속하고 노드를 차단하기 시작했다. 그러나 모든 노드를 인지하고 차단할 수는 없다. 종종 토르에서는 약간의 트릭이 사용된다.

토르는 실제로 얼마나 안전한가?

여타의 기술과 마찬가지로 토르는 완벽한 익명성을 제공하지는 않는다. 가장 큰 위협 시나리오는 글로벌 차원의 패시브 공격자들이다. 토르 네트워크 또는 그 가장자리에 있는 대규모 감시 자원들에 의해 데이터가 활용된다. 그런 다음에 데이터의 어느 부분이 같은 하나의 자료인지 찾는다. 이에 대한 진정한 해결책은 없다. 이런 과정을 불가능하게 하거나, 상당히 어렵게 하는 방식으로 네트워크를 설계하는 방법에 대한 제안이 있을 뿐이다.

그렇게 되면 토르는 변형되고 속도는 늦어져서 아무도 사용하지 않을 것이다. 그럼에도 토르가 더 이상 안전하지 않다고 보고될 것으로 생각하지는 않는다. 기술적으로 비교해 본다면 이와 비슷한 정도로 강력한 익명성과 안전한 설계도를 갖춘 다른 기술은 없다.

"우리는 새로운 현상의 시작에 있다."

사회과학자 **메로피 차네타키스**(Meropi Tzanetakis) 박사는 비엔나 사회과학센터에서 2년간 암호화 시장을 분석하고 마약 구매자와의 인터뷰를 수행했다. '약물, 다크넷과 조직된 범죄'를 탐구하고 이 주제에 관한 최초의 학술적 출판물을 내놓았다. 이 연구는 다크넷 거래의 장점과 단점에 주목한다.

왜 사람들은 다크넷에서 마약을 구매하는가?

이에 대한 몇 가지 이유가 있다. 다크넷 시장에서 피드백 시스템의 도움을 받아 구매하기 전에 약품의 품질을 충분히 평가할 수 있다. 소량의 주문으로 작은 소포가 전달될 때 약물 배달로 밝혀질 가능성은 비교적 낮다. 약물을 구입할 때 거주지를 벗어날 필요가 없기 때문에 편리하다.

고객에 대해 무엇을 알고 있는가?

다크넷에서 마약을 구매하는 사람들 80%가 남성이며, 20대 중반에서 후반의 나이에 교육을 받은 계층이라는 것이 다른 연구를 통해 알려져 있다. 고객들은 사회경제적으로 부유한 계층에 속한다. 비정기적으로 마약을 이용하는 고객, 파티에 참여할 때 또는 여가 시간에 마약을 소비하는 고객이 대부분이다.

그리고 판매자들에 대해서는 무엇을 알고 있는가?

판매자의 4분의 1은 미국 출신이라고 한다. 약 30%는 유럽에서, 비교적 작은 수치인 9%는 호주에서 온다. 우리가 알기로는 판매자의 3분의 2는 마약 거래를 생업으로 하지 않는다. 마약 밀매로 생계를 유지하는 사람은 5%에 불과하다.

다크넷 마약 거래를 학자의 입장에서 어떻게 평가하는가?

장점과 단점이 동시에 있다. 한 가지 장점은 소비자가 위험하게 오염된 마약으로부터 자신을 더 잘 보호할 수 있다는 것이다. 평가를 통해, 거래자가 제공한 정보가 이전 고객의 경험과 일치하는지의 여부를 확인할 수 있다. 문제는 구매 시 제한이 없다는 것이다. 이는 어린이와 청소년과 같은 그룹뿐만 아니라 경험이 없는 사람들, 효과를 평가할 수 없지만 다크넷에 대한 호기심으로 무언가를 주문하고 혼자 소비하는 사람들에게도 적용된다.

다크넷은 마약 거래 전반에 어떤 영향을 미치는가?

이용 가능 여부는 다른 문제다. 우리는 새로운 현상의 출발점에 있다. 사람들이 익명으로 불법 물질을 제공하고, 다른 사람들은 비교적 익명으로 제품을 구입하는 것이 갑자기 가능하게 되었다. 돈을 지불하고 마약을 받기 위해 만날 필요가 없어졌다.

다크넷이 현재의 법 규정을 무력화시킨다면, 현재의 마약 정책을 바꿀 필요가 있는가?

나는 그렇게 생각하지 않는다. 마약 연구 커뮤니티 내부의 대다수는 다른 유형의 정책이 필요하다는 결론을 내렸다. 많은 연구에 따르면 지금까지의 규정들은 마약 사용을 줄이지 못했다. 그러나 불행하게도 대부분의 마약 규제 정책은 연구 상황과 축을 달리하고 있다.

마약물 정책의 개정은 어느 방향으로 가야 하는가?

사람들은 마약을 소비하지만, 대부분 맥주를 마시는 것처럼 어떤 부작용 없이 사용한다는 식의 접근을 수용하려는 시도가 있었다. 이들을 더 이상 범죄자로 만들 필요는 없다. 위험 그룹은 어떤 식으로든 취약한 사람들이다. 우리는 다크넷에서 약물을 구입할 가능성을 포함하여 어린이와 청소년을 어떻게 보호할 수 있는지 살펴봐야 한다. 우리는 중독자, 특히 어려운 사회적 상황에 있는 위험 그룹을 관리해야 한다. 그러나 이들은 다크넷에서 약물을 구매하는 사람들이 아니다. 또한 절박하게 의존적인 경우 때로는 긴 배송 시간이 더 큰 문제가 된다. 길거리에서 구매하는 마약은 그러나 즉시 소비 가능하다.

참고문헌: Tzanetakis, Meropi und Stöver, Heino (Hg.). 2017. *Drogen, Darknet und Organisierte Kriminalität*. Nomos Verlag.

"프라이버시 영역 없이 민주적 언론은 형성될 수 없다."

인디미디어(Indymedia)는 전 세계적으로 활발한 좌파 운동가들의 뉴스 사이트로, 정치 발전에 대해 기록되고 토론이 이루어지며, 그룹들끼리 네트워크를 구성한다. 개별 버전을 유지·관리하는 지사인 독립미디어센터(Indypendent Media Center)가 있다. 그중 하나가 de.indymedia.org이다. 그 배후가 되는 기술 집단은 콘텐츠에 대한 대체 출입구로서 하나의 다크넷 주소를 설정하고 있다.

de.Indymedia는 어떻게 .onion에 둥지를 틀게 되었는가?

인디미디어의 기본적인 주장 가운데 하나는 게시한 사람들의 프라이버시를 가능하면 고양시키는 것이다. 예를 들어 지금까지 독립미디어센터의 의무는 IP 주소를 기록해서는 안 된다는 것이다. 독일의 독립미디어센터는 이것으로 충분하지 않다고 반복해서 강조하며 처음부터 토르 브라우저를 사용하여 익명으로 서핑하고 인디미디어에 게시할 것을 요구했다. 따라서 .onion에 자리 잡는 것은 논리적인 귀결이다.

당신이 기대한 것은 무엇인가?

인디미디어는 물론 .onion 주소 없이 토르를 통해 제어할 수 있지만, .onion 주소는 신뢰할 수 없는 출구 노드의 문제를 피할 수 있기 때문에 토르 사용자에게는 기술적 이점이 있다. 이는 전송 중에 이론적으로 콘텐츠를 조작할 수 있다. 나아가 .onion 주소는 기존 네트워크의 주소 시스템에 의존하지 않고 인디미디어에 도달할 수 있는 가능성을 제공한다. 또한 이 도메인 이름 시스템을 통한 공격으로부터 보호할 수 있게 한다.

.onion의 존재로 지금까지 어떤 경험을 했는가?

.onion 주소는 지속적으로 디도스(DDoS: Distributed Denial of Service) 공격이 있을 때 프로젝트에 가장 많이 사용되었다. 공격을 받는 동안 .onion 주소를 통해 de.indymedia.org에 계속 액세스할 수 있다. 일부 사용자만 .onion 주소를 통해 액세스하는 데 사용되었기 때문에, 프로젝트는 이 기간 동안 트래픽이 크게 감소했지만, 게시된 항목의 수는 비교적 일정했다. 프로젝트는 여전히 접근 가능하고 사용 가능했다.

인터넷의 대체 기술 관점에서 일반적으로 토르를 어떻게 생각하는가?

미 국가안보국의 프리즘과 같은 감시 프로그램과 향후 일반적인 데이터 저장 창고의 시대에는 토르 네트워크를 사용하는 것이 좋다. 토르 네트워크 사용자가 많을수록, 그리고 토르 브라우저 사용이 널리 퍼질수록 보안 수준이 강화된다.

그리고 .onion에 대해서는 어떻게 생각하는가?

히든 서비스를 사용하면 네트워크의 기존 주소 시스템에 대한 보다 민주적인 대안을 확보하고 검열하려는 노력을 우회할 수 있다. .onion 주소를 검열하거나 차단하는 것은 억압적인 국가에서도 달성하기 어려우며 쉽게 빠져나올 수 있다. 토르 브라우저는 문외한이라도 몇 번의 클릭만으로 수행 가능하도록 필요한 수단을 제공한다. 민주적으로 생각하는 모든 사람은 자신의 개인 정보를 보호하는 것이 왜 중요한지, 그리고 de.indymedia.org와 같은 서비스 제공업체로서 사용자의 개인 정보를 보호해야 하는 이유에 대해 스스로 대답할 수 있어야 한다. 인디미디어로서 우리의 가장 중요한 주장은 프라이버시 없이는 자유 언론이 민주적으로 형성될 수 없다는 것이다.

"기술적인 표준 조사는 불가능하다."

검찰관 **베냐민 크라우제**(Benjamin Krause) 박사의 책상에서 이미 일반적인 네트워크 범죄뿐만 아니라 다크넷에서의 많은 사이버 범죄가 다루어졌다. 그는 연방범죄수사청의 파트너로서 범죄가 저질러진 곳이 확실해질 때까지 계속 조사하는 헤센주 사이버범죄 퇴치 중앙사무국(ZIT)에서 근무하고 있다.

당신 생각에 다크넷은 어느 정도까지 불법적인가?

최근 몇 년 동안 사이버 범죄 사건의 숫자가 크게 증가했다. 그러나 우리는 토르 다크넷에서 얼마나 많이 발생했는지 기록하지 않는다. 그러한 통계는 우리와 관련이 없다.

그 이유는 무엇인가?

다크넷은 근본적으로 불법이 아니다. 다크넷을 검열하라는 요청은 나오지 않을 것이다. 암호화된 통신 방식일 뿐이며 불법적 목적뿐만 아니라 합법적 목적으로도 사용되거나 오용될 수 있다. 다른 기술과 사정은 비슷하다. 인터넷에서 마약물이 거래되지 않거나 아동포르노가 교환되지 않는 통신 채널은 없다.

다크넷에서 범죄 행위를 할 때 어느 정도의 특별한 프로필이 있는가?

범죄 경력은 대개 사춘기에 무엇인가를 저지르는 방식으로 진행되어 계속 증가하고 있으며 어느 시점에 심각한 범죄가 된다. 다크넷 또는 보통 인터넷의 불법적인 지하경제 범죄자들은 일반적으로 이전에 범죄행위를 저지른 적이 없다.

다크넷에서 수사를 어렵게 만드는 것은 무엇인가?

통신 감시, 간단한 서버 압류 또는 서비스 제공업체에게 고객 데이터를 요청하는 것과 같은 표준적인 기술 조사는 불가능하다. 아마존의 가짜 계정을 통해, 특정 법적 조건하에서 사용자 X가 사용자 데이터를 제공하게 할 수 있다. 물론 다크넷 매장에서는 이와 같은 기능이 작동하지 않는다.

토르에서 실제로 얼마나 익명성이 통용되는가?

토르에서는 국가와 정보기관이 어느 정도 잠입해 있는가에 대한 토론이 계속된다. 토르에 대한 모든 다크넷 지침서에서는 네트워크가 완전히 감시된다고 말한다. 그래서 먼저 브라우저를 사용하여 VPN(가상 사설 네트워크)에 연결하는 것을 추천한다. 우리는 VPN과 토르의 결합을 다크넷 범죄자들에서도 관찰한다. 이와 같이 토르 기술은 이미 충분히 익명성을 보장하고 있다.

사람들의 식별은 어떻게 이루어지는가?

이는 고전적인 방법으로만 수행할 수 있다. 우리는 다크넷에서 활동하는 비밀 수사관을 투입한다. 그리고 피의자가 자신에 대해 뭔가를 밝힐 때까지 조사해야 한다. 그러나 이것들은 대량 수사가 아니며, 사례별로만 진행할 수 있다. 법적 요구 사항은 까다롭다. 비밀 수사는 항상 검찰, 때로는 법원의 지시를 받아 수행된다.

사실, 다크넷에서 사람들은 대부분 스스로를 증명하는가?

이 기술은 안전하지만 실수는 발생한다. 왜 그런가 하면, 범인들은 경솔하거나 나태하거나 특히 효율적이기를 원한다. 예컨대 사서함이나 우편함을 매번 바꾸지 않으면 훨씬 더 많이 보낼 수 있다. 그러나 이 모든 것은 다크넷의 특성과 관련이 없다. 현실 세계에서 완벽한 범죄는 거의 없다. 그러므로 범인들이 행할 수 있는 실수를 찾아내는 것이 관건이다.

다크넷은 모바일로 간다

토르는 모바일 장치에서도 실행된다. 두 가지 주요 운영체제 중 하나가 특히 문제가 된다.

인터넷 사용은 장소가 고정적인 컴퓨터와 랩톱에서 스마트폰과 태블릿으로 점점 더 많이 이동하고 있다. 화면이 작은 휴대 기기에서도 브라우저로 접속한 웹사이트를 통해 통신이 계속되는 경우가 있다. 그럼에도 브라우저는 탐색 도구로서 중요하지 않다. 스마트폰과 태블릿용으로 특별히 맞춰 자체 제작된 작은 프로그램인 앱이 중요한 역할을 한다.

많은 디지털 서비스들은 웹사이트를 가지고 있지 않은데 웹사이트처럼 이용할 수 있다. 또한 고전적인 네트워크의 웹 프로젝트 대부분은 자체 애플리케이션이 있다. 슈피겔의 온라인 앱, 위키피디아 앱 그리고 독일연방의회 앱도 있다. 사용자의 IP 주소를 PC뿐만 아니라 스마트폰과 태블릿에도 숨기려면 모바일 애플리케이션이 웹사이트나 앱 프로젝트의 시스템에 직접 접속하는 것이 아니라 토르를 통해 접속할 수 있어야 한다.

안드로이드와 아이오에스(iOS) 앱 시장에는 서로 다른 제공업체의 토르 애플리케이션이 있다. 일부는 데이터 보안에 대한 비판을 받거나 원칙적으로 그 진정성에 대해 의심을 받는다. 토르 프로젝트가 포함된 안드로이드 운영체제의 경우 두 개의 앱을 사용할 수 있으며 아이오에스의 경우 조직에서 권장하는 외부 애플리케이션이 있다.

토르 프로젝트와 협력하여 비영리 단체인 가디언 프로젝트(Guardian Project: 일간 신문 ≪가디언≫과 아무런 관련이 없음)는 안드로이드용 오르폭스(Orfox) 모바일 토르 브라우저를 개발했다. 이것이 작동하려면 오르봇(Orbot)이라는 다른 가디언 앱을 먼저 설치해야 한다. 이렇게 익명화 경로를 통해 3개의 토르 노드에서 데이터 트래픽을 전송할 수 있다. 그리고 스마트 폰을 통해 .onion 다크넷에 액세스할 수도 있다. 이론적으로 오르봇은 다른 앱들이 사용자의 IP 주소를 숨길 수 있도록 허용한다. 페이스북 앱은 이미 다음과 같은 기능을 지원한다. 누가 오르봇을 설치했는지 인식한 다음 애플 리케이션에서 생성한 토르 경로를 통해 모든 트래픽을 내보내는 것이다. 트 위터, 대안적인 검색엔진 덕덕고(DuckduckGo)와 메신저 앱 챗시큐어 (ChatSecure)도 오르봇을 통해 정상적으로 사용할 수 있다. 더 많은 것을 원 한다면 '루트(Root)' 액세스를 통하여 스마트폰에 대한 확장된 디자인 권한 을 얻어야 한다. 이러한 미니 해킹 이후 토르를 통해 기기에 설치된 모든 앱 의 데이터 트래픽을 전송할 수 있다.

애플의 iOS 운영체제는 조금 더 어렵다. iOS에는 다양한 모바일 토르 브 라우저가 있다. 토르 프로젝트 자체는 아무것도 제공하지 않지만 단순히 '어 니언 브라우저(Onion Browser)'라고 하는 애플리케이션을 권장한다. 이 프로 그램은 미국의 비영리 기관인 프로퍼블리카(ProPublica) 연구소의 직원인 미 카 티거스(Mika Tigas)가 개발했다. 그러나 오르봇과 비교할 수 있는 '일반 애플리케이션'은 없다. 애플은 기기의 기능에 큰 영향을 미치는 백그라운드 프로세스의 변경을 허용하지 않는다. 이러한 이유로 페이스북 앱은 iOS에 서 토르를 통해 작동되지 않는다.

그 외의 또 다른 다크넷들

영어 위키피디아 항목에는 열 가지 다크넷이 나와 있다. 토르 기반 .onion은 폐쇄형 익명 네트워크를 구축하는 데 가장 일반적인 개념이지만 유일무이하다.

레트로셰어(Retroshare), 그누넷(GNUnet), 또는 리플(Riffle)이라는 대체 기술들이 있다. I2P와 프리넷(Freenet)이 가장 잘 알려져 있다. 이것들은 인터넷에서 감시와 검열 방지 등의 문제를 해결하지만 다른 접근법을 추구한다. 또한 토르를 대체하는 기술의 경우 다크넷과의 충돌이 있다. 이러한 익명화는 의도한 목적을 이루는 데만 사용될 수 없고 나쁜 콘텐츠에도 사용되며 이는 기술적 구조의 문제라서 막을 수 없다.

I2P와 프리넷은 토르와 다르게 구성되며, 초점 영역이 다르고 일부 사용자 커뮤니티가 더 활발하다. 그들의 접근 방식이 토르가 할 수 있는 것보다 더 나은 익명성과 검열로부터의 자유를 가능하게 한다고 생각하는 목소리가 있다. I2P와 프리넷의 전망에 공식화된 시나리오는 다크넷의 대안으로 전환될 수도 있다. 그러나 토르 다크넷이 훨씬 잘 알려져 있다. 미디어, 과학자와 디지털 시민사회의 관심은 주로 .onion에 집중되어 있다. 그럴 수 있다. 하지만 꼭 그래야만 하는 것은 아니다.

대안 1: I2P

아이투피(I2P: Invisible Internet Project)는 이메일, 파일 공유 또는 데이터 저장과 같은 다양한 응용 프로그램을 익명으로 사용할 수 있지만, 무엇보다 '엡사이트(Eepsites)'라는 웹사이트를 제공한다. 네트워크의 모든 내용은 비공식적인 .i2p라는 인터넷 확장자 주소를 갖는다. .onion 다크넷과 달리 주소는 암호 문자열로 구성되지 않으며, 'forum.i2p' 또는 'planet.i2p'와 같이 사람이 이해할 수 있는 이름을 갖는다. 토르 소프트웨어와의 가장 큰 차이점을 보자면, 토르 기반 브라우저는 기본적으로 사용자가 익명으로 일반 웹에 액세스할 수 있도록 설계되었지만, I2P의 경우 데이터 트래픽은 거의 독점적으로 폐쇄된 I2P 네트워크 내에서 발생한다.

필요한 소프트웨어는 geti2p.net에서 이용 가능하다. 탐색은 일반 브라우저를 사용하며 파이어폭스가 사용자에게 권장된다. 실제로 I2P 콘텐츠에 액세스하려면 브라우저 설정을 약간 변경해야 한다. 그런 뒤부터는 브라우저에서 더 이상 고전적인 방식으로 콘텐츠에 액세스하지 않고 특정 경로를 통해 콘텐츠에 액세스하도록 규정된다. 그때부터 사용자는 .i2p 아래 웹사이트를 표시할 수 있다(단 이 웹사이트만 표시). 브라우저 설정이 재설정된 후에만 일반 네트워크에 액세스할 수 있다.

내용: 파일 공유, 수지메일(SusiMail)과 다크넷 체스(Darknet-Chess)

프로그램이 시작되면 브라우저에서 시작 화면, 즉 'I2P 라우터 콘솔'이라는 다채로운 페이지가 열린다. 그곳에는 다양한 정보 콘텐츠, 페이지 목록과 프로그램이 연결되어 있다. 전자 우편을 보내고 받는 데 필요한 I2P 기반 프로그램인 '수지메일(SusiMail)'과 파일의 분산 저장, 채팅과 블로그 작성을 위한 프로그램이 있다.

.i2p에서도 탐색은 주로 목록을 통해 이루어진다. 시작 화면에 중앙 .i2p 위키가 링크된다. 그것은 다시 약 50개의 .i2p 페이지에 대한 링크가 포함된 '엡사이트 목록(Eepsite-Index)'으로 연결된다. 여기에는 전자책과 영화의 교환을 위한 (대부분 저작권에 의해 허용되지 않는) 다양한 파일 공유 포털이 포함된다. i2p는 이런 사용 시나리오에 초점을 둔 것 같다. '제로빈(Zerobin)' 페이지에서 이용자는 간단한 텍스트로 메시지를 작성하고 링크를 전송하여

특정 시간 이후 또는 한 번 읽은 후에 메시지가 자체적으로 삭제되도록 설정할 수 있다. 체스 게임, 성명문과 논문이 제출되는 사이트 그리고 테러 또는 브렉시트(Brexit)와 같은 일반적인 정치 문제뿐만 아니라 테크놀로지 자체가 논의되는 포럼들이 있다.

i2p 제작자들은 네트워크에 쉽게 접근할 수 있도록 만드는 일에 중요성을 부여하는 것 같다. 영어, 독일어, 러시아어, 중국어 또는 슬로베니아어 외에도 시작 화면과 프로그램 언어에 대해 30가지 다른 언어를 설정할 수 있다. 일반적으로 테크놀로지의 다양한 측면과 사용 가능성에 대해 이해할 수 있도록 덧붙여진 설명이 있다.

한 가지 단점은 페이지를 불러오는 데 오래 걸린다는 것이다. 오류 메시지에서 무엇이 문제가 되고 있는지 언제나 명확하게 알려주는 것은 아니다. 즉 일부 페이지는 전혀 활성화 상태가 아니거나, i2p 네트워크에 과부하가 걸려 있거나, 자체 전송장치(네트워크에서 데이터의 전달을 촉진하는 중계 장치)가 네트워크에 연결되지 않는 경우가 있다. 그런 경우 다음에 다시 시도해 보면 연결되기도 한다. 프로그램은 새로 시작할 때마다 다른 노드와 연결을 구축해야 하므로 시간이 지나면서 i2p는 더 빠르게 작동한다. 브라우저를 사용하여 고전적인 인터넷 .de나 .com이나 .co의 웹사이트에 액세스하려고 하면 항상 오류 메시지가 표시된다. 일반 네트워크에 대한 액세스는 온라인 백과사전 wikipedia.org와 같은 예외적인 경우에만 제공된다.

I2P 기술: '터널'은 익명성을 보장한다

토르에는 한편으로는 노드 운영자가 있고 다른 한편으로는 '단순한' 유저가 있다. I2P가 그러한 역할을 미리 예견하는 것은 아니다. 한편으로 각 컴퓨터는 자체적으로 데이터를 송수신하지만 네트워크 인프라의 일부이기도 하며 다른 사람에게 데이터 트래픽을 전달한다. 데이터가 '터널(tunnel)' 경로를 통해 네트워크 내부에서 컴퓨터를 끊임없이 바꾸어 가면서 전송된다.

이것이 작동하기 위해서는 주소록이 필요한데, 그 주소록은 forum.i2p와 같이 사람이 읽을 수 있어서 기술적으로 접근할 수 있도록 표기되어 있다. I2P 프로그램이 시작될 때 이런 디렉토리 중 하나가 이미 통합되었더라도 항상 현재 주소를 모두 알 수 있는 것은 아니다. 이것이 브라우저가 일부 IP 주소를 찾을 수 없으며, 추가 주소록을 구독하라고 요청하는 메시지를 내보내는 이유다.

이 프로젝트의 대변인에 따르면 약 400개의 활성화된 .i2p 주소가 있다. 그러나 모든 경우가 엡사이트(Eepsites)인 것은 아니라고 대변인은 덧붙여 말한다(.onion이 붙은 모든 사이트가 실제로 콘텐츠를 포함하고 있는 다크넷 웹사이트는 아니다). 대변인은 I2P 사용자 기반의 크기를 4만에서 5만 명으로 추정한다.

사용자는 시작 화면에서 접근할 수 있는 메뉴를 통해 자체 엡사이트를 생성할 수 있다. 먼저 .i2p 주소가 설정된다. 웹사이트의 내용은 컴퓨터의 폴더에 입력된다. 그런 다음 엡사이트를 다른 사람이 액세스할 수 있도록 주소록 중 하나에 입력해야 한다. 콘텐츠가 자신의 컴퓨터에 있다는 것은 온라인 상태인 경우에만 페이지에 접근할 수 있음을 의미한다. 그러나 콘텐츠를 유지할 수 있는 무료 서비스가 있다.

I2P의 또 다른 특별한 기능은 '마늘 전송(Garlic-Routing)'이다. 이 '마늘' 공정은 토르의 '양파' 전송의 후속 개발품 정도로 간주된다. 각각의 메시지들(마늘쪽들)을 한 패킷(통마늘)에 담아 각각의 수신자에게 보낼 수 있다. 이러한 융합 패키지는 토르에서는 간단하게 할 수 있는 패턴 분석을 어렵게 한다.

느슨하게 조직된 팀

이렇게 보이지 않는 인터넷 프로젝트의 기술은 2003년에 제이랜덤(JRandom)이라는 익명의 개발자에 의해 발명되었으며, 소그룹의 자원 봉사자들이 이 프로젝트에 빠르게 합류했다. I2P에는 조직 프레임 워크가 없다. 그러나 개인들이 느슨하게 결합한 형태의 협회에 의해 운영된다. geti2p.net 프로젝트 웹사이트에 따르면, 핵심 팀에는 "매우 많은" 번역가뿐만 아니라 독일어를 구사하는 지역 출신을 포함하여 15명이 포함되어 있다. 이 프로젝트는 연간 몇 천 유로의 적은 예산으로 운영된다.

대안 2: 프리넷

프리넷(Freenet)은 가장 광범위한 개념을 가지고 있다. 여기에서도 모든 사용자가 인프라를 공유하지만 실제로는 이 분산 네트워크에 콘텐츠가 저장된다. 프리넷에는 브라우저를 통해 제어되는 웹사이트도 있다. 이를 '프리 사이트(Freesites)'라고 하며 가능한 한 모든 주제에 사용할 수 있다. 콘텐츠의 크기에 따라 몇 초가 걸리지만 때로는 몇 분이 걸리기도 한다.

내용: 프리넷 블로그, 포르노 그리고 누출

첫 단계로 freenetproject.org에서 소프트웨어를 다운로드하여 시작해야 한다. 컴퓨터에 설치된 브라우저가 열리고 21개 언어로 제공되는 매우 소박한 시작 페이지를 볼 수 있다. 여기에는 다양한 설명문이 포함되며 주로 세 가지 개요 목록으로 연결된다.

이들은(I2P의 엡사이트 목록과 같지만 .onion 아래 히든위키와는 다르다) 신중하게 선별되어 있으며 무기와 의약품, 아동포르노와 기타 바람직하지 않은 콘텐츠를 숨기고 있다. 가장 큰 목록은 '엔초 목록(Enzos Index)'이라고 하며, 다른 범주와 언어로 된 2000개 이상의 항목을 포함하고 있다. 사이트 자체 통계에 따르면, 콘텐츠의 81%는 영어, 12%는 프랑스어, 6%(145개)는 독일어로 되어 있다. 콘텐츠의 3분의 1은 '플로그(Flogs)'라고 불리는 프리넷 블로그다. 사이트의 10%는 음란물 카테고리로 두 번째로 큰 카테고리에 속하며 이것이 없는 디지털 공간은 생각할 수도 없다. 그런 다음 다양한 독일 범죄 드라마, 미국 정치 드라마 〈하우스 오브 카드〉의 첫 번째 시즌 또는 독일 잡지의 비공식적인 아카이브 등 영화, 음악, 전자책, 소프트웨어 등을 다운로드할 수 있는 많은 무료 사이트가 있다. 이들 콘텐츠가 항상 최신인 것은 아니다.

엔초의 색인에는 색인에서 삭제된 페이지 통계도 포함된다. 운영자가 '불쾌함'으로 평가한 약 1200개의 사이트가 추방되었다. 또 다른 개요 목록에는 영문으로 표기된 더욱 당혹스러운 콘텐츠가 포함되어 있다. "테러리스트 핸드북(Terrorist's Handbook)", 반유대주의적 선동 문서 "시온의 장로들의 의정서" 또는 혼란스러운 "백인에게 보내는 편지(Brief an die Weiße Rasse)" 등이다.

그 밖에 프리넷에는 놀라울 정도로 다양한 콘텐츠가 있다. 정치와 일상적인 주제와 관련되는 다양한 블로그들이 있다. 미국 선거 운동에서 유출되거나 그린피스가 온라인에 올린 TTIP 자유무역협정 초안과 같은 유출 자료들을 다수의 프리 사이트들이 수집한다. 정치, 종교 또는 과학에 관한 블로그와 포럼들도 포함한다. 또한 다크넷 독점 콘텐츠 외에도 일반 네트워크에서 미러링한, 홈페이지를 클릭한 후 액세스할 수 있는 콘텐츠도 있다. 전반적으로 프리넷에는 .onion보다 훨씬 더 많은 것들이 있다. 모든 불법적이고 사악한 페이지를 드러내지 않으면서, 선별된 거대한 프리넷 링크 목록은 약 2500페이지를 포함하고 있다. .onion은 정치적 콘텐츠, 흥미롭거나 최소한 분명히 불법하지는 않는 콘텐츠를 확대경을 사용하여 찾아도 거의 찾을 수 없지만 프리넷은 실제로 모든 가능한 주제와 다양한 언어로 제공하고 있다.

기술적인 측면: 망각하는 노드-클라우드

기술적인 측면에서 보면, 프리넷 소프트웨어를 시작한 사람들은 자신들의 컴퓨터와 연결된 네트워크에 저장 공간과 대역폭을 제공하는 것이다. 얼마나 제공할지는 시작할 때 정할 수 있다. 네트워크에 중앙 감시는 없다. 개별 정보는 네트워크의 모든 노드에 흩어져 있다. 특정 프리 사이트에 액세스해야 하는 경우 소프트웨어는 콘텐츠의 위치 또는 위치를 알 수 있는 노드를 대략적으로 계산할 수 있다. 그런 다음 페이지를 찾을 때까지 노드에서 노드로 문의한다. 20번의 시도가 실패하면 시스템은 검색을 포기한다.

프리 사이트를 만들려면 먼저 컴퓨터의 폴더에 108×36 픽셀의 규정된 형식으로 작은 이미지를 삽입하고 이름을 'activelink.png'로 지정해야 한다. 이 이미지는 중요한 역할을 한다. 그것은 네트워크가 개별 프리 사이트를 찾고 제어할 수 있게 한다. 그런 다음 웹사이트의 실제 내용이 폴더에 배치된다. 프리넷 메뉴에서 몇 번의 클릭만으로 미래의 페이지가 제목과 함께 제공되는 프로젝트가 만들어지며 불과 몇 분 안에 사용할 수 있다. 마지막으로 포럼이나 다양한 색인으로의 수용에 관해 공지해야 한다. 주소는 항상 기술적 명령 '로컬호스트 8888(localhost: 8888)'로 시작한 다음, 매우 긴 숫자열과 문자열 그리고 마지막으로 페이지 제목을 제공한다. .onion 또는 .i2p와 같은 확장자 주소는 없다.

분산 네트워크의 원리는 다른 다크넷 기술보다 더욱 진일보했다. .onion 아래의 콘텐츠는 일반 웹사이트처럼 고전적인 서버에 저장된다. .i2p 아래의 콘텐츠는 각 운영자의 컴퓨터에 있다. 프리넷의 접근 방식은 더욱 급진적이다. 일단 프리 사이트가 만들어지면 콘텐츠는 여러 개별 부분으로 분류되고 무작위로 선택된 컴퓨터에 여러 번 분배되며, 각 저장 공간의 일부를 네트워크에서 사용 가능하게 해야 한다. 컴퓨터 소유자가 컴퓨터에 저장된 내용을 알 수 없도록 암호화된다. 이것은 그들이 법적 책임을 질 수 없다는 것을 의미한다. 콘텐츠는 더 이상 수동으로 삭제할 수 없지만 네트워크에서 '잊어버릴' 수 있다. 참여하는 모든 컴퓨터에 의해 만들어지는 이 대형 클라우드의 저장 용량은 제한적이기 때문에, 오랫동안 요청되지 않은 콘텐츠를 새로운 컴퓨터에서 덮어 쓸 수 있다.

극도의 단편화로 인하여 웹사이트에서 정상적인 것으로 간주되는 많은 것이 불가능하다. 한편으로는 일단 콘텐츠가 작성되면 개시자에 의해서도 콘텐츠를 변경할 수 없다. 그럼에도 불구하고 웹사이트들은 계속 개발될 수 있기 때문에, 사람들은 동일한 식별 코드를 사용하고, 이론적으로 '오래된' 웹사이트에 가까운 동일한 수준의 요소로 존재하는 프리사이트의 새로운 (수정된) 버전을 작성하게 된다. 그러나 시스템은 항상 최신 버전의 프리 사이트를 찾고자 한다. 기술적인 제한도 있다. 개별 사용자의 입력에 맞추어 콘텐츠를 생성하는 쌍방향 대화가 가능한 웹사이트는 불가능하다. 이것은 프리넷을 통한 여행이 .onion보다 훨씬 더 초기 웹 디자인으로의 여행처럼 보인다는 것을 의미한다. 예를 들어 토르와 같이 복잡한 데이터베이스를 조회해서 작동하는 식의 다크넷 상점들은 거의 불가능하다.

또 다른 특수 기능은 네트워크에 대한 감시나 검열의 요청이 있을 때 이것으로부터 보호하는 것이다. 최초의 프리넷 세션을 시작할 때, 이용 상황에 따라 네 가지 보안 수준 중 하나를 선택한다. 가장 낮은 레벨에서는 전송 속도가 가장 높지만 감시에 대한 보호는 가장 낮다. 보안 수준을 높이고 자체 액세스의 차단에 대한 높은 보호 수준을 낮추지 않으면 데이터 전송 속도가 감소된다. 레벨 3("다른 사람들에 의한 나의 의사소통 감시를 어렵게 하고 싶거나, 나의 제공자 그리고/또는 정부가 프리넷을 차단하려는 시도를 어렵게 하고 싶다")에서 그리고 레벨 4("나는 체포 또는 그 이상의 나쁜 일을 초래할 수 있는 정보에 액세스할 계획이다")에서 고유한 브라우저는 임의로 선택한 다른 프리넷 사용자와는 연결되지 않는다. 그 대신에 최소한 그 ID를 가장 잘 알고 신뢰하는 세 개의 '친한' 노드와 폐쇄된 서클을 구축한다. 프리넷 제작자들은 이것을 실제 '다크넷 모드(Darknet-Modus)'라고 부른다. 그들은 적어도 .onion에는 적용되지 않는 초기의 매우 좁은 정의를 표현한다. 이 정의에 따르면 다크넷은 사회적으로 폐쇄된 '친구 대 친구' 네트워크이며 기존 사용자의 승인을 받은 사용자만 참여할 수 있다.

소규모 예산 조직

이 기술은 1999년 아일랜드의 학생인 이안 클라크(Ian Clarke)의 프로젝트에서 비롯된 것으로서, 다른 사람들의 숙고와 배려에 의해 받아들여지고 소프트웨어로 번역되었다. 첫 번째 버전은 2000년에 등장했다. 그 당시에는 통제할 수 없는 파일 공유로 인해 저작권 위반이 발생할 수 있는 측면에 대한 언론 보도가 많았다. 배경에는 '프리넷 프로젝트 주식회사(The Freenet Project Inc.)'라는 공식적인 통신업체가 있다. 이 조직은 토르 프로젝트처럼 미국(텍사스 오스틴)에 위치하고 있으며, 이안 클라크가 회장이고 5명의 명예 이사회가 있다. 프리넷은 매우 작은 규모의 예산으로 작동한다. 이 조직은 2015년에 IT 프리랜서에게 1만 4000달러 정도만 지출했다. 이안 클라크에 따르면 특정 시점에서 1만 5000개의 '노드들', 즉 개별 컴퓨터들이 프리넷 네트워크에서 온라인 상태였다. I2P 발명가도 전체적으로 얼마나 많은 프리 사이트가 있는지 알지 못한다. 클라크는 독일인 몇 명이 포함되어 있는 I2P 핵심 커뮤니티의 규모에 대해 프로젝트에서 정기적으로 일하는 약 5명 그리고 수시로 참여하는 또 다른 20명이 있는 것으로 추정한다.

토르는 얼마나 안전한가?

토르 브라우저는 .onion 다크넷에서 약물의 구매와 판매뿐만 아니라 자유 또는 생명을 이 소프트웨어의 기능에 의존하는 사람들도 사용한다. 따라서 토르가 약속한 익명성을 특히 비판적으로 검토해야 한다.

토르의 보안에 대해 전문가에게 물어보면 전혀 다른 두 가지 입장을 듣게 된다. 일부는 토르가 분산 아키텍처로 인해 완전히 익명이라고 말한다. 모든 사람이 토르 브라우저를 모든 용도로 사용해야 하는 이유다. 반면에 다른 사람들은 정부와 정보기관이 더 이상 익명이 보장될 수 없는 방식으로 토르 네트워크에 침투했다고 확신한다.

토르는 100% 보호 기능을 제공하지 않지만 표준 브라우저로 서핑하는 것보다 확실히 안전하다는 절충적인 입장도 있다. 때로는 높은 수준의 익명성을 필요로 하는 유능한 IT 전문가들에게 토르가 의미가 있을 수 있다는 주장을 듣는다. 반면, 이 소프트웨어를 결코 '일상적인' 대량 사용에는 권장하지 않는다. 그 이유는 뛰어난 사이버 범죄자들이 토르 노드를 조작하여 사용자의 데이터를 활용하거나 조작된 웹사이트를 제시할 수 있기 때문이다. 무엇을 믿어야 하는가?

시나리오: 수동적인 그리고 능동적인 공격

여러 가지 가능한 유형의 공격이 있다. 그중 하나는 네트워크에서 '적극적인 공격'이다. 공격자는 토르 노드 자체를 운영하지만 그의 역할과 다르게 행동한다. 그들은 데이터 트래픽을 전달하지만 전송된 웹 페이지나 내용을 기록한다. 요청된 웹사이트 대신 완전히 다른 웹사이트가 제공되므로 예를 들어 암호를 입력하라는 메시지가 표시된다. 또는 피해자의 컴퓨터를 감염시키는 전송으로 악성 코드를 비밀리에 동반 운송한다.

이러한 '악의적인' 출구 노드는 정보기관 또는 일반 사이버 범죄자에 의해 운영될 수 있다. 많은 다크넷 튜토리얼에서 국가가 토르 네트워크에 광범위하게 침투해 있다는 가정들이 제시되어 있다. 이것이 토르를 다른 수준의 은폐인 VPN 서비스와 결합하라고 흔히 추천하는 이유다. VPN은 토르와 비슷하지만 훨씬 약한 개념을 가지고 있다. VPN 공급자의 IP 주소만 표시되도록 브라우저와 목표 사이트 사이를 오간다. 토르를 첫 번째로, VPN을 두 번째로, 또는 그 반대로 설정할 수 있다. 따라서 정보기관이 풀어야 하는 두 번째 영역이 추가되는 것이다.

두 번째 시나리오는 토르 프로젝트가 '글로벌 패시브 공격'이라고 부르는 것이다. 악의적인 의도를 가진 타사는 자체 노드에 참여할 필요가 없으며 대신 토르 네트워크와 일반 인터페이스 사이에서 데이터 트래픽을 공격한다. 인터넷은 입구 노드에서 토르 네트워크로 들어가고 출구 노드에서 다시 나간다. 이 감청은 인터넷을 최종 사용자에게 제공하는 대규모 제공업체에서 직접 수행할 수 있다. 자율적인 시스템, 즉 인터넷에서 서로 통신하는 6만 개의 개별 네트워크를 활용하여 서로 다른 출처의 데이터 트래픽을 하나로 수렴할 수 있다. 실제로 분산된 토르 네트워크에서 토르 트래픽의 많은 부분은 초대형 인터넷 제공업체의 자율 시스템으로 수집된다. 인터넷 교환 지점에 대한 공격을 생각할 수 있으며, 그중 가장 큰 곳은 프랑크푸르트암마인에 있다. 이런 지점들은 훨씬 더 높은 수준에서 더 많은 트래픽을 묶는다. 이러한 공격에는 인터넷 데이터를 전 세계적으로 모니터링하고 평가하기 위해 막대한 자원이 필요하다. 그러나 내부고발자인 에드워드 스노든이 유명해진 이후로, 적어도 미국 정부는 정보기관인 NSA를 통해 토르의 탈익명화를 위해 작동하는 거대한 정보기술기관을 가지고 있는 것으로 알려져 있다. 토르의 초기 개념에서도 이미 그러한 자원의 강력한 공격 앞에서는 무력하다는 말이 있었다.

토르 네트워크에서 공격자가 능동적 또는 수동적으로 공략하여 데이터 트래픽에 대량 액세스하게 되었을 경우 결과가 작업과 '일치'하는가는 중요한 문제가 된다. 출구 트래픽은 토르와 동일한 위장 경로에 속한다. 이 일치는 패턴 분석을 기반으로 한다. 특정 패턴을 갖는 일련의 데이터 패킷은 시간 X에서 토르 네트워크에 들어가고 몇 밀리 초 후 다른 곳에서 동일한 패턴을 가진 데이터 패킷과 함께 이탈하는 것으로 관찰된다. 두 개의 트래픽 패킷이 함께 속해 있으며 탈익명화되었다.

2013년 11월 베를린에서 열린 컨퍼런스에서 공개된 연구는 오늘날까지 불안함을 유발시키고 있다. 연구에 따르면 집중적으로 정한 목표에 전력을 기울인다면 6개월 이내에 토르 이용자의 80% 이상의 신원을 확인할 수 있다는 것이다. 이 연구의 저자들이 실제로 토르에 대해 많은 것을 이해했다는 것이 특히 폭발적인 주목을 끌었다. 5명의 연구원 중 3명은 미국의 해군 연구소에서 왔으며, 토르는 그곳에서 1990년대에 개발되었다. 그리고 저자 중에는 토르 발명가 폴 시버슨이 있는데, 그는 20년 이상 토르 소프트웨어 개발에 참여해 왔다.

경솔함, 보안의 틈 그리고 꿀단지

예컨대 모든 경고에 반하여 추가 브라우저 확장 프로그램이 설치된 경우 자신의 부주의한 행동 때문에 익명성을 위험할 수 있다. 이 플러그인은 여러 토르 세션에서 브라우저 사용을 기록할 수 있다.

안전의 틈새들이 고유한 위험 영역 안에 있으며, 토르 소프트웨어 내부에 존재할 수도 있다. 토르 브라우저는 완전한 자체 개발이 아니라 파이어폭스 브라우저의 수정이므로 파이어폭스의 틈새들도 토르 보안에 영향을 준다.

기술 용어로 '버그(Bugs)'라 불리는 이러한 틈새들은 의도적으로 배치되거나 실수로 소프트웨어에 입력될 수 있다. 프로그래밍은 개별 프로그램 코드 구성 요소의 위험과 부작용이 항상 즉각적으로 드러나지 않는 매우 복잡한 프로세스다.

일반적인 답변은 소프트웨어가 오픈소스이기 때문에 토르에서 이와 같은 일은 발생할 수 없다는 것이다. 코드는 공개적으로 볼 수 있으며 결함이나 심지어 백도어를 확인할 수 있다. 그러나 실제로 이것은 절대적인 보호 기능을 제공하지는 않는다. 소수의 사람들만이 프로그래밍을 할 수 있고, 복잡한 프로그램 코드를 평가할 수 있다. 대규모 네트워크 회사는 수백 명의 최고급 전문가를 고용하여 자체 소프트웨어를 작성하고 확인한다. 항상 실수도 있는데, 이는 누군가가 범죄 목적으로 사용하는 경우에만 나타난다. 글로벌 '군중(Crowd)'이 자동으로 오픈소스의 보안을 보장한다는 것은 실현되기 어려운 과거의 바람일 뿐이다. 2014년에는 소위 '하트블리드[Heartbleed: 문서 등을 송수신할 때 이를 암호화해 주는 기술에서 발견된 치명적인 결함을 말한다. 오픈 SSL의 통신신호 하트비트(heartbeat)에서 발견되어 하트블리드라고 부른다]' 버그로 인해 기술 커뮤니티가 충격을 받았다. 웹사이트 암호화에 없어서는 안 될 소프트웨어에는 몇 년 동안 공개된 보안 허점이 있었다. 소프트웨어는 오픈소스였지만 실제로 소스 코드를 조사할 사람은 충분하지 않았다.

앞에서 서술된 모든 위험은 정상적인 서핑 중에도 존재하며 일반적으로 훨씬 더 심하다. 일반적인 브라우저로 웹사이트에 액세스하는 경우 도청된 트래픽 정보를 힘들게 '드러낼' 필요조차 없다. 어떤 IP 주소에 대한 정보는 인터넷 제공업체의 시스템, 즉 방문한 웹사이트의 서버에 수집되는 웹사이트를 제어하고 일반 네트워크의 많은 라인과 노드를 통해 전송된다. 인기 있는 브라우저에도 보안 틈새들은 기록되거나 의도적으로 통합될 수 있다.

토르 또는 전자 메일 암호화와 같은 '디지털 자체 방어' 기술의 경우 의도적이 아니지만 '꿀단지(여러 사람의 이목을 끄는 것)'의 기능을 수행하는 것이 아닌지에 대한 논쟁이 있다. 이것은 사람들이 실수로 자신에게 주의를 끄는 데 사용하는 일종의 사회적 필터다. 토르 브라우저를 사용한다는 것은 자신의 커뮤니케이션을 보호하는 것이 다른 것보다 중요하며 감시에 특히 관심이 있음을 나타낸다. 토르 브라우저를 사용하는 사람들은 불법적으로 마약을 구매하거나 정치적으로 어떤 식으로든 활동하기 때문에 각각의 정보기관 또는 조사 당국에 의해 의심을 받는다는 딜레마를 해결할 수 없다. 이것은 소수의 사람들만이 암호화 기술과 익명화 기술을 사용하는 한 피할 수 없는 부산물이다.

IT 커뮤니티의 주장

초기의 질문으로 돌아가자. 가능한 모든 위협 시나리오에도 불구하고 토르는 얼마나 안전한가? 이에 대한 궁극적인 대답은 있을 수 없으며 보안에 대한 문제를 집중적으로 다루는 사람들과 그룹들 사이에 세 가지 다른 주장이 대립하고 있다고 한다.

토르 클럽인 양파친구들협회의 모리츠 바르틀은 토르 커뮤니티의 특별한 특성으로 인해 프로그램 코드가 매우 안전하다고 생각한다. "토르에는 많은 사람들이 실제로 정기적으로 코드를 관찰하고 토르 프로젝트와 독립적으로 코드를 점검한다. 토르는 대학의 영향을 많이 받았고 여전히 받고 있다. 이것이 토르가, 실제로 코드 기반에 대한 독립적인 리뷰가 있는지가 확실하지 않은 다른 많은 무료 소프트웨어 프로젝트와 다른 이유다."

그는 변칙적인 출구 노드로 인한 큰 위험은 과거의 일이라고 믿는다. "몇 년 전 많은 것들이 암호화되지 않은 채로 시작되었지만, 무엇보다도 스노든의 폭로에 대한 답변으로 변화가 일어났다. https를 거치는 브라우저를 통한 콘텐츠의 암호화된 전송이 점차 인기를 얻고 있다. 그런 다음 암호화된 콘텐츠 전송자는 여전히 방문한 도메인을 볼 수 있지만 적어도 비밀번호는 볼 수 없다."

그는 토르 네트워크가 비밀 정보요원들에 의해 침투되었다는 것은 전설에 지나지 않는다고 여긴다. "비밀 정보부와 국가가 토르 노드를 대규모로 운영하고 있다는 징후는 없다. 강력하고 빠른 토르 서버의 배후에 있는 사람들 대부분을 알고 있으며 이것이 실제로 중요한 노드들이다. 예를 들어 호스팅 업체에서 직접 데이터를 액세스하는 등 비밀 정보부에는 더 나은 가능성이 있다."

토르 네트워크는 외부에서 감청할 수 없다는 사실을 두고 다음과 같은 평가가 있다. "가장 중요한 시나리오는 글로벌 패시브 공격자의 시나리오이다. 이에 대한 진정한 해결책은 없다. 이것이 불가능하거나 상당히 어렵게 하는 방식으로 네트워크를 설계하는 방법에 대한 제안이 있다. 그러나 토르는 변화하고 속도는 점점 느려져서 결국에는 아무도 토르를 이용하지 않을 것이다."

그러나 걱정스러운 것은 특정한 사용자마다 위험은 크게 다를 수 있다는 것이다. "토르 네트워크에서 NSA의 도청 공격 가능성이 얼마나 문제가 될 수 있는지에 대한 문제는 해당 공격 모델에 따라 다르다. 트래픽 분석에 관심이 있는 190개 이상의 국가가 있다. 많은 사용자들에게 NSA가 익명화를 해제하는지의 여부가 중요하지 않은 이유는 그것이 완전히 다른 비밀 정보에 관한 것이기 때문이다. 카자흐스탄이나 이란 사람들이 정부로부터 자신을 보호하기를 원하는 것보다, 서방 정보국의 감시에 대한 두려움의 문제가 더 클 수 있다." 구체적인 익명성 보장이 토르에서 언제나 가능한 범위 안에 있는 것은 아니다. "예를 들어 미국 연방 FBI 경찰이 관여한 탈익명화에 대한 문서화된 사례에서, 토르는 단순히 아무것도 할 수 없었다는 시나리오가 있었다. 파이어폭스 브라우저에는 아직 해결되지 않은 약점이 있다는 사실이 새롭게 드러났다. 사용자의 컴퓨터가 악성코드에 감염되었거나 관리자들이 용의자들을 모두 색출하여 의도적으로 종료할 수 있었다. 예를 들어, 특정 사람이 토르를 시작할 때마다 등록된 특정 사용자가 어딘가에서 온라인 상태가 되는 것을 볼 수 있다."

바르틀은 토르를 가상 사설 네트워크 서비스 제공업체(VPN)와 결합하기 위해 다크넷에서 통용되는 팁을 확신하지 않는다. "VPN을 사용할 때 약간의 위험이 있을 수 있다. VPN을 실행하는 이가 누구인지 모르면 단순히 그 사람이나 회사를 신뢰해야 한다." 중국에서는 VPN 서비스를 쉽게 이용할 수 있다. 그러나 그들은 대부분 국가에 의해 운영되고 있으며, 정부는 인터넷 트래픽을 완전히 막고 싶어 하지는 않지만 무엇보다 무슨 일이 일어나는지 보고 싶어 한다. 서비스 비용을 지불할 때 익명성이 얼마나 잘 유지되는지 스스로 질문하게 된다. VPN 오퍼는 일반적으로 비트코인으로 지불할 수 있다. 그러나 몇 가지 함정이 있다. 비트코인 사용은 특정한 보안 예방 조치를 취한 경우에만 익명으로 처리된다.

마지막으로 정보기관이 VPN에 관심이 있는지 질문이 제기되어야 한다. VPN은 흥미로운 트래픽을 묶는 경향이 있기 때문이다. 그럼에도 불구하고 바르틀은 VPN의 몇 가지 가능한 장점을 알고 있다. 예를 들어, 회사 또는 조직의 네트워크에 토르를 사용할 수 없는 방화벽이 있을 수 있으며, 토르 브라우저를 통해 액세스할 수 없는 일부 웹사이트가 있을 수 있다. 그럼에도 여전히 익명으로 유지하려면, 블랙리스트에 오르지 않고 차단된 경우에 VPN 공급자를 대안으로 이용할 수 있다. 그러나 이것이 익명성을 가져 오는 것은 절대로 아니다. "사람들이 너무 많은 자원을 가지고 있기에 토르를 익명화할 수 있다고 한다면, VPN 서비스는 훨씬 더 쉽게 희화화될 수 있다. 토르가 안전하지 않다면, VPN은 훨씬 더 안전하지 않다."

택티컬 테크 조직의 마렉 투스친스키는 토르의 사용이 전반적으로 의미가 있다고 생각한다. 우선 토르는 다른 소프트웨어 프로젝트와 비교할 때 잘해나가고 있다. "소프트웨어의 보안을 평가하려면 다양한 기준을 검토해야 한다. 도구의 작동 방식을 볼 수 있는가? 이를 위하여 오픈소스 소프트웨어의 경우와 마찬가지로 코드를 들여다볼 수 있어야 한다. 알려진 신뢰할 만한 기관이 코드를 점검한 적이 있는가? 소프트웨어 사용 기간이 얼마나 되는가(즉 안정성, 개발자의 성숙도 및 협업 정도, 업데이트 릴리스 빈도 등). 이 소프트웨어는 사용자에게 친숙한가?(예컨대 언어 설정 측면에서 사용방법, 사용 옵션 등을 실제로 이해하는 사람들이 얼마나 되는가?) 그리고 소프트웨어가 잘 기록되어 있는가? 토르에서는 이러한 모든 기준을 확실하게 충족한다."

그러나 토르는 물론 마법 도구가 아니다. 안전성의 문제에서는 또한 소프트웨어 사용 방법과 소프트웨어가 실제로 무엇을 할 수 있고 할 수 없는지, 이것이 진실로 분명한 것인지의 여부가 중요하다. "토르는 익명화하는 도구가 아니라, 토르 사용자를 완전하게 숨겨 볼 수 없게 만드는 도구가 아닌지에 대한 오해가 있다. 그러나 이들 두 가지는 서로 다른 별개의 문제다." 다른 도구와 마찬가지로 통신과 데이터 전송의 보안은 다른 이용자의 습관과 일반적인 '디지털 위생'에 크게 좌우된다. 보안은 언제나 100% 달성할 수 있는 목표가 아니다. 또한 보안은 항상 '단체 운동'이다. 보안은 사용자의 도구 취급, 보안 전술 그리고 다른 쪽과의 연결이라는 측면에 따라 달라진다.

시스템리 또한 IT 보안에 관심이 있다. 이 정치적인 기술자 집단은 좌파 운동가들을 위한 도구를 제공한다. 이 적극적인 활동가들은 나치 그룹뿐만 아니라 당국에 의해서 매우 비판적인 눈으로 감시를 받아왔다. 그들은 사용자들이 토르 브라우저를 사용하도록 권장하고, 일부 오퍼는 다크넷 주소로 제공한다. 그들 또한 가능한 문제를 예견하지만 여전히 토르 사용을 권장한다. "앞서 언급된 모든 공격 가능성이 분명히 존재한다. 물론 일반 서핑과 마찬가지로 SSL 보안 연결을 통해서만 로그인 데이터를 전송하도록 주의해야 한다. 그러면 아무도 그것을 볼 수 없다. 토르는 확실히 사회적 필터 역할을 하지만, 이 주장은 방문하는 웹사이트, 은행, 이메일 제공업체 또는 VPN 서비스 그리고 사용하는 소셜 네트워크와 같은 다른 모든 서비스에도 적용된다."

토르 브라우저를 언제 사용하는 것이 좋은지 조언해 달라는 질문에 기술자들은 세분화된 구별을 요구한다. 보안 측면, 익명성 측면 및 편의성 측면 간의 균형을 고려하여 구별할 것을 요청하는 것이다. 익명성에 관심이 없다면 굳이 토르를 이용할 직접적인 이점은 없다. 온라인 뱅킹이나 이베이 또는 아마존에서 온라인 쇼핑을 통해 자신을 식별할 수 있기 때문이다. 토르 네트워크가 사용 중인 네트워크 각각의 공급자보다 덜 신뢰하는 경우가 아니라면 말이다. 물론 토르의 추가적인 이용은 꿀단지 문제에 대한 최고의 답변이 무엇인가에 대한 여러 가지 목소리들을 증대시킨다. "언제나 토르를 사용하라!" 또는 "매우 민감한 것에만 토르를 사용하라!"와 같은 모토에 따른 단순한 공식을 대부분의 사람들은 신뢰하지 않는다. 유저는 인터넷이 사적인 영역과 정직성에 영향을 준다는 것을 더 잘 이해하는 방식을 배워야 한다. "익명으로 인터넷을 서핑하고 가능하면 흔적(예컨대, 개인에게 광고를 전달하기 위한 사용자 데이터)을 남기고 싶지 않다면 토르 브라우저를 사용해야 할 것이다."

작은 다크넷 용어 사전

비트코인(Bitcoin)

암호화된 디지털 화폐 가운데 가장 널리 사용되는 비트코인은 고전적인 은행 시스템으로부터 독립하여 거래되며 국가의 통제를 받지 않는다. 비트코인은 다크넷 시장을 선도하는 화폐다. 당국이 취하는 조치들로는 개별적인 비트코인 계정의 배경을 파악하기 어렵다. 1비트코인은 사토시(Satoshis)라고 불리는 1억 개의 개별 항목으로 세분화된다. 기존의 통화로 특별한 거래소에서 비트코인을 구매할 수도 있으며 몇몇 도시에는 비트코인 자동판매기가 설치되어 있다. 2016~2017년 사이에 1비트코인 가격은 500~2500유로 사이에서 매우 유동적이었다.

브리지(Bridge)

토르 노드의 특정 그룹에서 IP 주소는 공개되지 않으며, 오직 개인의 요청이 있을 경우에만 알려준다. 그런 브리지는 약 3500개나 된다. 정부가 일반 노드 브라우저의 액세스를 차단하는 곳에서도 토르의 사용은 가능하다.

미국 방송위원회(BBG: Broadcasting Board of Governors)

미국 당국은 여러 종류의 국립 해외 방송국의 보호자 역할을 한다. 자회사인 자유아시아방송과 오픈 테크놀로지 펀드보다 막강한 BBG는 토르 프로젝트의 메인 스폰서 중 하나다.

카오스 컴퓨터 클럽(CCC: Chaos Computer Club)

약자로 CCC라고 표기되는 이 해커 연합은 감시, 검열로부터의 자유, 그리고 IT 보안에 대한 사회정치적 토론에 적극적으로 참여한다. 이 해커 연합과 CCC 안에서 조직된 개인들은 여러 종류의 토르 출구 노드들을 운영한다. 언제나 연말에 개최되는 카오스 커뮤니케이션 회의는 국제 해커 무대에서 가장 중요한 모임 중 하나로, 발전된 토르 프로젝트의 새로운 모습이 자주 선보이기도 한다.

클리어넷(Clearnet, 개방형 네트워크)

다크넷 그리고 딥웹(Deep Web)과 달리 클리어넷의 웹 콘텐츠는 기본적으로 표준 브라우저 등으로 제어할 수 있으며 검색엔진의 검색된 리스트에 표시된다. 클리어넷의 다른 일반적인 용어는 개방형 네트워크 또는 서피스 웹(Surface Web)이다.

다크넷(Darknet)

다크넷은 기술적으로 완벽한 네트워크이며, 특수 소프트웨어를 사용하여 액세스할 수 있다. 다크넷 내부의 콘텐츠는 일반 브라우저 및 검색엔진으로 검색할 수 없다. 핵심 기능은 일반적으로 다크넷에 있는 모든 사용자의 익명성을 보장하는 것이다. 기존 참여자의 초대를 받을 경우에만 입장할 수 있는 친구 대 친구 네트워크로 정의할 수 있다. '다크넷'은 때로는 널리 사용되며 확장자 주소 .onion 안의 콘텐츠뿐만 아니라 토르 브라우저를 통한 열린 네트워크의 사용도 포함된다. 지금까지 가장 잘 알려진 다크넷은 토르 기반의 .onion이다. 다른 중요한 대안으로는 프리넷과 I2P가 있다.

딥닷웹(DeepDotWeb)

deepdotweb.com하에 운영되는 사이트는 다크넷 시장에 관한 뉴스를 수집하여 전한다. 그들은 당국의 접근, 학문적 연구와 각각의 시장에서의 발전된 모형들에 대해 보고한다. 모든 활성화된 암호화 시장을 개괄하는 목록도 있다. 자체 보고서에 의하면 영어로 된 이 사이트는 (이름을 알 수 없는) 3명의 핵심 팀을 보유하고 있으며 비트코인으로 약간의 보수가 지불되는 새로운 팀원(저자)을 적극적으로 찾고 있다. 딥닷웹은 불법 다크넷 업계의 선도적인 블로그로 볼 수 있다. 그들은 또한 다크넷의 최근 발전 상황을 파악하려 하는 조사 당국의 수사기관과 협의한다.

딥웹(Deep Web)

딥웹은 일반 브라우저로 방문할 수 있지만 검색엔진에 표시되지 않으므로 대부분의 사용자에게는 보이지 않는 모든 웹 콘텐츠를 포괄적으로 지칭한다. 그 이유는 콘텐츠가 검색엔진에서 찾을 수 있을 정도로 연결되지 않았으며, 복잡한 데이터베이스 조회를 통해서만 접근할 수 있거나, 웹사이트들이 적극적인 명령에 의해서 검색엔진을 차단할 수 있기 때문이다. 딥웹이 알려진 웹보다 최대 400배나 더 넓게 퍼져 있다는 대중에 알려진 이미지는 (아직은 분명하게 말하기 어려운) 신화의 영역에 속한다.

딥웹 안의 독일(Deutschland im Deep Web)

딥웹 안의 독일(DiDW)은 가장 큰 독일어 다크넷 포럼이다. 2013년부터 존재해 왔으며, 자체 정보에 따르면 50만 건의 개인 기고문과 2만 건의 등록된 프로필로 구성되었다. 포럼에서 기술적·사회적·정치적 질문이 논의되었다. 아나키즘(무정부주의) 개념에 따라 모든 유형의 콘텐츠가 거의 제한 없이 허용되었다. 마약과 무기를 판매하고 제공하는 영역도 있었다. 이 플랫폼의 운영자는 6월 중순 연방범죄수사청에 의해 체포되었으며, 그 이후 포럼을 더 이상 이용할 수 없다.

DNS

이 도메인 이름 시스템은 일반 웹의 주소록이다. 전 세계 인터넷을 관리하는 아이캔(ICANN)에서 감독한다. 디엔에스는 wikipedia.org와 같이 사람이 읽을 수 있는 도메인을 91.198.172.192처럼 기계가 해석할 수 있는 IP 주소로 변환한 것이다. 웹 도메인은 계층적으로 구성되어 있다. 끝에는 항상 닷디이(.de), 닷오알지(.org) 또는 닷베를린(.berlin)과 같은 약 1600개의 인터넷 확장자명 중 하나가 있으며 그 앞에는 실제 도메인(예컨대 wikipedia)이 있다. .onion의 토르 다크넷에는 비공식 인터넷 확장 기능이 있지만 일반 브라우저로는 호출할 수 없다.

출구 노드(Exit-Knoten)

출구 노드는 토르 네트워크에서 부족한 자원으로 거의 1000개가 있다. 이들은 일반 웹의 페이지와 연결된다. 불법적인 어떤 일이 발생하면 대상 웹 사이트는 항상 출구 노드의 IP 주소를 기반으로 한 것처럼 보인다. 따라서 토르 출구 노드 운영자는 법 집행 기관의 요청을 지속적으로 받는다. 기술적으로만 데이터 트래픽을 전달하기 때문에 법적인 책임은 없다. 많은 토르 참여자들은 여전히 일반 네트워크에 통로를 개설하는 것을 두려워한다.

이탈 사기(Exit Scam)

다크넷 시장의 운영자들이 플랫폼에 정착한 이용자들의 미불금을 취하여 잠적하곤 했던 것은 과거에도 흔한 일이었다. 2015년 봄 암호화 시장 에볼루션의 이탈 사기로 수백만 유로 상당의 비트코인이 사라졌다.

프리넷(Freenet)

프리넷은 I2P와 함께 두 가지 거대한 다크넷 대안 중 하나다. 소프트웨어를 다운로드한 후 일반 브라우저로 볼 수 있는 수천 개의 '프리 사이트'가 있다. 프리넷 상거래는 .onion보다 기술적으로 훨씬 급진적이다. 프리넷 사이트의 콘텐츠는 프리넷 사용자의 컴퓨터에 조각조각으로 나누어진 형태로 배포되며, 항상 하드 드라이브의 일부를 네트워크에서 자동적으로 사용할 수 있게 한다. 불법 콘텐츠가 아닌 경우 프리넷의 범위는 .onion보다 광활하다. 이 기술은 미국의 기관인 '프리넷 프로젝트 주식회사'와 소규모 글로벌 커뮤니티의 지원을 받는다. 링크는 freenetproject.org다.

글로벌 패시브 공격(Globale passive Attacken)

이 공격 시나리오에서 데이터 트래픽은, 자체 토르 노드를 작동하지 않고도 토르 네트워크의 주변부에서 촉진된다. 이는 인터넷 제공업체 시스템 또는 보다 높은 수준의 인터넷 아키텍처에서 발생할 수 있다. 그런 다음 패턴 분석을 사용하여 어떤 노드가 동일한 토르 암호화 경로의 일부인지 확인한다. 이상적인 경우에는 입구와 출구 노드의 정보를 '매칭'할 수 있다. 토르 프로젝트는 네트워크가 자원 집약적인 공격에 대해 거의 아무런 대처도 할 수 없다고 말한다.

히든 서비스(Hidden Service)

다크넷 확장자명 .onion 아래 기술적으로 감추어진 콘텐츠와 오퍼는 히든 서비스라고 불린다. 익명 토르 브라우저를 통해서만 제어할 수 있으며 웹 콘텐츠 배후의 IP 주소도 감춰진다. 사용자와의 통신은 중간에서 일종의 자동 사서함을 통해 실행되므로 히든 서비스와 사용자 사이에는 언제나 두 개의 토르 노드로 구성된 이중 경로가 존재한다.

히든위키(Hidden Wiki)

운영자가 알려지지 않은 다양한 히든위키가 있다. 다크넷 페이지에 대한 링크가 있는 목록은 일반적으로 많은 신규 다크넷 유저들이 가장 먼저 접근하는 지점이다. 대부분 불법 콘텐츠에 대한 링크를 포함하고 있다. 일부 오퍼가 사기성 비즈니스 모델이거나 위험한 악성 코드가 있는 페이지라는 것을 배제할 수 없기 때문에 모든 것을 클릭하는 것을 권장하지 않는다.

ICANN

자발적으로 조직되어 세계적으로 활동하는 'ICANN(Internet Corporation of Assigned Names and Numbers)'은 IP 주소와 닷디이(.de), 닷오알지(.org) 또는 닷컴(.com)과 같은 2500개 이상의 인터넷 확장자명 주소를 모두 관리한다. 비공식 토르 인터넷 확장자명 .onion은 이 조직이 관리하는 영역에 포함되지 않는다. 그러나 2015년 말, ICANN은 .onion을 '특별한 사용을 위한 도메인 이름'으로 보아 이제 누구도 그것을 더 이상 고전적인 인터넷 확장자명으로 보호하지 않는다.

I2P

보이지 않는 인터넷 프로젝트 I2P(Invisible Internet Project)는 프리넷처럼 토르 다크넷에 버금가는 대안 중 하나다. 이 소프트웨어는 2003년에 개발되었으며 그 이후 서로 느슨하게 연결된 개인 그룹에 의해 운영된다. 콘텐츠는 비공식 확장자명 .i2p로 구성되며, 특수 소프트웨어를 설치하고 브라우저 설정을 변경한 후 일반 브라우저로 액세스할 수 있다. .i2p의 웹사이트는 '엡사이트(Eepsites)'다. 소프트웨어 사용자는 자동적으로 기반 구조에 참여하는데, 그들은 '터널(Tunnel)'을 통해 다른 사람의 요청을 배후의 컴퓨터로 전달해 준다. 링크는 geti2p.net이다.

아이피 주소(IP-Adresse)

인터넷 프로토콜 주소는 인터넷의 우편 주소다. 91.198.172.192와 같은 문자열로 웹사이트를 기술적으로 찾아서 연결할 수 있다. 아이피 주소는 위키피디닷오알지(wikipedia.org)와 같이 사람들이 이해할 수 있는 도메인과 상반된다. 웹사이트에 액세스하면 브라우저에서 자동적으로 프로토콜 주소를 아이피 주소로 넘겨준다.

암호화 시장(Kryptomärkte)

.onion을 기반으로 이루어진 상거래 시장은 구조와 기능 면에서 아마존 또는 잘란도와 유사하다. 유저들 간의 피드백, 생산 정책과 분쟁 해결 메커니즘이 존재한다. 비트코인은 지불

수단이 된다. 암호화 시장에는 보통 마약, 처방전이 필요한 의약품, 위조화폐, 위조된 여권 그리고 무기 등과 같은 다양한 불법 상품들이 있다. 그러나 매출의 대부분은 대마초, 코카인, 엑스터시와 같은 일반적인 마약류들이 차지한다.

가상화폐(Kryptowährungen)

복잡하고 분산된 회계에 기반하는 디지털 화폐. 네트워크에 참여하는 컴퓨터는 정확성을 기하기 위해 유저의 계정들 사이의 신용 이체를 확인하고 공개 데이터베이스에 기록한다. 이것은 특정 디지털 유저들의 소유자가 누구인지 알 수 있는 화폐의 단위다. 비트코인은 모든 다크넷 시장에서 가장 잘 알려진 가상화폐이며 주도 화폐다. 때로는 비트코인을 대신하여 리트코인(Litcoin)이나 모네로(Monero)를 받기도 한다.

해군연구소(NRL)

미국의 해군연구소(NRL: Naval Research Laboratory)는 미군 소속의 한 연구소다. 미국 해군연구소 첨단 보증 컴퓨터 시스템 센터(High Assurance Computer Systems) 부서의 직원인 폴 시버슨은 1995년부터 정부의 자금으로 비밀 정보기관의 통신과 정부 기관의 통신을 보호할 수 있는 토르 소프트웨어를 개발했다.

미국 국가안보국(NSA)

미국의 비밀 정보기관인 국가안보국(NSA)은 기술력으로 정보를 해독해 내는 전문 기관이다. 내부고발자 에드워드 스노든의 폭로에 의해 미국의 국가안보국이 엄청난 노력을 기울여 전 세계 데이터 스트림을 해킹·수집·평가한다는 사실이 알려졌다. 누출된 정보의 일부를 2012년 토르에서 제공하면서, 국가안보국이 네트워크들의 익명화를 풀기 위해 노력하고 있지만 그런 작업에 어려움을 겪고 있다는 사실이 드러났다.

.onion

다크넷은 익명화 소프트웨어 토르를 기반으로 표기된다. 토르 다크넷에 있는 주소는 언제나 .onion으로 끝나며, 앞의 16자리는 임의로 생성된 문자열이 자리한다(예를 들면 33y6fjyhs3phzfjj.onion). .onion 주소는 숨겨진 서비스의 기본이며, 숨겨진 다크넷 사이트의 주소다. 항상 무료이며 토르 소프트웨어를 사용하여 생성할 수 있다. 약 6만 개의 .onion 주소들은 익명화 브라우저인 토르를 통해서만 호출 가능하다.

오픈소스(Open Source)

많은 상업적인 기업에서 소프트웨어나 알고리즘은 가장 중요한 비즈니스상의 비밀이다. 오픈소스 운동은 청사진(소스 코드)을 공개하여 공짜로 배급할 수 있는 프로그램을 개발하려는 것이다. 그렇게 되면 다른 사람들이 소스 코드를 보고 독자적인 목적으로 계속 이용할 수 있다. 그것은 보안상의 취약점들이 쉽게 드러나게 되는 장점이 있다. 토르는 오픈소스이며, 다크넷의 대안인 I2P 및 프리넷의 바탕이 되는 소프트웨어다. 온라인 백과사전 위키피디아와 브라우저 파이어폭스 또한 오픈소스 솔루션을 기반으로 하고 있다.

시큐어드롭(SecureDrop)

이 소프트웨어를 사용하면 미디어가 토르 다크넷의 내부고발자용 익명 사서함을 설정할 수 있다. 이 프로그램은 미국 언론의 자유 재단에 의해 운영되며, 영국의 ≪가디언≫과 독일 IT 포털 하이제(Heise)와 같은 약 30개의 미디어에서 사용하고 있다.

실크로드(Silk Road)

최초의 아주 거대한 이 다크넷 시장은 이미 2011년 초부터 시작되었다. 운영자는 2013년 가을에 미국 경찰에 체포되었고, 이후 오프라인으로 장소를 옮겼다. 그때까지는 암호화 시장에서 매출이 12억 달러에 달했고, 그중에서 8000만 달러가 운영자에게 이익금으로 남았다고 한다. 실크로드를 온라인에서 폐쇄한 결과는 계획과는 다르게 다크넷 거래의 감소를 가져온 것이 아니라 암호화 시장이 다각화되는 결과를 낳았다.

토르(Tor)

원래 토르는 "The Onion Router"의 약자였다. 이 소프트웨어는 인터넷 사이트에 대한 요청에 토르 네트워크로부터 임의로 선택된 세 개의 노드를 우회하도록 안내한다. 각각의 노드는 바로 이전의 노드와 바로 다음의 노드만 기억한다. 이것은 인터넷 유저들이 무의식중에 드러내는 아이피 주소를 더 이상 식별할 수 없게 한다. 한편으로는 토르 브라우저가 이 소프트웨어의 기반으로 축조되었지만, 다른 한편으로는 토르가 다크넷 확장자 주소인 .onion의 토대가 된다. 이 소프트웨어는 원래 미국의 해군연구소에서 개발했으며, 2006년부터 미군 연구시설조직인 토르 프로젝트(주)가 기관에 대한 책임을 맡고 있다.

토르 브라우저(Tor-Browser)

익명화 브라우저 토르는 웹 주소에 대한 문의를 여러 단계로 우회하도록 유도하여 정상적인 네트워크에서 익명으로 서핑하는 것을 가능하게 해준다. 또한 오직 이런 방식으로 다크넷 확장자명인 .onion에의 입장을 가능하게 한다. 기술적으로 보면 이것은 널리 확산되어 이용되는 파이어폭스 브라우저의 수정된 버전이다. 그것은 토르 프로젝트 기관에 의해 개발되어 무료로 다운로드 가능하다. 링크는 torproject.org다

토르 커뮤니티(Tor-Community)

토르 프로젝트는 전 세계에 있는 토르 지지자들을 약 3000명 수준으로 추산한다. 이들은 토르 노드를 무상으로 제공하고, 토르 개발에 대한 토론에 참여하거나, 토르를 기반으로 하는 응용 프로그램을 개발한다. 토르 프로젝트 웹사이트상의 메일링 리스트와 다양한 플랫폼을 통해 소통이 이루어진다. 커뮤니티의 일부는 일 년에 두 번 만나 며칠 동안 회의를 연다.

토르 프로젝트(Tor Project)

2006년에 시애틀에 설립된 미국의 비영리 단체가 토르 소프트웨어와 다크넷 확장자명 .onion을 개발했다. 토르 프로젝트 주식회사에는 16명의 정규 직원이 일하고 있으며, 2015년 예산은 330만 달러다. 예산의 80~90%는 전통적으로 미국 정부의 지원금에서 나온다. 여기서 미국 정부란 특히 외교부, 국방부와 주 정부의 라디오국 방송위원회(BBG)를 말한다.

토르 노드들(Tor-Knoten)

사용자 데이터의 익명화 기능은 데이터 트래픽을 수신하여 인터넷 노드 네트워크와 다른 스테이션에 전달함으로써 작동된다. 토르 노드는 자원 봉사자가 무료로 운영한다. IP 주소가 알려진 약 7000개의 고전적인 노드들이 있다. 그들 중 60%는 독일, 프랑스, 네덜란드, 미국에 있으며, 1500개의 노드가 있는 독일이 선두 주자의 지위에 있다. 어떤 정부가 토르에 대한 접근을 차단하고자 할 경우에 도움이 되는 약 3500개의 숨겨진 브리지 노드가 있다.

암호화(Verschlüsselung)

데이터 들은 수학적인 과정을 거쳐 하나의 키를 사용하여 재구성 가능하도록 변환된다. 양쪽 끝만을 암호화한다면 두 통신의 양극단 장비들에 각각의 내용들은 암호화되거나 해석된다. 통신이 중간에 해킹된다면 이해할 수 없는 데이터의 혼란만을 보이게 할 수 있다. 사용자와 다크넷 페이지 간의 통신은 끝과 끝을 암호화하는 방식이다.

가상 사설 네트워크(VPN)

익명으로 인터넷 서핑을 하고 싶은 사람에게 가상 사설 네트워크(VPN: Virtual Private Network)는 토르 브라우저의 대안이 된다. 자체 데이터 트래픽은 VPN 공급자를 통해 직접 전송되지 않고, 목적지 웹사이트로 간접적으로 전송된다. 따라서 사용자의 아이피 주소가 노출되지 않는다. 대부분 유료인 VPN의 단점은, 항상 유저의 아이피 정보를 알고 있으며, 데이터들의 뭉치 때문에 매력적인 목표들을 감시하기 위해 존재하는 공급자를 신뢰해야 한다는 것이다. VPN의 장점과 단점을 평가할 때 기술 커뮤니티는 주장이 엇갈린다. 다크넷 시장에서는 일반적으로 토르 기술과 VPN을 번갈아 사용할 것을 권장한다.

사이버범죄 퇴치 중앙사무국(ZIT)

(독일의) 사이버범죄 퇴치 중앙사무국은 프랑크푸르트암마인에 위치한 대검찰청의 한 부서다. 이 부서는 사이버상의 모든 범죄 사건에 대해 연방범죄수사청의 파트너 기관이다. 다크넷의 범죄나 클리어넷에서 일어난 범죄 현장이 감식되고 사건이 지방검찰청에 넘겨지면 중앙사무국이 업무를 맡아 수행하게 된다.

양파 친구들(Zwiebelfreunde)

2011년에 창립되어 드레스덴에 본부를 두고 활동하는 양파친구들클럽은 유럽에서 강력한 토르 연결망을 운영하고 있으며, 토르와 .onion에 대한 홍보 활동을 하고, Torservers.net를 통해 15개국에서 토르를 지원하는 자원봉사자들을 관리한다.

감사의 말

　모든 어려움에도 언제나 많은 사랑과 신뢰를 보내주신 부모님께 감사드린다. 이 책을 위해 우정과 지혜로운 대화, 건설적인 제안을 나눈 알렉스(Alex), 아나(Anna), 콘라트(Conrad), 다나(Dana), 다비드(David), 프레트(Fred), 프리드리히(Friedrich), 클레멘스(Klemens), 마틴(Martin), 마티아스(Matthias), 라이마(Raimar), 로베르트(Robert), 슈테판(Stefan) 그리고 슈테판 케이브(Stephan Cave)에게 감사한다(알파벳 순). 특히 슈테판 케이브에게 감사하는 것은 그의 도움이 없었다면 이 책이 나올 수 없었을 것이기 때문이다. 그리고 하이제 온라인(Heise online) 편집자, 아이엑스(iX), 르몽드 디플로마티크(Le Monde Diplomatique), 인터넷 월드 비즈니스(Internet World Business), 의사협회지(Arzteblatt), 호이테닷디이(heute.de) 그리고 토리얼(Torial)의 편집진에게 깊이 감사한다. 미디어에 나온 다크넷 기사에 대한 통찰을 통해 이 책을 쓸 수 있었다.

옮기고 나서

컴퓨터의 발명은 인터넷의 탄생을 전제로 한 것은 아니었지만, 인터넷은 초기 컴퓨터 설계자들이 상상했던 것보다 훨씬 더 근본적인 변화를 초래하고 있다. 세상은 인터넷과 연결된 공간으로 변해가고 인간은 컴퓨터와 결합된 존재로 살아간다. 정치와 경제, 학문과 예술은 인터넷의 세상으로 옮겨가고, 구텐베르크의 은하계는 튜링 갤럭시로, 문자문화는 멀티미디어 문화로 전환되어 가고 있다. 현대인의 삶이 디지털 바다에서 표류하지 않으려면 컴퓨터, 인터넷, 테크놀로지 미디어에 대한 진지한 연구와 성찰을 새롭게 시작해야 한다. 모든 것들이 순식간에 변하는 세상이 되었기 때문이다.

이 책의 저자는 1990년대 중반 컴퓨터 과학자와 수학자로 꾸려진 미국해군연구소(NRL)에서 개발한 토르(TOR: The Onion Routing)의 예를 들어 인터넷과 연결되는 여러 방식과 가능한 대응 방식을 소개한다. 익명성을 보장한다는 조건이 때로는 얼마나 사회적으로 해악을 끼칠 수 있으며 동시에 인간에게 널리 이로울 수 있는가에 대하여 서술하고자 한다. 그 외에도 대규모 네트워크 회사들의 서버 어디엔가 저장되어 있는 데이터들의 이동과 운반, 전송 방식, 수신 기능과 역할에 대한 깊은 사유와 경계심을 일깨워 준다.

토르 소프트웨어의 소스코드가 세상에 공개되자(2004) 모리츠 바르틀(M. Bartl)과 그의 친구들은 베를린 베딩 지구의 옛 제지공장 한 구석에 둥지를 마련했다. 데이터 트래픽에서 다수의 노드를 경유하도록 설계하여 사용자를 디지털 망토로 감춰주는 방식을 구현한다면 커뮤니케이션의 질서에 변화가 생겨나지 않겠는가. 그들은 인터넷 감시자의 추적을 어렵게 하고 데이터와 콘텐츠가 집적된 서버의 중앙센터를 분산시키는 방법을 모의하며 논의를 키웠다.

지식과 정보 전달에서 합법과 불법, 개인의 자유와 공공의 이익에 대한 논쟁은 전통적인 학문의 범주를 벗어나는 문제를 다룬다. 디지털 시공간은 기존의 수학이나 경제학적 개념 틀로 해명하기 어려운 질서가 지배하는 장소임이 드러나고 있다. 어쩐지 어두컴컴하고 비밀스러운 음모가 오가는 비가시적인 공간이 끝없이 확장되고 있는 것처럼 보이지만, 저자는 익명을 보장하는 소통과 정보 교환은 인간의 꿈과 희망을 무한히 펼칠 수 있는 가능성의 영토임을 알리고 싶어 한다. 구텐베르크의 기술을 활용하고 응용하여 문자문화를 꽃피웠던 학문과 예술의 선구자들이 있었기에, 풍요로운 디지털 문화 창조에 기여할 수 있는 영웅과 엔지니어, 학자와 예술가에 대한 믿음과 기대를 포기할 수 없다는 주장으로 읽힌다.

디지털 기술이 구축한 장치들은 인간의 눈과 귀, 손과 발, 신경과 두뇌의 능력을 확장하여 인간 정신의 변화를 이끌어가며, 사회와 우주에 대하여 새롭게 정의해 나갈 것이다. 인간은 새로운 종으로 진화할 수 있을 것이며, 이에 미디어 연구(media studies)와 같은 혁신 인문학의 시대를 경험하게 될 것이다.

평소에 고맙다는 말 한마디 못하고 지내온 시간에 대한 회한과 빚진 얼굴 모습들이 머릿속을 채운다. 모두 이름할 수는 없지만 처음으로 독일어와 인문학의 신천지로 안내해 주신 신일희 교수님, 테크놀로지와 매체학의 관점을 깨우쳐주신 프리드리히 키틀러 교수님(1943~2011), 가르침을 주신 은사님들께 감사한다. 매체와 예술 연구소 소장님과 연구원 선생님들, 한국미디어문화학회 회장님과 여러 동료 선생님들, 새로운 사유에 대한 영감을 주시는 선생님들께 사랑과 존경을 담아 감사의 인사를 올린다. 오늘의 나를 있게 해주신 가족들, 자신의 미래를 개척하고자 땀 흘리며 도전을 멈추지 않는 유병욱 군, 언제나 반갑게 대하며 즐거움을 베풀어주는 나의 친구들에게 사랑한다는 말을 전하고 싶다. 부족한 나의 강의에 귀 기울여 준 학생들, 미성숙한 연구 발표를 들어주신 교수님과 연구자 선생님들께 미안함과 고마운 마음을 전하고 싶다. 이 책을 번역할 수 있도록 출판사와 연결해 주신 오성균 교수님, 어려운 시기에 까다로운 조건을 제시하는 번역자의 요청을 받아주시고 출판을 허락해 주신 한울엠플러스 김종수 사장님과 임직원들께 깊이 감사드린다. 디지털 기술로 구축되는 세상에서 모두들 즐겁고 행복하기를 소망한다.

유봉근

지은이

슈테판 마이(Stefan Mey)는 베를린에서 활동하는 저널리스트로 옛 동독의 할레/잘레 출신이다. 할레 대학교, 포츠담 대학교, 베를린 자유대학교에서 사회학과 신문방송학을 공부했으며, "블로그의 경제학" 연구로 석사학위를 받았다. 주로 기술과 인터넷, 정치, 경제 그리고 사회와의 관계를 탐색하는 기사를 ZDF 포털, 하이제 온라인, iX, 독일의학잡지, 르몽드 디플로마티크 등에 발표했다.

옮긴이

유봉근은 연세대학교 독문과를 졸업하고, 베를린 훔볼트대학교에서 에른스트 테오도르 아마데우스 호프만 연구로 박사학위를 취득했다. 연세대학교에서 HK 교수, 순천향대학교에서 학술연구교수를 역임했다. 공동 번역한 『매체윤리』(2004)는 대한민국학술원 우수학술도서로 선정되었다. 한국미디어문화학회 회장을 지냈으며, 현재 연세대학교 매체와 예술 연구소 전문연구원으로 있다.

다크넷, 디지털 지하세계의 기능 방식
무기, 마약, 내부고발

지은이 슈테판 마이
옮긴이 유봉근
펴낸이 김종수
펴낸곳 한울엠플러스(주)
편집책임 조수임

초판 1쇄 인쇄 2022년 9월 15일
초판 1쇄 발행 2022년 10월 7일

주소 10881 경기도 파주시 광인사길 153 한울시소빌딩 3층
전화 031-955-0655   **팩스** 031-955-0656
홈페이지 www.hanulmplus.kr
등록번호 제406-2015-000143호

Printed in Korea.
ISBN 978-89-460-8209-0 03300(양장)
     978-89-460-8211-3 03300(무선)
* 책값은 겉표지에 표시되어 있습니다.